L'Infidélité

François St Père

L'Infidélité

Mythes, réalités et conseils pour y survivre

Collaboration à la rédaction :
Pierre Bergeron

Libre Expression
QUEBECOR MEDIA

Catalogage avant publication de Bibliothèque et Archives Canada

St Père, François, 1967-

L'infidélité : mythes, réalités et conseils pour y survivre

Comprend des réf. bibliogr.

ISBN 2-7648-0197-1

1. Infidélité. 2. Infidélité – Aspect psychologique. I. Titre.

HQ806.S24 2006 306.73'6 C2006-940027-X

Coordination de projet et direction éditoriale
LES COMMUNICATIONS JEAN COUTURE INC.
Maquette de la couverture
FRANCE LAFOND
Infographie et mise en pages
EDISCRIPT

Remerciements
Les Éditions Libre Expression reconnaissent l'aide financière du gouvernement du Canada par l'entremise du Programme d'aide au développement de l'industrie de l'édition (PADIÉ) pour ses activités d'édition. Nous remercions le Conseil des Arts du Canada, la Société de développement des entreprises culturelles du Québec (SODEC) du soutien accordé à notre programme de publication. Gouvernement du Québec – Programme de crédit d'impôt pour l'édition de livres – gestion SODEC.

Les Éditions Libre Expression
7, chemin Bates
Outremont (Québec) H2V 4V7
Tél. : (514) 849-5259

Dépôt légal
1er trimestre 2006

ISBN 2-7648-0197-1

Table

Avant-propos

Comme l'engagement envers l'autre, l'infidélité est aussi vieille que le monde. Elle n'est pas une invention de la société moderne, ni une conséquence de la libération féminine ou de la monotonie du travail d'un représentant commercial. Elle se présente sous plusieurs visages et prend forme dans la vie de tous les jours, dans ce quotidien ordinaire de bien des couples, jeunes ou vieux, avec ou sans enfants, professionnels, cols blancs ou bleus, fortunés ou dans le besoin.

Elle peut naître d'une occasion saisie au hasard, d'un enchaînement de circonstances parfois provoquées, de l'oisiveté d'une femme au foyer, du désir d'un conjoint d'essayer quelque chose de nouveau, de l'insatisfaction mutuelle, de l'éloignement physique, de la détresse de l'âme, de la déception amoureuse, de la dysfonction sexuelle, de l'aventure passagère ou de la relation ambiguë.

Une certaine presse populaire a parfois tendance à traiter de l'infidélité avec légèreté. Elle peut aussi laisser croire que ses conséquences sont anodines. Elle ira même jusqu'à suggérer que ce genre d'expérience peut rehausser une relation boiteuse. La réalité semble pourtant bien différente. Sa découverte perturbe non seulement des individus ou des couples, mais aussi des familles, un réseau social, des rapports professionnels, un environnement de travail et tout un ensemble de liens tissés au cours des ans.

Elle peut frapper à tous les âges de la vie conjugale, et aucun couple ne peut s'estimer à l'abri d'une telle éventualité. Elle cause souvent des blessures difficiles à guérir. Elle laisse aussi des cicatrices qui mettent le cœur à vif et qui ne se refermeront pas toujours. J'en vois régulièrement les conséquences sur les femmes et les hommes qui, seuls ou en couple, me consultent, la plupart du temps quand l'infidélité a été découverte, qu'il faut réparer les pots cassés ou qu'est venu le temps d'envisager une rupture définitive.

Les conséquences de l'infidélité ne sont cependant pas toujours négatives. L'infidélité découverte ou révélée déclenche une secousse qui entraîne une sérieuse prise de conscience. Elle peut provoquer un réveil brutal chez ceux et celles qui ont négligé leur relation et leur partenaire. Elle donne parfois l'occasion de redécouvrir son conjoint et de constater quelle est sa place dans notre vie. Elle permet un sérieux examen de ce qui cloche dans une relation afin de l'améliorer pour qu'elle devienne plus satisfaisante. Traumatisante pour certains, salutaire pour d'autres, l'infidélité ouvre les yeux de ceux et celles qui se croient à l'abri d'une crise qui s'avère souvent aussi grave qu'inattendue. Elle n'est pas un remède ou une solution, mais plutôt le symptôme d'une relation qui se cherche ou le signe qu'une personne vit des difficultés personnelles significatives.

Le fait d'en parler ouvertement et simplement est d'autant plus important que le phénomène de l'infidélité semble se répandre à la vitesse grand V. En effet, l'infidélité se met au goût du jour et prend sans cesse de nouvelles formes, surtout depuis l'arrivée d'Internet dans nos vies. Avec la prolifération des sessions de clavardage, des sites de rencontre, sans parler de tous les sites pornos, on constate une multiplication des occasions d'infidélité, de distractions ou de comparaisons comme jamais auparavant. En entrant sur la toile, il est de plus en plus facile d'avoir un accès instantané à une foule d'inconnus dans le confort et l'anonymat de son foyer. À compter du moment où la relation avec le partenaire devient moins satisfaisante ou plus difficile, la possibilité d'échanger ou de s'ouvrir à d'autres, dans une certaine confidentialité et sans trop de risques d'être découvert, devient fort attrayante. À partir de là, la pente conduisant à l'infidélité devient de plus en plus glissante, et le risque de s'y laisser emporter augmente sensiblement.

Pourquoi ce livre?

Il existe peu d'ouvrages pratiques de vulgarisation auxquels on ait le loisir de se référer et que l'on puisse proposer aux lecteurs francophones. C'est pourquoi j'ai voulu faire un ouvrage qui définit clairement l'infidélité, en explique les causes, traite de ses conséquences individuelles et propose une démarche aux personnes impliquées afin qu'elles s'en sortent avec un minimum de séquelles. Peu de cliniciens ont abordé les questions de l'infidélité de cette manière. En effet, la thérapie de couple est un domaine pointu de la psychologie, et rares sont les chercheurs qui, chez nous, s'intéressent spécifiquement à ce phénomène. Des années de thérapie conjugale ont développé chez moi un regard particulier sur l'infidélité, sans pour autant me convaincre de proposer des réponses toutes faites ou des recettes miracles à cette situation tout aussi délicate que complexe. En fait, on retrouve, dans les manifestations de l'infidélité, toute la gamme des expériences de la vie de couple et tous les phénomènes de la vie en société. En somme, elle est un reflet de la vie dans toute sa variété et dans toute sa complexité.

Vous ne trouverez dans ces pages ni un traité scientifique ni un livre d'histoire, mais plutôt un ouvrage d'inspiration clinique qui, un peu comme un roman, vous fera découvrir l'histoire touchante de quatre couples aux prises avec des problématiques d'infidélité et d'engagement bien différentes. J'ai d'ailleurs évité d'utiliser des termes propres aux spécialistes de la relation d'aide, privilégiant plutôt un langage que tout le monde peut comprendre. Vous vous retrouverez parfois dans certains de ces personnages. Mon but n'est ni d'encourager, ni de cautionner, ni de condamner l'infidélité. Je désire plutôt vous proposer un éclairage sur un passage fréquent de la vie conjugale, en souhaitant que vous vous y plongerez avec une ouverture d'esprit, un brin de curiosité et l'envie de mieux comprendre.

Je ne vous suggère pas de mode d'emploi particulier. Rien ne vous oblige à lire tous les chapitres selon l'ordre de présentation. Il est également probable que la lecture de quelques passages de ce livre trouble certains d'entre vous en ramenant à la surface des souvenirs douloureux. Je vous suggère alors de mettre l'ouvrage de côté pour prendre le temps de digérer l'expérience et d'y revenir un peu plus tard. D'autres ne liront que les sections qui les intéressent pour se renseigner ou pour mieux comprendre. Vous y trouverez des informations et des recommandations pour mieux vous en sortir, comme individu et comme couple.

J'ai mis beaucoup de soin à développer des scénarios à la fois plausibles et variés qui vous feront réfléchir, réagir, rire, rager et peut-être même pleurer. Ils ont été développés pour bien ancrer cette réflexion dans la vie quotidienne de tous les couples. Vous aurez compris, bien entendu, que tous ces personnages sont le fruit de mon imagination, enrichie par mon expérience clinique, et que toute ressemblance avec des personnes de votre entourage n'est que le fruit du hasard.

Pour certains, la lecture de ce livre sera bien insuffisante, parce que leur expérience de l'infidélité est trop douloureuse, et ses conséquences sont trop tragiques. Il faudra alors se tourner vers un thérapeute pour sortir de l'ornière. Certains chapitres permettront de déterminer à quel moment il est souhaitable de consulter un spécialiste. Le septième, plus particulièrement, abordera la façon de choisir un intervenant approprié et pointera les limites de la relation d'aide.

Pour qui ce livre ?

Pour plusieurs, l'infidélité n'est pas seulement une curiosité, un sujet de pause-café ou un fantasme, mais plutôt une expérience bien réelle qui surprend, bouleverse et traumatise. Ce livre s'adresse particulièrement aux personnes qui doivent composer avec l'infidélité de leur partenaire et en subir les douloureuses conséquences. Quand l'orage s'abat, il n'est pas étonnant qu'on soit perturbé. On se pose beaucoup de questions et on cherche bien des réponses. Est-il possible de composer avec une telle crise, de faire confiance de nouveau et même de passer l'éponge ? « On pardonne les infidélités, mais on ne les oublie pas », écrivait madame de La Fayette. Comment savoir si mon ou ma partenaire ne me trompera pas de nouveau ? Comment puis-je me relever plus facilement et plus rapidement de cette crise ? Quand atteint-on le point de non-retour ? Quand demander de l'aide ? Sur qui peut-on s'appuyer ?

Mon intention est de permettre aux gens de mieux comprendre leurs réactions lorsqu'ils doivent faire face à l'infidélité et de prendre des décisions éclairées sur l'avenir de leur relation. Je propose également à ceux et celles qui voudront aller plus loin une démarche concrète afin, si possible, de reconstruire leur vie à deux.

Cette réflexion s'adresse aussi à tous ceux et celles qui ont un ami, un collègue, un parent ou une connaissance aux prises avec l'infidélité. On ne sait trop quoi dire ni comment réagir face à un proche en crise qui découvre l'inconduite de son conjoint. C'est d'autant plus délicat lorsqu'on est près de la personne qui a trompé, qu'il s'agisse d'une amie intime, d'un beau-frère, d'un associé en affaires ou d'une collègue de bureau. Comment doit-on accueillir et soutenir la personne trompée ? Faut-il se retourner contre l'autre qui la fait souffrir et l'aider à s'en séparer ? Doit-on tenter de lui faire voir que c'est seulement une erreur de parcours et qu'il serait préférable d'attendre avant de prendre une telle décision ? Peut-on servir de médiateur ou se faire le confident des deux ? Quand est-il préférable de ne pas s'en mêler et d'inviter le couple à consulter des professionnels de la relation d'aide ?

Curieux ? Tenté ? Déçu ? Insatisfait ? Vulnérable ? Je ne m'adresse pas ici qu'à ceux et celles qui vivent des situations d'infidélité ou aux personnes qui les entourent. Je pense aussi aux gens qui s'intéressent à ce phénomène par curiosité. J'ai voulu répondre à une foule de questions que se posent monsieur et madame Tout-le-monde. À partir de quand est-on infidèle ? L'infidélité est-elle une tendance à la mode ou un phénomène rare ? Que recherchent les hommes et les femmes dans une aventure extraconjugale ? À quelles étapes de notre relation est-on le plus à risque ? Sous quels visages ou sous quelles formes se présente l'infidélité dans la vie de tous les jours ? L'infidélité peut-elle rapprocher certains couples ? Autant de questions auxquelles je veux proposer des suggestions afin de guider le lecteur vers des solutions qui lui seront adaptées, plutôt que de lui apporter des réponses toutes préparées.

Quelques précisions

Tout d'abord, les chercheurs ne s'entendent pas sur la définition de l'infidélité. Certains la définissent comme une aventure strictement sexuelle dénuée de toute dimension amoureuse. D'autres ne font pas de distinction entre une relation extraconjugale assumée et une aventure secrète. Quelques-uns traitent de façon équivalente un baiser furtif et une relation sexuelle complète. Enfin, d'autres spécialistes ne s'aventurent même pas à proposer une quelconque définition. En ce qui me concerne, j'avancerai une définition simple de l'infidélité à partir de laquelle s'élabore ma réflexion et s'appuie mon approche clinique.

Il est également important de souligner que les données statistiques auxquelles je ferai référence doivent être mises en contexte et interprétées avec un certain recul. En effet, que ce soit par conformité sociale, par peur d'être découverts, par crainte d'être jugés par l'intervieweur, ou même par désir de lui plaire, les gens ne répondent pas toujours aussi ouvertement qu'ils le prétendent aux questions des sondeurs. De plus, l'adultère étant encore tabou dans beaucoup de régions du monde, bien des répondants n'avouent pas leurs écarts, ce qui a comme possible effet d'influencer à la baisse les résultats des sondages. D'autre part, quelques échantillons sont parfois trop faibles ou très différents, si bien qu'il est difficile de généraliser et d'appliquer les résultats d'analyse à des couples aux parcours dissemblables. Ainsi, un échantillon d'universitaires en couple depuis deux ans ne nous apprend pas grand-chose sur ce que vivent des adultes de 50 ans et plus en relation depuis plus de deux décennies. Enfin, comme les données proviennent d'études majoritairement faites aux États-Unis, elles ne s'appliquent pas toujours adéquatement à des réalités sociales différentes.

Tout en considérant ces nuances dans mes propos, j'ai quand même choisi de faire référence à des études et des rapports émanant de recherches scientifiques en psychologie et en sciences sociales. Leurs contenus sont souvent cités à titre d'exemple par des spécialistes de la thérapie conjugale et familiale. Pour ceux et celles qui souhaiteraient consulter ces études, les références complètes se trouvent dans la bibliographie à la fin de cet ouvrage.

Étant donné le caractère généraliste de ce volume, j'ai également choisi de ne pas approfondir certains aspects complémentaires à la problématique de l'infidélité. D'autres auteurs l'ont fait avec compétence et succès. C'est la raison pour laquelle je n'ai pas hésité à citer leurs ouvrages dans l'élaboration de mes propos.

Enfin, tout au long de ce livre, il m'arrivera d'exposer des particularités ou des différences entre les hommes et les femmes qui vivent des situations d'infidélité. Le but n'est pas de généraliser ou de différencier à outrance, mais plutôt de faire ressortir des caractéristiques s'appliquant davantage à l'un ou l'autre sexe. Il est fort probable que certaines femmes se sentent interpellées davantage par ce que vivent les hommes, et vice-versa. Cela est tout à fait normal.

Je vous invite donc à m'accompagner dans ce voyage sur les chemins souvent sinueux, et parfois tragiques, de l'infidélité. Comme en voyage, nous observerons la société et les gens qui la composent, de même que les drames qui prennent forme dans leur vie de tous les jours. Je vous invite à découvrir tout autant des visages qui vous sont familiers que de nouveaux paysages de la vie en couple et en société.

Chapitre 1

Rencontre de quatre couples en danger

L'infidélité peut prendre plusieurs visages et surgir de bien des façons. Elle reflète la diversité et la complexité de la vie en couple. Les quatre mises en situation que je vous propose ont pour but de situer l'infidélité, réelle, imaginée ou suggérée, telle que vécue concrètement par des partenaires aux personnalités bien distinctes. J'ai situé ces derniers dans des contextes variés et à des étapes différentes de la vie commune. Le lecteur rencontrera des gens avec des visions parfois divergentes de ce qu'est l'engagement et dont l'expérience de vie influencera leurs réactions, leurs attitudes et leur vision de l'avenir.

Il s'agit de quatre archétypes de couples qui éprouvent des difficultés relationnelles et qui affrontent, chacun à sa manière, la problématique de l'infidélité. Bien qu'ils soient hypothétiques, ils sont représentatifs de la majeure partie des couples qui viennent me consulter pour réclamer de l'aide. Je vous invite donc à vous référer aux intrigues qu'ils vivent afin de mieux comprendre la nature de leurs différends et de vous initier à l'univers de l'infidélité et de ses inévitables conséquences.

Carole et Richard – ***Apparemment, tout semble bien aller…***

Carole a hâte de voir la tête que fera Richard. Sans l'avertir à l'avance, elle a décidé d'aller le rejoindre au congrès annuel de son association de représentants de produits d'imprimerie, qui se tient à l'extérieur de la ville, près d'un centre de villégiature.

Pour Richard, c'est presque la routine habituelle. Un congrès comme tant d'autres dans un hôtel qu'il connaît bien. Visite au bar, rencontre d'une femme seule, quelques apéros, un repas au restaurant et une invitation à prendre le digestif dans sa chambre. Plus souvent qu'autrement, cela se termine en chaude compagnie pour une fin de soirée d'ébats sans lendemain. Richard connaît bien la manœuvre de séduction passagère qu'il a perfectionnée en marge de ses vingt-cinq années de métier. Ce n'est même pas une aventure, tout au plus une distraction éphémère. Pour lui, sa femme, c'est Carole. Un point, c'est tout. Il l'a toujours aimée et il lui a toujours été fidèle de cœur. Ils partagent une situation confortable et, de l'avis de Richard, Carole a toutes les raisons de lui être reconnaissante.

En ce vendredi soir, la route est belle, et Carole se rappelle ces vingt-cinq ans de mariage qu'ils sont sur le point de fêter dans un mois. Elle a loué une chambre dans une auberge d'un village voisin. Elle se dit que cette touche de romantisme le distraira d'une fin de semaine, somme toute, bien tranquille sur le parquet du congrès. Carole revoit donc passer ces années avec beaucoup de satisfaction et de tendresse.

Richard, 53 ans, a toujours été un époux attentionné. Ses succès dans la vente lui ont permis de grimper rapidement les échelons de sa profession et d'avoir ainsi accès à tous les avantages inhérents à une vie sur la route : voiture de service, allocation pour frais de représentation, voyages d'affaires, heures de travail flexibles, etc. Richard est un excessif qui en veut toujours plus. Il recherche les défis et veut être le meilleur dans tout ce qu'il entreprend. C'est un homme extraverti qui aime se faire remarquer et qui ne passe jamais inaperçu.

Carole, 49 ans, est une personne fière, soignée, ordonnée et réfléchie, qui possède beaucoup d'entregent. Elle a attendu que leurs trois enfants, deux garçons de 17 et 20 ans, ainsi qu'une fille de 23 ans, soient relativement autonomes pour prendre quelques cours et se dénicher un emploi comme secrétaire juridique. Pas tellement pour l'argent, comme elle dit, mais davantage pour s'occuper et se valoriser. Elle adore son boulot, qui lui permet de rencontrer plein de gens et de mettre à profit ses grandes qualités d'organisatrice. Richard et elle commencent même à faire des plans pour leur retraite qu'ils prévoient prendre dans quelques années.

Lorsque Carole arrive à l'hôtel, elle se nomme et se fait donner le numéro de la chambre de Richard. Elle s'y rend et frappe à la porte. Croyant qu'il s'agit du garçon auquel il a commandé un repas pour deux, Richard vient ouvrir. Il est vêtu d'un seul peignoir. La télé est ouverte, et on entend une voix venant de la salle de bain : « Chéri, le repas attendra. Viens me rejoindre dans le bain, j'ai une autre surprise pour toi. »

« Carole, mais… qu'est-ce que tu fais ici ? marmonne-t-il en se rendant soudain compte de la gravité de la situation. Laisse-moi t'expliquer, ce n'est pas ce que tu penses… », s'empresse-t-il d'ajouter.

Les mots qui sortent de la bouche de Richard n'ont aucun effet sur Carole. Elle n'entend rien. Assommée, elle sent une immense vague d'émotions l'envahir. Son cœur veut sortir de sa poitrine, ses genoux chancellent et elle est sur le point de s'écrouler. Heureusement, elle est adossée au mur du corridor. Elle voudrait bien hurler ou fondre en larmes, mais elle n'en trouve même pas la force.

Il lui en reste juste assez pour reprendre ses esprits et quitter Richard dans la dignité. Ce dernier n'a pas le temps de se rhabiller que Carole a déjà quitté l'hôtel. À peine arrivée à sa voiture, d'autres souvenirs se bousculent: ces relevés de cartes de crédit qui n'arrivent jamais à la maison, ce compte de téléphone adressé directement à la compagnie, la drôle de tête qu'il lui a faite lorsqu'elle a insisté pour l'accompagner au congrès d'Acapulco l'an dernier, ces appels téléphoniques immédiatement interrompus... une foule d'indices qui défilent pêle-mêle dans sa tête.

Elle n'a même pas conscience de la route qui défile devant elle. Elle sent son cœur palpiter, elle a les jambes molles et sa vision est trouble. Elle a l'impression qu'elle va faire une crise cardiaque ou qu'elle est sur le point de perdre le contrôle de ses esprits. Sans compter tous ces sentiments qui l'assaillent et s'entrechoquent: rage, désespoir, déception, découragement... et le poids immense d'une amère tromperie.

Son passé s'effondre, son avenir se bouleverse. Elle arrête sur le bord de la route pour vomir...

Stéphanie et Jean-François – *Peut-être plus vert dans le jardin du voisin?*

Stéphanie a bien des raisons de célébrer ses 40 ans. Artiste graphique dans une boîte de publicité, elle mène une carrière qui la satisfait pleinement, car elle peut mettre à profit sa grande créativité. Son conjoint de fait, Jean-François, 37 ans, est un ébéniste de grand talent. Ils se sont rencontrés à l'occasion d'une réunion des anciens du collège où ils ont étudié tous les deux, mais sans jamais s'être fréquentés.

Elle a laissé loin derrière elle le traumatisme de sa première union. Elle avait 25 ans et venait de donner naissance à son seul enfant, Sébastien. Elle l'allaitait encore, lorsque son mari d'alors, Charles-Antoine, lui avait annoncé qu'il la quittait pour une autre femme, une ancienne flamme avec laquelle il n'avait jamais vraiment rompu. Il avait alors allégué qu'il n'était pas prêt à assumer la responsabilité d'un enfant et qu'il préférait se retirer du décor. Cette annonce provoqua chez elle une profonde dépression, qu'elle réussit à surmonter grâce à ses collègues de travail, ses amies, de même que cette rencontre lumineuse avec Jean-François.

Ce dernier s'est révélé un conjoint idéal pour Stéphanie, qui avait fini par développer une profonde méfiance envers les hommes. Elle s'est présentée à lui comme une écorchée de la vie que sa séparation avait rendue particulièrement fragile. Mais à force d'amour, de compréhension et de soutien, Jean-François lui a redonné confiance et lui a permis d'ouvrir son cœur à nouveau. Qui plus est, ce dernier a même accepté de s'occuper de Sébastien comme si c'était de son propre fils.

Petit à petit, les choses se sont tassées. Stéphanie est revenue à de meilleurs sentiments pour son ex-conjoint, qui a depuis rompu avec celle pour laquelle il l'avait quittée. Il voit leur fils régulièrement et s'acquitte rigoureusement de ses obligations à l'endroit de Sébastien.

Ensemble, Stéphanie et Jean-François ont connu des passages difficiles, d'autant plus qu'au tout début de leur relation, Jean-François s'était mis en tête d'acheter un condominium au centre-ville, un projet un peu au-delà de leurs moyens à l'époque. C'est Stéphanie qui a dû consacrer une partie de ses économies pour contribuer à cet achat important. Aujourd'hui, avec les frais de copropriété, l'équilibre de leur budget demeure fragile, mais ils se disent satisfaits de cette acquisition. Sébastien réussit bien dans ses études et il a été sélectionné pour faire partie de l'équipe de soccer du quartier.

Stéphanie et Jean-François forment un couple très uni, leur amour est encore vibrant et leur sexualité, satisfaisante en termes de qualité et de fréquence. Les quelques difficultés financières et la précarité de l'emploi de Jean-François ne les ont jamais vraiment éloignés l'un de l'autre. Au contraire, cela les a plutôt rapprochés.

Aucun nuage à l'horizon… Sauf que Stéphanie a une imagination fertile. Sa créativité artistique s'accompagne d'une grande sensibilité. Et il y a ce nouveau graphiste qui vient d'arriver dans sa boîte de publicité. Beau, dans la jeune trentaine, il est tombé dans l'œil de Stéphanie. Les filles du bureau s'en parlent souvent. Elles s'échangent des clins d'œil et font des allusions à peine voilées au sujet du nouvel arrivant, célibataire et apparemment libre d'attaches sentimentales.

Stéphanie n'est pas différente de ses collègues de travail. Elle le trouve bien attirant, le nouveau graphiste. Il lui est même arrivé de fantasmer sur celui-ci. Elle a trouvé cela bien drôle, d'autant plus que Jean-François est un amoureux passionné qui la satisfait pleinement. Leurs relations sont fréquentes, et elle n'a jamais laissé paraître d'indices ou d'allusions à ce fantasme qu'elle nourrit parfois. Pour elle, ce n'est nullement inquiétant.

Les employés de la boîte de pub se retrouvent régulièrement à la cafétéria de l'édifice. Stéphanie et le nouvel arrivant font tous les deux partie du Comité de santé et sécurité au travail, et ils ont découvert qu'ils partageaient une même passion pour la photographie.

Elle le trouve sexy et sympathique, mais n'éprouve aucun sentiment à son égard. Elle s'en est d'ailleurs ouverte à une collègue qui lui a avoué la même attirance. Elles en ont bien ri.

Catherine et Guillaume – *Un bonheur que l'on croyait acquis…*

Catherine, 33 ans, pharmacienne, prend un café avec Annie à la cafétéria de l'hôpital. Ce matin-là, la conversation porte sur les *chats*, ces populaires groupes de bavardage en ligne.

Catherine, tu devrais te joindre à nos séances de clavardage sur la sociologie. C'est passionnant ! On échange sur toutes sortes de sujets qui nous touchent : les relations interpersonnelles, l'évolution de la société et bien d'autres questions qui nous concernent. On nous propose des lectures stimulantes dans les journaux et les magazines. On s'informe sur les grandes tendances sociales et sur ce qui allume les gens ! En plus, on échange avec des personnes qui partagent des intérêts similaires. Telle que je te connais, je suis certaine que cela te passionnerait.

Une fois retournée à la pharmacie de l'hôpital, Catherine oublie vite la suggestion d'Annie. Très occupée, au travail comme à la maison, elle n'a pas beaucoup de temps à consacrer à l'ordinateur. Ses journées sont toujours bien remplies. Guillaume, son conjoint, comptable dans une grande firme, rentre souvent tard à la maison, et c'est elle qui doit s'occuper du repas du soir, en plus de s'assurer que Jonathan et Krystelle, leurs enfants de 8 et 10 ans, fassent bien leurs travaux scolaires.

Le lendemain, Annie revient à la charge :

Catherine, hier soir, sur le chat *de sociologie, on a discuté du retour des gens vers les centres-villes pour qu'ils aient plus de temps à consacrer à leurs loisirs et moins aux déplacements. Il y a un type qui nous a proposé des réflexions et des articles pertinents sur le sujet. Si tu as un peu de temps libre ce week-end, voici l'adresse. Commence comme observatrice et, quand tu te sentiras en confiance, n'hésite pas à participer. Je suis sûre que tu vas aimer cela, c'est en plein ton genre.*

Le soir venu, Catherine demande à Guillaume ce qu'il pense des groupes de discussion et elle lui fait part de sa conversation avec Annie.

Tu sais, Catherine, moi je ne vais jamais sur les chats, *parce qu'on ne sait pas à qui on a affaire. En plus, la sociologie, cela ne m'intéresse pas.*

Le week-end suivant, Guillaume participe au tournoi de golf annuel de son association professionnelle. Jonathan passe la journée de samedi chez ses grands-parents et Krystelle assiste à une fête d'amies. Catherine décide de se laisser tenter. Elle ouvre son ordinateur et après quelques clics, la voilà sur le *chat* de sociologie que lui a proposé Annie. Même si elle ne fait que lire les messages, l'expérience lui plaît, tellement qu'elle y passe une heure entière.

Au cours de la semaine suivante, elle en parle à Annie et continue d'observer sans participer. Comme Guillaume s'endort devant la télé et que les enfants se couchent vers 21 h 30, Catherine en profite pour retourner sur ce forum de discussion. Annie lui communique son nom de code pour que Catherine puisse la reconnaître. Les discussions sont souvent animées par Vincent, un type très stimulant et très intéressant. C'est un prof d'université qui fait des recherches en sociologie des communications et qui propose plusieurs réflexions avant-gardistes.

Catherine profite alors d'une intervention d'Annie pour y aller de son premier commentaire. Les répliques ne tardent pas à venir. Rapidement, elle se laisse emballer par cette nouvelle forme de débat. Désormais, deux ou trois fois par semaine, elle se branche et échange avec beaucoup d'intérêt. Elle en parle à Guillaume qui ne se montre pas plus intéressé qu'avant par ce type d'échanges.

Puis, un jour, elle émet un commentaire particulièrement percutant et s'attire une réplique très personnelle de Vincent. Ce soir-là, l'échange entre Catherine et Vincent occupe presque toutes les communications du *chat* au point où, lors de leur pause-café du lendemain, Annie souligne qu'elle a beaucoup apprécié suivre la discussion qui avait pris place entre eux deux.

Quelques jours plus tard, elle reçoit directement, à son adresse électronique, un message de Vincent qui lui avoue avoir trouvé fort motivant leur échange d'idées. Il la félicite pour la profondeur et la qualité de ses réflexions. Il lui souligne que ses interventions sont articulées, fort bien formulées et très stimulantes. Elle lui répond immédiatement et le remercie de son commentaire en lui retournant la pareille. Elle lui dit jusqu'à quel point il provoque son intérêt pour les questions de sociologie et les tendances de société. Les communications se poursuivent désormais sur deux fronts, celui des échanges publics sur le *chat* et celui des envois privés par courriel.

Petit à petit, Catherine se découvre un intérêt particulier pour Vincent. Comme ils échangent souvent des messages personnels, elle s'ouvre davantage à ce mystérieux inconnu qui devient de plus en plus familier pour elle. En fait, Catherine commence à ressentir des sentiments qui dépassent, et de loin, ses seules interventions sur le forum de discussion ou leurs échanges en privé par courriel. Elle se surprend même à fantasmer sur lui et il revient constamment dans ses pensées. Un peu sournoisement, elle éprouve des sentiments personnels pour Vincent et se demande bien si, de son côté, il s'intéresse aussi à elle.

Elle le compare avantageusement à Guillaume et prend soudain conscience que ce dernier la néglige depuis quelque temps. Catherine commence même à l'éviter. Elle ressent un certain malaise et se raidit un peu lorsqu'il lui manifeste des marques d'affection. Enfin, elle ne semble plus avoir de plaisir lorsqu'ils ont des relations sexuelles.

Après un certain temps, Guillaume décide de lui parler :

> *Qu'est-ce qui se passe, Catherine ? On dirait que tu n'es plus la même. Je ne te sens plus présente. Es-tu en amour avec quelqu'un d'autre ?*

Catherine lui répond qu'il fait des histoires pour rien, que les compressions budgétaires lui causent beaucoup d'ennuis à la pharmacie de l'hôpital, et qu'elle est simplement stressée par son travail. Guillaume n'insiste pas et la conversation en reste là.

Peu de temps après, le moment tant attendu par Catherine arrive enfin. Vincent l'invite à prendre un café…

Thérèse et Roger – *Mettre juste un peu de piquant !*

Thérèse et Roger mènent une vie bien rangée, tranquille et sans histoire dans leur appartement d'un quartier populaire. Mariés à l'église, leur vie sociale se limite à des fêtes de Noël, des baptêmes, des mariages et des enterrements. Leurs deux enfants sont partis de la maison. Ils n'ont pas encore de petits-enfants.

Roger est camionneur et passe de longues heures sur la route. Lorsqu'il revient à la maison, il n'a pas trop envie de sortir, et il est plutôt enclin à s'affaler dans son fauteuil préféré. Thérèse est employée dans une grande chaîne de magasins après avoir passé sa vie à la maison pour s'occuper des enfants.

Malgré le passage des années, Roger éprouve toujours beaucoup d'amour pour Thérèse. Elle le lui rend bien d'ailleurs, elle qui n'a que de bons mots pour son mari. Malgré tout, avec le temps, leur relation s'est drôlement assagie, et leur vie sexuelle est tout ce qu'il y a de plus conventionnel. Elle est même rendue un peu désolante. Thérèse ne s'en plaint pas trop, mais Roger souhaiterait bien un peu de changement.

Thérèse et Roger ont des horaires très différents. Il rentre souvent tard de son travail qui l'amène aux quatre coins de la province. Thérèse aime bien son boulot, même s'il n'est pas de tout repos de composer avec des clients de plus en plus exigeants. En fait, depuis trois ou quatre ans, ils font très peu de choses ensemble, et les enfants viennent rarement les visiter.

Un jour, dans un restaurant, Gaston, un ami camionneur, raconte à Roger qu'il fréquente un club échangiste, avec son épouse, depuis quelque temps :

> *Tu devrais voir le beau monde qu'il y a là-dedans. Ils ont du plaisir et ils sont pas mal entreprenants. Tu n'en reviendrais pas du bon temps qu'on y passe ! On entre, on prend une ou deux consommations, on parle avec les gens, et puis on passe aux choses sérieuses. Tu devrais en parler à Thérèse. Il me semble que cela vous ferait du bien d'expérimenter autre chose.*

La semaine suivante, au souper, Roger parle à sa bien-aimée de sa conversation avec son ami camionneur :

> *– Es-tu en train de me proposer qu'on fasse la même chose ? lui demande Thérèse, perplexe.*
> *– Ça pourrait être excitant d'en faire l'essai, de lui répondre Roger. J'avoue que cela fait un peu bizarre de t'en parler, mais je me dis que ça pourrait rendre notre vie sexuelle plus stimulante. Ne prends pas cela*

comme une critique, Thérèse. Je te trouve toujours très attirante pour ton âge. Mais il me semble qu'après avoir essayé les films pornos et les gadgets érotiques, on est peut-être rendu là.
– Jamais de la vie. N'y pense même pas! de rétorquer Thérèse.
– Comme tu voudras. Moi, je pensais juste mettre un peu de piquant dans notre vie sexuelle, conclut Roger.

La semaine suivante, le sujet revient sur le tapis après qu'une émission de télé a abordé ce thème:

– As-tu remarqué comme ce sont des gens comme nous autres? Je pensais qu'il y avait juste des jeunes, remarque Thérèse.
– C'est exactement comme Gaston m'avait dit. Ce sont des gens tout à fait bien qui vont dans ces endroits, affirme Roger. En passant, à voir les participants au reportage, je suis sûr que tu ferais fureur, ajoute-t-il. Es-tu certaine que cela ne te tente pas? On pourrait l'essayer juste une fois et voir comment ça se passe?
– Je préférerais essayer autre chose comme une croisière, une fin de semaine dans une auberge ou un séjour sur le bord de la mer, propose-t-elle.
– On n'est pas des millionnaires, Thérèse. Ce n'est pas réaliste ce que tu proposes. Moi, je te parle de quelque chose qui ne coûte presque rien, lui avoue-t-il.

Un mois plus tard, Roger revient à la charge. Thérèse lui confesse qu'elle y a pensé. Elle en a même parlé à sa coiffeuse qui lui a dit que cela pourrait être intéressant.

– Si ta coiffeuse le dit, c'est qu'elle en a sûrement entendu parler par des clientes.

Comme la Saint-Valentin s'en vient, Thérèse est bien tentée de faire une folie. Elle cède à l'invitation de Roger… mais à certaines conditions :

– Seulement pour une fois, avec un seul partenaire et en privé. Pas d'affaires à trois avec une autre femme.
– Je suis d'accord ! lui répond Roger avec empressement.

Un peu nerveux, la main dans la main, Thérèse et Roger franchissent les portes du club sans trop savoir à quoi s'attendre. Thérèse a peur d'être reconnue. Or, ils constatent qu'aucun visage ne leur est familier, et que personne ne les connaît. Rapidement, ils rencontrent un couple à peu près de leur âge qui en est aussi à sa première expérience. Le contact est sympathique et les conversations, tout ce qu'il y a de plus anodin. Après quelques consommations, Thérèse, un peu gênée, est invitée par le type à se retirer dans une chambre à l'étage. Roger, un peu troublé, fait de même avec sa compagne d'un soir, une femme de belle apparence.

Une heure plus tard, Thérèse rejoint Roger au bar pour une dernière consommation. Elle est radieuse, mais Roger a la mine basse. Les choses ne se sont pas passées comme on aurait pu l'imaginer… ni pour l'un ni pour l'autre !

Chapitre 2

Définir l'infidélité

Stéphanie, avant de nous engager plus sérieusement dans notre relation et de décider de vivre ensemble, j'aimerais savoir ce que tu penses de l'infidélité. En fait, je voudrais discuter de ce qu'on peut faire avec des personnes de l'autre sexe. Par exemple, accepterais-tu que j'aille au cinéma avec Julie, tu sais, mon amie cinéphile? On irait juste voir un film et rien d'autre.

Soyons réalistes. Il est peu vraisemblable que Stéphanie et Jean-François, le deuxième couple que nous avons rencontré au chapitre précédent, aient eu une telle discussion avant de vivre ensemble. Dans les contrats commerciaux, les conventions et les règles sont clairement énoncées et, dans l'hypothèse du pire, on précise en détail toutes les conséquences d'une dérogation à ces clauses. En début de vie commune, il en va tout autrement. L'amour et le bonheur étant au rendez-vous, on tient pour acquis que notre partenaire sera loyal, intègre, digne de confiance, honnête et monogame. Les couples n'ont pas l'habitude de discuter, et encore moins de négocier ces valeurs. Ils considèrent plutôt qu'elles font partie de l'engagement que l'autre s'apprête à prendre. D'ailleurs, pourquoi envisager l'impensable et risquer de ternir ce bonheur qu'ils estiment destiné à durer éternellement.

Il faut donc se rendre à l'évidence. Au moment de se marier ou d'emménager avec sa partenaire, rares sont ceux qui passent du temps à préciser ce qui est acceptable ou non de vivre avec une tierce personne. Or, aujourd'hui, les occasions de contacts et d'interactions avec d'autres, hors du foyer, sont légion. Le milieu de travail, les groupes de clavardage, les centres de conditionnement physique, les loisirs, l'action bénévole, et bien d'autres contextes, offrent toutes sortes d'occasions d'échanger et de partager des intérêts communs avec d'autres gens. Et parfois de comparer…

Face à une foule de possibilités, on ne se rend pas toujours compte de ses limites. « Si mon conjoint n'aime pas le cinéma, puis-je saisir l'occasion au passage et aller voir un film avec un copain ? », pensera l'une. « Et si ma conjointe n'est pas très sportive, acceptera-t-elle que je pratique des activités de plein air avec d'autres femmes ? », dira l'autre. « Si mon mari ne veut rien savoir de mon bénévolat, s'inquiétera-t-il que j'aille à un congrès avec un membre du conseil d'administration ? », peut aussi se demander une autre.

À quel moment franchit-on la limite entre ce qui est acceptable et ce qui ne l'est plus ? Lorsqu'on se permet des confidences d'ordre personnel ? Quand on prend part à une activité seul avec un tiers ? Quand on complimente une personne dont l'apparence correspond à nos critères de bon goût ? Quand on échange un baiser ? Quand on se commet dans une première relation sexuelle ? Si on ne ressent pas d'attrait pour l'autre, est-on vraiment en situation d'infidélité ? Enfin, qu'arrive-t-il si l'attirance naît au fil des rencontres ?

Chaque couple développe, au cours de la relation, une définition sous-entendue de ce que serait l'infidélité.

Chaque partenaire a une idée, pas toujours précise, de ce qui n'est pas acceptable de vivre avec une tierce personne sur le plan relationnel. Au-delà de la confiance mutuelle qui se construit tout au long d'une vie, il y a des attitudes et des gestes qui constituent une transgression des engagements tacites, formels, négociés et explicites entre les conjoints. On n'emménage pas pour le seul plaisir d'être ensemble ou pour se voir plus souvent. Pour l'immense majorité des gens, on forme un couple avec un projet de vie précis, dont l'exclusivité est une des composantes essentielles.

À la lumière de ma connaissance du sujet et de mon expérience professionnelle, j'avance donc la définition suivante de l'infidélité :

L'infidélité est la violation de l'engagement, négocié ou implicite, touchant l'amour et la sexualité.

Être infidèle, c'est donc cacher à son ou à sa partenaire qu'il existe un lien de nature amoureuse ou sexuelle avec une tierce personne. Conséquemment, il faut réitérer le principe que la grande majorité des gens s'engagent dans une relation en s'attendant à l'exclusivité, mais sans nécessairement la définir avec précision dans le cadre d'un contrat.

Pour la plupart des couples, cette définition prend forme avec le temps. Certains événements vont amener les partenaires à préciser ce qu'est l'exclusivité et, conséquemment, ce qui est inacceptable pour chacun d'eux. Les balises de l'infidélité ne sont jamais définies par une quelconque entente officielle. Les contours se dessinent et se précisent plutôt dans la vie de tous les jours.

Pour certains couples, le simple fait d'aller souper avec un collègue de travail peut s'avérer dangereux et donc représenter une transgression au contrat relationnel. Pour d'autres, voir leur conjoint en plein ébat sexuel avec une autre partenaire est un geste acceptable, car cela met du piquant dans leur vie intime. Donc, on se rend compte que ce qu'il est convenu de vivre avec un tiers peut varier en fonction des partenaires concernés. Ce qui est perçu comme un écart pour l'un peut ne pas l'être pour l'autre; en outre, ce qui est acceptable pour une même personne peut évoluer avec le temps, comme le démontre l'histoire de Thérèse, la conjointe du camionneur Roger.

Qui plus est, les gens ont en général de la difficulté à se projeter dans l'avenir. Ils sont parfois malhabiles à évaluer leurs propres réactions émotives face à certaines situations, qu'ils trouvent acceptables à un moment donné de leur existence, mais qu'ils vivent mal lorsque l'événement se présente ou qu'ils doivent y faire face. Il revient donc à chaque couple de s'entendre sur ce qui est tolérable ou non. En voici un exemple tiré de la vie de Stéphanie et Jean-François.

Ce qu'elle est et ce qu'elle n'est pas

L'union de notre graphiste et de notre ébéniste a toujours été au beau fixe malgré quelques tensions et désaccords. Écorchée par une première relation qui a laissé des plaies vives, Stéphanie apprécie le lien de confiance qui s'est établi avec Jean-François au cours des ans et qui leur permet de mettre à profit leur grande créativité.

Ils ont bien sûr des goûts différents. Jean-François est fasciné par les voyages dans des contrées mystérieuses. Il a donc annoncé à Stéphanie qu'il irait aux conférences des *Grands Explorateurs* en compagnie de Julie, une décoratrice qui fait la promotion des meubles de Jean-François.

– Je ne sais pas trop comment te le dire, Jean-François, lui avoue-t-elle, mais je ne suis pas à l'aise avec cela.

– Est-ce que tu me dis ça parce que je t'ai déjà confié que je trouvais Julie bien de mon goût et qu'elle était célibataire ? lui demande-t-il.

– Tu sais, Jean-François, je t'aime beaucoup et je ne veux pas revivre ce que j'ai déjà vécu, il y a quinze ans. On dirait que c'est encore frais dans ma mémoire, lui dit-elle. Je ne veux surtout pas te brimer, je me sens d'ailleurs mal de t'en parler, mais je crois que sortir avec une fille libre que tu trouves attirante, c'est un peu comme jouer avec le feu.

Devant les inquiétudes manifestées par Stéphanie, Jean-François constate qu'il risque effectivement de s'aventurer sur un terrain dangereux. Il décide alors d'assister aux conférences avec un ami d'enfance.

Une étude américaine (Boekhout, et autres) a cherché à faire la lumière sur la différence de perception des hommes et des femmes sur l'exclusivité et les divers comportements qui y sont associés. Les auteurs concluent que les hommes sont plus ouverts à la non-exclusivité que les femmes. Par contre, on ne s'entend pas toujours sur la nature des comportements qui transgressent l'exclusivité entre les partenaires. Dans l'ensemble, les gens sont généralement d'accord sur le fait que les comportements à caractère sexuel sont inacceptables. Mais ils sont beaucoup moins catégoriques en ce qui concerne les activités non sexuelles extraconjugales, comme partager un repas en tête-à-tête, aller au cinéma avec une personne du sexe opposé, etc.

Pourquoi ne prend-on pas le temps de discuter de ces situations, que ce soit par saine prudence ou par simple prévention ? On peut avancer plusieurs explications. La première est que la personne interrogeant le conjoint peut craindre de faire piètre figure et d'être perçue comme jalouse ou possessive si elle limite sa liberté. Elle peut aussi redouter que ses propos laissent supposer qu'elle n'a pas confiance en l'autre et ainsi l'offusquer. C'est ainsi que Jean-François a réagi face à Stéphanie lorsqu'ils ont abordé le sujet la première fois.

> *On dirait que tu me compares parfois à ton ex-conjoint, un gars volage, irresponsable et sans morale. Faudrait quand même pas exagérer, Stéphanie ! Après toutes ces années, on croirait que tu ne me fais pas encore confiance.*

Celui qui souhaite participer à des activités avec une autre personne pourrait, quant à lui, craindre d'être jugé ou que son geste soit mal interprété par son partenaire. Il pourrait aussi redouter de faire naître certaines craintes et vulnérabilités chez l'autre, comme la peur de paraître moins intéressant, d'être éventuellement rejeté et, finalement, d'être remplacé.

Enfin, les partenaires craignent peut-être de ne pas s'entendre s'ils abordent le sujet sans raison précise. En général, les gens en discutent quand ils sont inquiets ou froissés d'apprendre que leur partenaire a pratiqué, ou veut pratiquer une activité avec un autre, qui pourrait s'avérer menaçante ou porter à interprétation. Comme beaucoup de choses difficiles à accomplir dans la vie, on a tendance à parler lorsqu'on n'a plus le choix, parce qu'on doit y faire face ou quand il est trop tard. Pour illustrer l'infidélité, retournons à nos quatre couples du début afin de bien distinguer qui est vraiment infidèle parmi les partenaires impliqués.

Que les véritables infidèles se lèvent !

Catherine, la pharmacienne qui rencontre Vincent par le biais du groupe de discussion, n'a encore aucun contact physique avec ce dernier. Toutefois, elle ressent manifestement de l'attirance et éprouve même des sentiments amoureux pour cet homme. Cela a une incidence directe et perceptible sur sa relation d'origine. En effet, elle commence à prendre certaines distances avec Guillaume et tente même d'éviter les contacts intimes. Catherine vit ce qu'on appelle une infidélité amoureuse, car elle cache à son conjoint ce qu'elle ressent vraiment pour une tierce personne. Même lorsque Guillaume lui fait remarquer qu'elle a changé et lui demande si elle n'a pas un autre homme dans sa vie, elle nie tout et ne veut rien entendre. Elle lui répond plutôt qu'il s'en fait pour rien et qu'il s'invente des histoires. Quand Guillaume l'interroge sur son attitude et ses états d'âme, elle banalise ce qu'elle ressent pour son correspondant internaute, en prétextant que c'est juste un ami.

Pour leur part, les échangistes Thérèse et Roger commettent certes l'adultère, mais ils ne sont pas infidèles l'un envers l'autre. En effet, ce couple ne viole en aucune façon leur contrat relationnel, puisque l'un et l'autre ont convenu de se donner la liberté de vivre leur sexualité avec d'autres personnes. Ils ne se cachent rien et ne se mentent pas. Qu'importe leur degré de satisfaction mutuelle au sortir de leur expérience d'échangisme, ils ont été transparents l'un envers l'autre. Ils ne sont donc pas infidèles.

Dans le cas du premier couple, Richard ne se croit pas du tout être infidèle à l'endroit de son épouse Carole, car il dit n'éprouver aucun véritable attachement envers ses conquêtes. Dans son esprit, ce ne sont que des aventures d'un soir, sans lendemain, alors que son véritable amour, il le réserve pour Carole. Il ne cherche pas à la remplacer, il veut simplement s'amuser un peu, avoir du bon temps et profiter de la vie. Pourtant, il trompe Carole allègrement, de plusieurs façons et depuis fort longtemps. Il lui raconte des histoires et il utilise les autres comme alibi. Il met même sa santé et celle de son épouse en danger, car il ne se protège pas toujours dans ses relations intimes. Richard vit dans un monde d'infidélités sexuelles.

Quant à Stéphanie, on ne peut pas dire qu'elle est infidèle parce qu'elle nourrit occasionnellement certains fantasmes extraconjugaux. Elle n'a pas de sentiment pour son collègue même si, comme ses compagnes de travail, elle le trouve bien beau. Ces fantasmes sporadiques ne nuisent pas à sa relation d'origine. Son attitude et son comportement avec son conjoint demeurent les mêmes. D'ailleurs, elle est toujours amoureuse, sexuellement disponible et disposée pour Jean-François. Cependant, cela ne l'empêche pas de se montrer très sensible au projet de ce dernier d'aller à des conférences avec une amie.

Dans une relation, il n'est ni utile ni souhaitable de partager tous ses fantasmes avec l'autre, parce qu'ils sont la plupart du temps inoffensifs et qu'ils n'entraînent aucun passage à des relations sexuelles ou à une aventure amoureuse. Dans la majorité des cas, de telles révélations, enfouies dans le jardin secret d'un partenaire, pourraient blesser ou inquiéter l'autre, et même créer d'inutiles tensions.

Ainsi, les fantasmes occasionnels à l'endroit d'un voisin, d'une collègue de travail ou d'une pure inconnue croisée dans la rue ne doivent pas être associés à de l'infidélité, sinon la plupart des gens devraient alors être considérés comme infidèles. En effet, on a tous, un jour ou l'autre, une pensée spontanée ou provoquée pour quelqu'un que l'on trouve attirant. En soi, ce n'est pas très grave, ni même menaçant pour le couple. Par ailleurs, cela peut devenir plus inquiétant à partir du moment où l'on passe beaucoup de temps à fantasmer sur quelqu'un. Alors, non seulement on imagine des relations sexuelles, mais on en vient à idéaliser cette personne et à nourrir des sentiments d'être aimé par elle, au point où on commence à éprouver des sentiments omniprésents et dérangeants.

D'autre part, les fantasmes encore anodins de Stéphanie soulèvent toute la question des gens qui, dans l'anonymat de leur foyer, naviguent sur Internet pour regarder des photos et des vidéos pornographiques, puis fantasmer, s'exciter et même jouir. Pourrait-on aller jusqu'à comparer ce comportement avec celui de Stéphanie qui fantasme de temps à autre sur son collègue de bureau? Le problème, avec Internet, c'est qu'on peut facilement devenir accro à ces sites qui présentent des femmes aux corps idéalisés et souvent retouchés, qui semblent avoir du plaisir à commettre des actes que l'immense majorité des femmes dédaignent comme la sodomie, la double pénétration, l'éjaculation faciale, etc. En se laissant bombarder d'images de la sorte, les préférences sexuelles des gens évoluent, et pas nécessairement dans le sens d'un mieux-être de la relation. Il en va de même pour la publicité qui opère un effet similaire. On sait en effet que, à force de se faire envahir par des messages de véhicules utilitaires sport, les consommateurs développent le goût d'en acheter et d'en conduire, et ce, même s'ils travaillent et demeurent dans un milieu urbain.

La consommation de sites pornos dans Internet peut devenir problématique pour un membre du couple, à partir du moment où elle atténue son désir pour l'autre partenaire. Cela est d'autant plus délicat si cette dernière ne correspond pas aux modèles observés dans le cyberespace. Le conjoint peut ainsi avoir moins le goût d'une relation intime avec sa partenaire, car il trouve son plaisir autrement. Par exemple, s'il se satisfait au bureau, le midi, en regardant des sites pornos, en aura-t-il encore le goût, le soir, quand sa conjointe lui proposera de faire l'amour? Et quelle sera la réaction de cette dernière lorsqu'il fera pression sur elle pour qu'elle commette des actes dont elle n'a pas envie?

En somme, même si on peut avoir de l'agrément à commenter les infidélités des gens de notre entourage, ou encore celles de nos vedettes, il n'est ni facile ni spontané de discuter des balises de l'exclusivité au sein de son propre couple. Le sujet est délicat à aborder, car il touche plusieurs cordes sensibles comme la confiance mutuelle, la loyauté du partenaire, la peur d'être remplacé et l'impression d'être unique pour l'autre. Autant de fondations qu'on ne veut pas voir ébranlées. C'est pourquoi de telles discussions sont rarement spontanées. Elles surgissent plutôt lorsqu'on y fait face et qu'on découvre que l'autre a outrepassé les limites de l'acceptable, ou qu'il en a l'intention.

Il va de soi que les limites de la tolérance varient d'un individu à l'autre. Force est de constater que le concept d'infidélité peut être interprété de différentes façons. Néanmoins, même si bon nombre de partenaires jugent sans gravité que leurs conjoints travaillent, se réunissent, se divertissent ou se confient à des tiers, certains partenaires n'acceptent pas que leur conjoint se livre à ces activités dans un contexte de séduction et d'attirance, dans l'espoir d'aboutir à des contacts de nature sexuelle ou de faire évoluer cette relation vers un échange amoureux. En clair, pour la majorité des gens en relation de couple, l'amour et le sexe ne se partagent pas avec un tiers.

En général, les gens sont conscients dès l'instant où ils s'aventurent sur un terrain glissant et que leurs comportements ou leurs sentiments à l'endroit d'un tiers ne sont pas tout à fait conséquents avec leur engagement d'exclusivité mutuelle. C'est donc à partir du moment où l'on se cache, où l'on ment à l'autre et à soi-même, où l'on crée des alibis, où l'on invente des histoires, que ces comportements dérogent à cette entente mutuelle, même si on ne l'a pas négociée explicitement. Au-delà des gestes avec une tierce personne, ou de leur fréquence, ce qui fait le plus mal dans l'infidélité, c'est le profond sentiment de trahison et de bris de confiance qui s'ensuit.

À titre indicatif, l'infidèle adopte un ou plusieurs des comportements suivants:

- taire volontairement des actes de nature sexuelle ou amoureuse;
- nier que ces aventures existent lorsqu'un des deux partenaire les met devant les yeux de l'autre;
- banaliser l'importance de ces expériences;
- inventer des histoires pour justifier ses actes;
- utiliser les autres comme alibi;
- nier que ces mensonges ou ces cachotteries ont un impact négatif sur la relation.

En résumé, nous venons de voir qu'il n'est pas évident d'en arriver à une définition singulière de l'infidélité qui ferait l'unanimité chez tous les couples. En effet, la notion d'infidélité diffère d'un couple à un autre, tout comme elle est appelée à évoluer au fil de la relation. Ainsi, pour la majorité des gens, c'est lorsqu'ils font face à l'infidélité réelle ou potentielle d'un partenaire que les perceptions se précisent et que les attentes s'expriment. Alors débute un délicat processus d'accueil et de compréhension mutuelle, qui permettra de relancer la vie à deux dans un espace mieux défini, ou qui conduira les partenaires à poursuivre leur routes sur des voies distinctes.

Mais est-il possible de prévoir, et même d'éviter, des situations qui favorisent ou provoquent l'infidélité? Encore là, bien qu'il n'y ait pas d'assurance tous risques ou de recettes magiques à ce sujet, nous allons maintenant voir de quelle façon certaines phases d'une relation de couple rendent les partenaires plus vulnérables à transgresser leur engagement, négocié ou implicite, d'exclusivité l'un envers l'autre.

Chapitre 3

Les étapes d'une relation de couple et l'infidélité

Avant de rencontrer Vincent par l'entremise du groupe de discussion dans Internet, Catherine n'avait certes pas planifié, qu'un jour, elle serait infidèle. C'est même un comportement qu'elle réprouvait. Petit à petit, elle s'y est cependant rendue vulnérable. Les circonstances et l'évolution de sa relation avec son conjoint Guillaume ont fait en sorte qu'elle s'est ouverte aux charmes de Vincent, malgré sa personnalité de type rationnel et responsable.

Il en va de même pour bon nombre de partenaires, pour qui l'infidélité n'est pas un but à atteindre, et encore moins un projet de vie. Personne ne se dit: «J'aimerais bien tomber en amour avec quelqu'un d'autre d'ici deux ans» ou «Pourquoi ne pas essayer cette nouvelle expérience le week-end prochain?» L'infidélité amoureuse s'installe bien souvent dans un contexte d'insatisfaction dans une relation, d'éloignement des partenaires ou d'absence d'intimité. Comment passe-t-on du «Je t'aime à la folie» à «Je ne sais plus si je t'aime encore»? Je vais illustrer sommairement les diverses phases de la vie de couple menant au détachement affectif, en suivant le parcours de Catherine et de Guillaume, du début de leur relation jusqu'au moment où notre pharmacienne a commencé à ressentir de véritables sentiments amoureux pour Vincent.

Il faut d'abord comprendre qu'aucune relation conjugale n'est statique. Il y a de bons et de moins bons moments dans toute vie de couple, et on ne devient pas vulnérable à l'infidélité du jour au lendemain. L'histoire de Catherine est une histoire comme tant d'autres, d'autant plus que ce sont souvent les femmes qui se rendent jusqu'au détachement affectif (Hetherington). Il serait par contre erroné de présumer que toutes les femmes qui ressentent un vide émotif au cours de leur relation vont systématiquement tromper leur conjoint, ou qu'il n'y a pas d'hommes qui s'éloignent de leur conjointe par insatisfaction.

J'ai choisi de m'attarder principalement à l'insatisfaction relationnelle dans la dynamique de l'infidélité. La grande majorité des auteurs consultés estiment en effet que c'est une des causes majeures qui amène les conjoints à briser leur engagement d'exclusivité. L'insatisfaction relationnelle représente d'ailleurs l'indice le plus révélateur de l'infidélité chez la femme (Glass et Wright). Cette raison n'est certes pas la seule qui explique l'infidélité. D'autres causes, cependant moins fréquentes, conduisent également certains conjoints à se laisser tenter par l'expérience. J'ai d'ailleurs identifié les plus importantes d'entre elles au chapitre 6.

L'emballement du début – *Tout nouveau, tout beau !*

Les débuts d'une relation sont uniques et varient selon les circonstances de la vie. Il n'y a pas que des étincelles, des coups de foudre ou des cas d'aveuglement soudain ! C'est ainsi que chacun de nos quatre couples, avec diverses personnalités, bagages de vie, attentes et enthousiasme, a vécu à sa façon l'étape de l'emballement du début.

Catherine et Stéphanie ont expérimenté cette première étape de façon bien différente avec leurs conjoints respectifs. Ainsi, Stéphanie, écorchée vive par une première relation catastrophique, a fait le choix de s'engager progressivement et de façon beaucoup moins spontanée que Catherine.

> *Je n'avais vraiment pas envie de revivre le traumatisme que mon ex m'a infligé en m'annonçant qu'il me quittait alors que j'allaitais encore mon bébé, avouera-t-elle.*

Son conjoint Jean-François a vite compris qu'il ne servait à rien de précipiter les choses, d'autant plus que, comme mère monoparentale, Stéphanie avait des obligations qui l'empêchaient d'entreprendre une nouvelle relation.

> *On a été de bons copains pendant près d'un an. Je sentais sa méfiance, et c'est pourquoi on a lentement appris à s'apprivoiser sans brusquer les choses, ajoute-t-il.*

Le cas de Catherine et Guillaume est tout à fait différent. Parfois l'attraction se révèle si forte qu'elle semble dépasser l'entendement et même le bon sens. Catherine ressentait alors pour Guillaume des sentiments qui la transportaient.

> *Quand Guillaume me regardait avec ses yeux doux, mon cœur battait à tout rompre, comme s'il allait sortir de ma poitrine. Lorsqu'il me touchait, des frissons me traversaient tout le corps. J'avais les jambes toutes molles seulement à entendre sa voix. Qui plus est, je me sentais légère comme un papillon,*

et mon entourage me trouvait tout simplement radieuse et resplendissante.

« Je t'adore, ô ma frivole, ma terrible passion », écrivait Baudelaire, ce chantre de la folie amoureuse. Exaltante, délicieuse, heureusement éphémère, elle donne aux débuts d'une relation une intensité sans commune mesure. Dans cet état, comme le décrit Dorothy Tennov, on n'est plus tout à fait soi-même. On passe le plus clair de son temps à penser à l'objet de son désir. Les habitudes alimentaires et le sommeil sont souvent chamboulés. L'humeur dépend de cet autre qui devient alors le centre de l'univers. Rien d'autre n'est aussi important. Et si, par bonheur, l'attrait que l'on ressent est réciproque, on risque alors de voguer sur un nuage. En revanche, quand ses propres sentiments ne trouvent pas d'écho auprès de la personne convoitée, le rejet devient insupportable tellement ça fait mal. Mais comment une personne peut-elle avoir un tel effet sur une autre ? Et pourquoi cela ne dure-t-il pas ?

Selon l'éminent sexologue américain John Money, on a tous une idée, parfois plus ou moins bien articulée, de ce que peut représenter le partenaire idéal. Cette image mentale de l'amoureux rêvé commence à prendre forme dès l'enfance et se précise à l'adolescence. Ainsi, vers l'âge de cinq ans et parfois même plus tôt, certains attributs comme la voix, le sourire, la démarche d'une personne, ou les caractéristiques physiques de parents, d'amis ou d'enseignants, qui s'avèrent stimulants ou étroitement liés à un état de bien-être pour soi, s'imprimeraient automatiquement dans l'amygdale du cervelet, le centre de la mémoire émotionnelle de notre cerveau. Il en résulte que, plus tard, si on retrouve des traits similaires chez un parfait inconnu ou une pure étrangère, cette personne risque fort d'être attirante, car elle éveillerait en soi toutes sortes de sensations agréables déjà imprimées dans le cerveau.

Ce processus physiologique s'accomplirait machinalement sans que l'on s'en rende compte, ce qui permet de comprendre pourquoi, sans que l'on puisse l'expliquer, que quelqu'un fasse autant d'effet. Selon certains, cette tendance à rechercher la passion amoureuse serait consignée dans les gènes et s'inscrirait dans l'histoire de l'Homme depuis les tout débuts de son évolution. Cet élan passionnel assurerait une longévité suffisante à la relation, pour que les partenaires puissent procréer et s'occuper du nourrisson, garantissant ainsi la survie de l'espèce.

Au fil des ans, ces traces ou ces attributs d'autrui, gravés inconsciemment aux confins du cerveau et procurant une sensation de bien-être, s'accumuleraient pour former le profil de la personne susceptible de soulever de l'intérêt. Ainsi, l'amant idéal posséderait l'ensemble de ces caractéristiques enivrantes et correspondrait à certaines préférences que l'on élabore consciemment au fil des ans, qu'il s'agisse du profil aventurier pour celle qui aime voyager, ou du type écologiste pour celui qui se soucie de l'environnement. Comme chaque individu possède sa propre histoire, voilà qui explique la pluralité des goûts. Et qu'arrive-t-il si l'on rencontre un être en chair et en os qui correspond assez fidèlement à cet idéal? C'est alors qu'opère la magie du coup de foudre.

Au même titre que certaines drogues, la passion amoureuse va jusqu'à chambarder l'équilibre chimique du cerveau. La concentration de dopamine et autres substances chimiques produites s'emballe. Or, à forte dose, la dopamine aurait des propriétés euphorisantes susceptibles de transporter l'individu directement au septième ciel.

Il semble donc possible que le nouvel amoureux puisse correspondre à cet idéal, ne serait-ce que provisoirement. Dès le début d'une relation, il n'est pas rare de partager avec l'être convoité cette vision du partenaire rêvé, une vision qui, selon le cas, est plus ou moins clairement définie : « J'ai un faible pour les hommes galants et sportifs, qui aiment les animaux et le plein air ! » Pour s'approprier le cœur de sa belle, l'amoureux éperdu aura avantage à tout faire, à peu de chose près, pour correspondre à cet idéal, s'il désire voir ses chances de réussite augmenter.

Par ailleurs, il s'avère tout aussi vraisemblable qu'aux premiers moments d'une relation passionnée, on idéalise l'élu de son cœur de telle façon que la perception que l'on en a prenne des proportions quasi mythiques : « Il a tout ce que je recherche chez un homme » ou « Je ne changerais rien chez elle » ou encore « C'est la femme parfaite ». On idéalise le nouvel amoureux, car on veut croire, parfois à tout prix, que celui-ci représente cet absolu incarné. Ces émotions persistent un certain temps, même si les faits trahissent le contraire ou que l'entourage tente de ramener le rêveur à la réalité.

La psychothérapeute de renommée internationale, Susan Forward, explique que cette exultation du début peut jouer de très mauvais tours. En effet, dans cet état, les perceptions de la réalité sont faussées à tel point que l'on refuse ou ignore tout ce qui va à l'encontre de l'idée que son amoureux représente bel et bien cet archétype tant attendu depuis des lustres, sinon depuis toujours. En fait, on demeure bien souvent obnubilé par ce que l'autre fait ressentir, plutôt que par ce qu'il est réellement. On se dit inconsciemment, qu'en toute logique, « une personne qui m'apporte autant de bonheur ne peut être que merveilleuse ». Ainsi, le poète anglais Chaucer n'avait pas tort d'affirmer que « l'amour est aveugle », une formule qui est devenue avec le temps « l'amour rend aveugle ».

L'exemple de Catherine illustre bien cette maxime:

> *Je vous assure qu'au cours des premiers mois je ne lui trouvais aucun travers! Ou plutôt, je ne voulais voir personne d'autre que lui. Complètement obnubilée, je n'y voyais que du feu! Faut dire qu'à cette époque déjà lointaine, il s'avérait attentionné, courtois et compréhensif. Pourtant, après quelques années, je suis à même de constater que Guillaume a plus d'un défaut! Avec un peu de recul et de lucidité, je réalise qu'il n'est pas si génial que je l'avais imaginé. Aujourd'hui, il lui arrive même d'oublier certaines de nos sorties, de refuser de voir mes amies et de préférer la télé à ma présence.*

D'ailleurs, au tout début d'une relation, on préfère ne pas voir l'autre tel qu'il est, avec ses défauts ou ses faiblesses, et risquer ainsi d'atténuer cet état sublime qu'est la passion amoureuse. On justifie inconsciemment son aveuglement en se disant qu'il n'y a vraiment pas d'urgence à voir apparaître les lacunes de son partenaire. À cette étape, il va de soi que la tendance naturelle est de mettre en lumière tous les aspects avantageux de sa nouvelle flamme. Et que fait-on si on constate, dans un moment de lucidité, une faille chez l'être aimé? On excuse volontiers cette attitude ou ce comportement déplaisant en alléguant la fatigue, les difficultés journalières ou le stress au travail.

Il est même fréquent de réinterpréter ces comportements ou ces situations à notre avantage ou en notre faveur. Ainsi, au début de la relation du camionneur Roger et de son épouse Thérèse, celui-ci était tellement stimulé qu'il n'avait pas le temps de retenir son éjaculation jusqu'au moment de la pénétration. Thérèse se disait qu'elle devait lui faire tellement d'effet, qu'il la trouvait tellement excitante, qu'elle était presque flattée de ce comportement qu'elle considérait comme une forme de compliment. Avec le temps, cette situation a fini cependant par l'exaspérer. Elle en voulait à Roger de ne pas pouvoir la pénétrer suffisamment longtemps pour qu'elle atteigne l'orgasme. Elle a fini par trouver cet état de choses moins drôle et a constaté que son mari avait un problème d'éjaculation précoce. Ils ont dû consulter un spécialiste qui les a aidés à régler ce problème.

Il faut ajouter que, la plupart du temps, au début d'une relation, les amoureux ne partagent pas un seul et même domicile, ne possèdent pas de biens collectifs et n'ont pas encore d'enfants. Ainsi, quand ils sont amenés à faire les premières prises de conscience de leurs différences, ils n'ont habituellement pas à négocier ou à se disputer pour régler des enjeux majeurs, comme s'ils étaient engagés l'un envers l'autre et qu'ils vivaient sous le même toit.

À cette étape d'emballement, les amoureux courent bien peu de risques d'être infidèles, ou encore d'être trompés, car ils sont pratiquement comblés. Leur cœur n'est pas disponible pour quelqu'un d'autre. La relation est enivrante, et ils s'y investissent à fond. Chaque partenaire correspond amplement aux attentes de l'autre. C'est pourquoi ils ne veulent pas risquer de le perdre en batifolant.

La vie au quotidien – *Plus lucide mais toujours heureux!*

L'emballement du début étant désormais chose du passé, la passion perd de son lustre et cesse d'éblouir. Tout n'est pas aussi rose qu'on l'avait d'abord imaginé. L'idéalisation montre lentement ses failles face à la réalité quotidienne. On commence à voir l'autre tel qu'il est, et non plus seulement comme on se l'était représenté.

À cette étape de la vie à deux, on a plus de discernement et on y voit plus clair. On constate que la relation et le partenaire ne correspondent pas parfaitement à ce qu'on avait imaginé. Il y aura des irritants et des manquements, donc des choses à améliorer. La réalité de la vie à deux s'installe à mesure que l'on quitte cette phase d'idéalisation de l'autre.

Plus le temps avance, plus on révèle son vrai visage, ses manies, ses travers et ses limites. Plus on se côtoie, plus on s'expose mutuellement à ses différences, à ses défauts ou à ses irritants. On se relâche davantage et on ne fait plus autant attention aux détails. Assuré de l'amour de son partenaire, on croit ne pas avoir à en faire autant pour aviver ses sentiments.

Quand la passion se dissipe, les gestes d'amour deviennent moins spontanés et exigent qu'on les cultive. Ce relâchement est normal et n'a rien d'inquiétant en soi, sauf si l'on se rend jusqu'à négliger carrément son partenaire. Quiconque est passé par là sait que la passion est un état exigeant que le corps ne peut supporter de façon permanente. Un sain réflexe ramène l'équilibre. L'attachement remplace la passion et stimule la sécrétion d'endorphine, qui rétablit le calme.

Ce déclin d'investissement dans la relation semble plus marqué chez l'homme et s'explique par le fait que, encore aujourd'hui, les garçons et les filles font différemment l'expérience de la socialisation. Ainsi, les femmes accordent davantage d'importance à la qualité et à la profondeur des relations avec autrui, ce qui se reflète dans les détails de la vie. Petites attentions, appréciation verbale, expression des émotions, soutien et don de soi sont autant de comportements et d'attitudes dont elles font preuve spontanément dans leur relation de couple. Le fait que les hommes soient valorisés pour leur indépendance et leur succès explique qu'après l'étape passionnelle des débuts, ils investissent parfois davantage dans le travail et les loisirs. En général, les femmes sont plus vigilantes et plus sensibles aux différentes variations que peut subir une relation. Elles en sont souvent le baromètre.

Ce ne sont évidemment pas tous les hommes qui changent. Pour Jean-François, le conjoint de Stéphanie, ces gestes d'affection et ces compliments lui viennent plus naturellement. Il a su continuer à les prodiguer malgré l'épreuve du temps. Une fois la passion dissipée, Stéphanie a toujours apprécié la délicatesse de son conjoint ébéniste, qui a constamment trouvé un moyen de lui signifier son amour grâce à une foule de petits détails. C'est grâce à cette sensibilité particulière qu'il a développée à l'endroit de sa conjointe que Jean-François s'est rendu compte que sa Stéphanie n'était pas très enthousiaste à l'idée qu'il aille aux conférences des *Grands Explorateurs* avec une amie.

À cette nouvelle étape de la relation, certains partenaires, habitués à des marques d'attention ou d'affection soutenues, ne comprennent pas toujours qu'il soit naturel et prévisible que celles-ci diminuent en intensité et en nombre avec le temps. Parfois même, au lieu de considérer cette situation comme une phase normale d'une relation, ils donneront à ce relâchement une signification empreinte d'une quelconque amertume, voire même d'une certaine inquiétude.

De plus, au-delà des comportements qui se transforment au fil des mois et des années, d'autres gestes ou d'autres attentions perdent souvent leur aptitude à faire plaisir et à surprendre. En psychologie, on appelle cela un phénomène d'habituation. C'est comme le gâteau au chocolat : la première fois qu'on en mange, c'est très bon, mais s'il est servi chaque jour, il perd de son attrait. C'est ainsi que l'on se rend compte que, ce qui était agréable au tout début, donc encouragé par l'un ou l'autre partenaire, prend le chemin des oubliettes ou se transforme en irritant. Et si, par manque de créativité ou d'intérêt, les partenaires ne déploient pas l'un envers l'autre d'autres comportements motivants pour leur amour, la relation commencera alors à perdre de son intensité.

Les couples heureux sont ceux qui, avec le temps, ont réussi à demeurer intéressants et stimulants l'un envers l'autre. Pour maintenir l'attrait bien vivant, il faut y mettre une attention et des efforts soutenus. Ce constat risque de heurter une certaine conception erronée de la vie en couple, à l'effet que tout devient naturel et relativement facile aux gens qui s'aiment.

À la sortie de la phase d'idéalisation, les partenaires se sentent généralement confortables dans leur relation et plutôt tolérants vis-à-vis des imperfections de leur partenaire. Malgré certains irritants, ils s'apprécient tout autant et ils ont encore le goût de faire plaisir à l'autre. Même si la fréquence de leurs relations sexuelles a quelque peu diminué, le désir est encore au rendez-vous et ils se sentent toujours proches l'un de l'autre. Face aux premiers écueils de leur vie à deux, certains partenaires vont spontanément avoir le réflexe d'amorcer quelques réaménagements. En général, à cette étape, ce sont les femmes qui vont prendre plus d'initiatives. Par exemple, elles vont changer certains comportements, chercher à être plus attentionnées, davantage affectueuses ou plus attirantes.

C'est le cas de Catherine qui, dans l'espoir de se consacrer davantage à sa relation, a réduit ses journées de travail à quatre jours par semaine pour s'occuper des tâches domestiques le vendredi, et ainsi pouvoir faire des activités agréables en fin de semaine avec Guillaume. Elle a renouvelé sa lingerie fine afin de maintenir l'attention de ce dernier. Elle a même organisé une fin de semaine en amoureux dans une petite auberge du nord de la ville pour leur permettre de s'évader quelque peu du quotidien.

À cette étape de la vie à deux, les partenaires ne sont pas trop vulnérables à commettre l'infidélité, car ils sont généralement satisfaits de leur relation. Lorsqu'elle se produit, elle risque plutôt d'être de nature strictement sexuelle, ou encore d'être la résultante de difficultés personnelles que nous apprendrons à cerner au chapitre 6.

La déception et la frustration – *Ce n'est pas ce que j'avais imaginé!*

Les années ont passé, Catherine et Guillaume ont maintenant deux enfants. Ce dernier passe trop de temps au bureau et rentre fourbu à la maison. Il n'a nullement le goût de discuter, affiche un air préoccupé et ne donne pas l'impression d'écouter quand Catherine lui parle. Il désire seulement lire son journal ou regarder la télé. Il a même refusé certaines avances de sa conjointe en prétextant une trop grande fatigue. Il apporte du travail à la maison la fin de semaine, ce qui limite leurs activités. Très souvent, elle se retrouve seule avec Krystelle et Jonathan.

Plusieurs des besoins d'intimité de Catherine ne sont pas comblés, et son insatisfaction s'amplifie. Elle revoit les débuts de sa relation avec beaucoup de nostalgie, lorsque Guillaume s'intéressait à elle. Il lui posait toutes sortes de questions, portait attention à ce qu'elle avait à dire et la regardait quand elle parlait. Il allait jusqu'à prendre sa main. Il était avenant et attentionné au moindre détail. Il lui écrivait des mots doux et lui faisait des compliments à souhait. Il lui arrivait même de l'appeler au travail uniquement pour prendre de ses nouvelles. Il disposait de temps pour elle. Il lui faisait des surprises en organisant toutes sortes d'activités intéressantes. Avec les années, leur relation a bien changé. Catherine a l'impression que Guillaume ne la voit plus quand ils sont ensemble. On dirait presque qu'elle lui est acquise. Ce n'est pas du tout ce à quoi elle s'attendait d'une relation de couple. Elle est souvent triste et déçue.

Elle a d'autant plus mal que sa relation avec Guillaume la ramène à certaines blessures de son passé. En effet, Catherine était particulièrement proche de son père. Elle appréciait son affection et sa proximité quand il était à la maison. Malheureusement, il travaillait beaucoup et n'était pas très présent. Elle se retrouvait souvent en situation d'attente, comme c'est le cas actuellement avec Guillaume. N'étant pas de nature très affectueuse, mais plutôt rigide et exigeante, sa mère n'a pas pupallier les absences de son père. Que Guillaume ne lui consacre guère de temps et lui donne peu d'affection, cela la ramène à ses carences et ses souffrances du passé. Cela rejoint ses vulnérabilités personnelles. En couple, il n'est d'ailleurs pas rare de revivre certains éléments douloureux de nos relations antérieures comme l'abandon, le rejet, l'assujettissement, l'abus, la dépendance, etc. Quand le passé refait surface et que la douleur réapparaît, nos réactions s'en trouvent souvent d'autant amplifiées, ce qui n'est pas toujours facile à saisir et à comprendre pour le partenaire concerné.

Les initiatives de Catherine pour rendre Guillaume plus sensible à ses besoins et pour améliorer leur relation s'étant avérées infructueuses, elle a choisi d'exprimer désormais son insatisfaction en se faisant moins souriante et moins attentionnée, de même que plus impatiente et plus désobligeante. Constatant que Guillaume ne devinait toujours rien, elle a décidé de prendre son courage à deux mains et d'aborder le sujet de front :

– Guillaume, j'aimerais qu'on prenne du temps pour parler de nous deux, ce soir.
– Pour parler de quoi ? répond Guillaume.
– De nous, de notre relation. Tu n'as pas remarqué que, depuis un bout de temps, ça ne va pas. On n'échange plus. On ne passe pas de temps en

amoureux, uniquement toi et moi. J'ai même parfois l'impression que je t'indispose.

– Voyons donc, Catherine, ce n'est pas si grave que tu l'imagines. Comme d'habitude, tu t'en fais trop. Vois, nous sommes des gens comblés: de beaux enfants, une grande maison, du confort, de bons amis. Je viens de rénover la salle de bain et on va bientôt refaire la cuisine. De quoi te plains-tu? Tu dois être trop stressée par le travail et les enfants. As-tu pensé à travailler seulement trois jours par semaine pour relaxer davantage?

– Guillaume, tu ne comprends rien. Je te confie que j'aimerais qu'on se rapproche, qu'on ait plus d'intimité, qu'on passe plus de temps ensemble. Et tu me parles de notre confort matériel et du stress lié à mon emploi.

Catherine hausse le ton et se met à sangloter. Voyant cela, Guillaume se retire et quitte la pièce, ce qui la blesse davantage, car elle a l'impression qu'il se fiche complètement d'elle. Ils se sont tenu deux discours parallèles qui reflétaient deux visions divergentes. Comme si, avec le temps, ces deux conjoints s'étaient raccrochés à des priorités différentes.

Lorsqu'il n'y a toujours pas d'évolution, la peine et la déception cèdent la place au ressentiment. Accusations, intimidation, menaces, sarcasmes, bouderies, sautes d'humeur s'ensuivent. C'est souvent à cette étape que les partenaires commencent à manquer de respect l'un pour l'autre, à développer des manières de communiquer ou d'interagir peu constructives. Plusieurs situations de la vie de couple deviennent alors prétextes à exprimer le mécontentement accumulé avec de plus en plus d'acrimonie ou même de colère. Les conflits et les tensions s'amplifient. On commence à en vouloir à son partenaire en le rendant responsable des difficultés conjugales. Alors que, dans la phase précédente, on tentait de changer son propre comportement, c'est le partenaire qu'on veut maintenant transformer. Il s'agit d'un piège, car plus on impose et exige des changements à l'autre, plus il résiste ou réagit en faisant le contraire. La perception négative qu'on a commencé à avoir de lui s'en trouve alors confirmée. Les dissemblances que l'on appréciait jadis chez l'autre, et dont on était arrivé à s'accommoder avec le temps, frustrent et blessent de plus en plus.

Ces différences sont désormais perçues comme le genre de défauts qu'on n'est pas prêt à tolérer chez un partenaire de vie. C'est d'ailleurs ce qu'illustrent les propos de Catherine quand, au tout début de sa relation avec Guillaume, elle disait à son amie Annie qu'elle appréciait son côté calme qui l'apaisait. Elle le trouvait réfléchi et posé. Elle aimait aussi son côté ambitieux et besogneux. Elle trouvait même rigolo son petit côté économe et elle le considérait bien à son affaire. Aujourd'hui, elle estime qu'il est trop près de ses sous. Ainsi, quand il refuse d'engager certaines dépenses, elle prend cela pour du contrôle. Elle se sent comme la petite fille qui se faisait gérer par sa mère.

Avec le temps, elle en est aussi venue à le trouver ennuyeux et à penser qu'il est obsédé par son boulot. Elle se rappelle, entre autres, que, lors de la naissance de Krystelle, il a accepté une promotion au même moment. Il a dû travailler davantage par la suite et prendre ainsi des distances de plus en plus grandes face à ces nouvelles responsabilités familiales. Catherine s'est sentie très seule à l'époque et elle se souvient qu'il ne s'est pas fait très présent auprès d'elle. Il n'est pas rare de constater que ce genre de situation peut prendre de nouvelles proportions à la suite d'événements comme la naissance d'un enfant, la maladie d'un conjoint, la mort d'un proche, la perte d'un emploi ou une réorientation de carrière.

C'est d'ailleurs souvent au moment de la naissance d'un premier enfant que le couple subit un premier traumatisme important. Le centre d'attention passe alors du couple à l'enfant. Certains conjoints arrivent malgré tout à ne pas trop laisser s'installer de distance entre eux, mais d'autres ne peuvent éviter un certain éloignement. Pour ces raisons, j'estime que les partenaires qui désirent unir leur destinée n'ont pas tant besoin de cours de préparation au mariage que de cours de préparation à l'arrivée de ce premier rejeton, car il canalise une grande partie de leurs énergies.

Comme Catherine et Guillaume, certains couples en arrivent à développer des perceptions divergentes de l'état de santé de leur union. Ainsi, lorsque dans la seconde phase on pouvait être simplement agacé par les travers de son partenaire ou les passages à vide de sa relation, à présent on éprouve une souffrance évidente. Comme pour Catherine, la déception, la tristesse et la colère s'entremêlent à l'attachement, à la volonté et à l'espoir de remettre la relation sur ses rails. On a cru au changement et on a essayé plusieurs solutions sans grand résultat. Même si elles ne sont pas prêtes à assumer une telle éventualité, certaines personnes vont jusqu'à menacer leur partenaire de séparation dans l'espoir de le faire réagir. À cette étape, les partenaires sont encore trop attachés, malgré leurs difficultés, pour prendre une décision aussi radicale. La personne blessée en veut à son conjoint, et son désir pour lui en est affecté. La fréquence, et souvent la qualité des relations intimes, diminuent de manière considérable.

À cette phase de la relation, les partenaires sont plus à risque de commettre l'infidélité sexuelle, parce que celle-ci n'exige pas trop d'attachement émotif. S'ils ont une aventure, ce sera par insatisfaction sexuelle ou comme ultime stratégie pour choquer et réveiller le partenaire moins impliqué. Souvent même, les infidèles, blessés qu'ils sont par le dépérissement de leur relation et la négligence de leur partenaire, risquent de laisser des traces de leurs aventures dans le seul but de provoquer les choses.

L'éloignement progressif – ***Est-ce que je l'aime encore?***

À cette étape cruciale, on commence à se sentir impuissant à faire avancer les choses. On a l'impression d'avoir tout essayé. On s'est exprimé clairement. On a cherché à effectuer des changements d'ordre personnel et à en amorcer d'autres dans l'univers familial. On a parlé doucement. D'autres ont crié, pleuré, boudé ou sont devenus intransigeants. On a fait pression sur l'autre pour qu'il change. Rien ne semble fonctionner. On est fatigué d'avoir mal, d'être frustré et de continuellement se retrouver au cœur de conflits et de tensions. On commence à se protéger en prenant des distances sur le plan émotif.

> *Annie, je ne sais plus quoi faire. Je n'en peux plus de me battre pour obtenir des changements, de quémander des miettes d'affection, un peu de temps ensemble ou quelques échanges. Je commence à en avoir assez d'attendre après lui pour répondre à mes besoins. Je suis exaspérée d'exiger ce qui ne vient pas et de passer pour l'emmerdeuse. Quand je lui fais une crise, j'en ai assez de voir Guillaume réagir de manière à se débarrasser de moi et à me faire taire pour un bout de temps. Je n'en peux plus d'être ainsi frustrée et déçue.*
>
> *Franchement, Annie, je ne me sens plus très proche de Guillaume. Je t'avoue que je me demande si je l'aime encore. Le pire, c'est qu'il ne semble pas trop se rendre compte de ce qui se passe, à part l'absence d'intimité sexuelle. Je ne suis même pas sûre qu'il*

veuille vraiment que notre relation s'améliore, car il n'a pas l'air si malheureux.

Guillaume se dirige tout droit vers une énorme surprise, car il ne voit rien venir. Il n'a pas su saisir les indices le prévenant que sa conjointe et son couple étaient en difficulté. Qui plus est, il trouve même que Catherine semble aller beaucoup mieux, qu'elle critique plus rarement, se fâche moins souvent et le laisse agir plus librement. Comme bien des hommes, Guillaume ne se rend pas compte que sa partenaire s'éloigne de lui, qu'elle a baissé les bras et que leur couple est en péril. Catherine a désormais de moins en moins d'attentes par rapport à leur relation. Elle ne veut plus espérer, s'investir de nouveau et être déçue.

À partir de ce moment, elle cherchera plutôt à s'impliquer dans des réseaux parallèles ou à participer à des activités culturelles et sociales. Au début, elle songera à l'idée de la séparation avec beaucoup d'ambivalence et d'inquiétude. L'idée d'une vie meilleure et d'un bonheur autre commencera cependant à faire son chemin. Elle procédera à une évaluation de sa relation et mesurera sérieusement les conséquences d'une éventuelle séparation. Elle pensera à son autonomie financière, à la façon dont ses proches pourraient réagir à cette possible décision, à la manière dont les enfants pourraient vivre ce bouleversement, etc. Elle se confiera à d'autres sur l'état de sa relation dans le but d'y voir plus clair.

C'est dans ce contexte d'absence d'intimité et de vide émotionnel que Vincent entrera dans la vie de Catherine. La situation la rend effectivement très vulnérable. Elle vit de nombreuses carences affectives dans sa relation avec Guillaume. Elle est en manque d'amour et elle veut redevenir la femme qu'elle était plutôt qu'uniquement la mère des enfants de son conjoint. En effet, ce n'est pas parce que la relation d'origine n'arrive plus à répondre à nos besoins affectifs que ceux-ci diminuent ou disparaissent pour autant.

Des personnes comme Catherine s'ouvrent alors à une aventure, car il n'y a pratiquement plus d'intimité, de complicité et de plaisir dans leur relation d'origine. Les partenaires ressemblent de plus en plus à des colocataires qui poursuivent des vies parallèles en partageant le même toit, les mêmes enfants et des amis communs. Ils forment un couple fonctionnel qui a évacué la dimension émotionnelle et affective de leur relation.

C'est à cet instant que les gens se rendent plus vulnérables à l'infidélité amoureuse. À cette étape, l'infidélité sert à combler les manquements de la relation d'origine qui n'est plus satisfaisante à plusieurs égards. Dans certains cas, l'infidélité permettrait à l'infidèle de mieux tolérer les lacunes de sa relation d'origine et ainsi éviter la séparation. Comme nous le verrons dans le chapitre suivant, certaines personnes vont préférer mener une double vie pour ne pas imposer la séparation aux enfants, pour ne pas diminuer leur niveau de vie ou ne pas être jugées par l'entourage. Pour d'autres cependant, l'infidélité peut représenter un filet de sécurité et les aider à sortir plus rapidement de la relation d'origine devenue trop vide ou trop conflictuelle.

Le détachement – *Une vie meilleure… ailleurs?*

Si les choses ne s'améliorent pas avec Guillaume, Catherine pourrait alors se rendre au détachement. Dans cette dernière phase d'une relation, on décroche complètement. On ne ressent plus d'amour pour l'autre. Bien souvent, la colère et la souffrance font place à l'indifférence. On a perdu trop de temps et d'énergie à investir sans résultat apparent. On n'a plus d'espoir de voir la relation s'améliorer et encore moins de retrouver le bonheur. On ne veut même plus essayer. À plusieurs égards, la séparation est perçue comme un soulagement. La possibilité d'une vie meilleure ailleurs commence à prendre forme. On est arrivé à composer beaucoup mieux avec la perspective de la séparation et avec l'insécurité qu'elle suscite. Il n'y a plus d'ambivalence. Le point de non-retour est atteint, et l'annonce de la séparation s'ensuit. Cette fois-ci, la décision est fondée et n'est plus seulement considérée comme une ultime stratégie pour faire réagir l'autre. Quand, dans la phase précédente, on ne faisait qu'imaginer ce que pourrait être la séparation, on passe désormais à l'action et on prend des mesures concrètes, comme consulter un avocat pour connaître ses droits ou entreprendre la recherche d'un nouveau lieu de résidence.

C'est alors que les Guillaume de ce monde constatent l'ampleur des dégâts et redécouvrent leur conjointe au moment où ils sont en train de la perdre. Il est malheureusement trop tard. Le mal est fait. Leur détresse est immense, car ils ne veulent pas se séparer de celle avec qui ils ont fait un grand bout de chemin. Ils deviennent soudainement plus attentionnés, disponibles et même créatifs pour entreprendre des activités à deux. Mais rien n'y fait, car ces changements surviennent lorsque le point de non-retour est atteint et que leur conjointe a perdu toute faculté d'apprécier quelque tentative de rapprochement que ce soit. Devant ce constat d'échec, certains hommes s'inclinent et acceptent de faire le deuil de leur relation, tandis que d'autres s'accrochent, dépriment, se fâchent et insistent auprès de leur conjointe. Certains autres vont chercher à la rendre coupable de l'éclatement de la famille et vont même jusqu'à menacer de lui faire la vie dure si elle met son plan à exécution. Enfin, comme ultime stratégie pour empêcher leur partenaire de partir, il y en a également qui menacent de s'enlever la vie tellement la douleur et la détresse sont intolérables.

Par contre, d'autres partenaires, qui se retrouvent dans la même situation que Guillaume, insisteront auprès de leur conjointe pour entreprendre une thérapie conjugale afin d'offrir une ultime chance de survie à leur couple. Si l'initiateur de la séparation accepte alors de se prêter à cet exercice, ce sera, dans la majorité des cas, pour faire accepter une décision qui est devenue irréversible.

En faisant un bout de chemin avec Catherine et Guillaume, nous avons déterminé les différentes étapes d'une vie en couple qui mènent au détachement. Il nous a été ainsi possible de reconnaître que certaines d'entre elles pouvaient rendre l'un ou l'autre conjoint plus vulnérable à l'infidélité. Cette perspective devient particulièrement menaçante lorsque les couples expérimentent un certain vide émotionnel. C'est la raison la plus fréquente qui conduit les femmes à rompre leur engagement d'exclusivité. C'est pourquoi j'ai voulu m'y attarder plus longuement.

Chapitre 4

Les différents types d'infidélité

Dans les différentes phases d'une relation, nous avons appris à identifier certaines des raisons qui peuvent provoquer ou expliquer la vulnérabilité à l'infidélité. En poursuivant l'histoire de Catherine et Guillaume, de Carole et Richard, ainsi que celle de Thérèse et Roger, je vous invite à présent à vous familiariser avec les quatre principaux types d'infidélité: l'infidélité amoureuse, la double vie, l'infidélité sexuelle chronique et l'accident de parcours.

L'infidélité amoureuse de Catherine – *Je me sens toute drôle…*

Ce jour-là, Catherine prévient Guillaume qu'elle rentrera tard, car elle doit assister à une réunion de l'Agence de la santé en fin d'après-midi et que, par la suite, elle ira sans doute au restaurant avec ses collègues.

En fait, Catherine a rendez-vous avec Vincent, le modérateur du *chat* de sociologie, avec lequel elle entretient depuis plusieurs semaines des échanges très animés et de plus en plus personnels. Elle en a même parlé à son amie Annie, du département des ressources humaines, celle qui l'a introduite au monde passionnant des groupes de clavardage sur Internet. Pour Catherine, ce fut une véritable révélation, sans oublier qu'elle y a fait la connaissance de Vincent, un homme à la fois mystérieux et fascinant, avec lequel elle a découvert l'univers de la sociologie. Elle a hâte de se retrouver en tête-à-tête avec lui.

Puisqu'ils ne se sont jamais rencontrés, ils ont échangé une photo en prévision de ce premier rendez-vous dans un café du centre-ville. Pour Catherine, cette précaution lui a paru inutile, puisqu'elle a l'impression qu'elle pourrait le reconnaître parmi une foule. En fait, leurs réflexions générales sur la sociologie ont, depuis longtemps, cédé le pas à des messages beaucoup plus personnels, et Catherine se confie maintenant spontanément à son correspondant. Leurs échanges de courriers électroniques privés relèvent désormais davantage des dialogues amoureux que des conversations anodines.

Lorsqu'elle entre dans le café où il l'attend déjà, Catherine a la conviction que cela cliquera au premier abord avec Vincent. En fait, ils ne se donnent même pas la main, mais échangent spontanément un baiser. La glace est déjà brisée. Ils se sont à peine dit un mot. La soirée se passe comme si le temps était suspendu. C'est le coup de foudre… ou presque!

– Vincent, j'aurais bien aimé te rencontrer il y a plusieurs années, lui avoue-t-elle. Il me semble que les choses auraient pu être encore plus passionnantes entre toi et moi.
– Catherine, il n'est jamais trop tard pour recommencer à zéro, lui répond-il.

Il est presque 22 h lorsqu'ils se quittent. Vincent propose un nouveau rendez-vous, le vendredi soir suivant, au restaurant d'un hôtel de banlieue. Catherine veut lui dire oui tout de suite, mais elle contient son empressement et sa hâte de se retrouver en sa compagnie. Tiraillée entre Guillaume, Krystelle et Jonathan, d'une part, et Vincent de l'autre, elle hésite, mais promet à ce dernier une réponse pour le lundi suivant.

« Nous avons tout le temps devant nous », lui répond-il avec une délicatesse qui ne la laisse pas indifférente.

Lorsque Guillaume lui annonce qu'il devra s'absenter le week-end suivant pour une session de formation à l'extérieur de la ville, Catherine ne peut contenir sa joie. Devant sa réaction, Guillaume est perplexe, car elle n'a jamais tellement apprécié le voir partir durant les seuls jours où ils pouvaient passer du temps ensemble. De plus, comme Krystelle et Jonathan doivent participer à des compétitions sportives en province, Catherine réalise qu'elle aura tout le loisir de passer du temps avec Vincent. Sa réponse à son invitation ne tarde pas. À vendredi soir !

Catherine ne voit pas le temps passer dans l'attente de ce nouveau tête-à-tête avec Vincent. Pour une fois, elle a le sentiment d'être appréciée comme femme et non seulement comme mère, un rôle dans lequel elle s'est investie depuis des années, et que son conjoint Guillaume a tenu pour acquis.

Envoûtée par ce nouvel homme dans sa vie, Catherine n'en peut plus d'attendre, veut le revoir et passer du temps en sa compagnie. La semaine passe en coup de vent. Le vendredi, elle revient rapidement à la maison pour préparer les bagages de Krystelle et Jonathan.

Le reste de la soirée devient un vague souvenir où s'entremêlent et se bousculent d'immenses émotions qu'elle n'a pas ressenties depuis des lustres. Et lorsque Vincent lui propose d'aller prendre un digestif dans une des suites de l'hôtel, elle n'hésite même pas, à la seule pensée de se retrouver dans les bras d'un homme qui la fait vibrer comme jamais auparavant.

Lorsqu'elle revient à la maison, au petit matin, elle ne sait plus comment mettre de l'ordre dans ses idées et surtout dans ses émotions. Le plaisir immense qu'elle a éprouvé comme femme, avec Vincent, se heurte aux sentiments qu'elle ressent toujours à l'endroit de Guillaume avec qui elle partage sa vie depuis une quinzaine d'années.

Le lundi, au moment de la pause matinale, Annie lui demande :

– Comment ça va, Catherine ? On dirait que tu es distraite. Tu sembles absente.
– J'me sens toute drôle, Annie. Il faut que je te parle.

Catherine raconte son aventure des derniers mois : le clavardage sur la sociologie, ses propres interventions, le dialogue avec Vincent, les échanges parallèles, puis la première rencontre au café, la seconde à l'hôtel, ainsi que la suite. À mesure que l'histoire de Catherine se poursuit, Annie saisit bien que son amie est profondément tiraillée et confuse. Elle écoute et se demande comment Catherine a pu se laisser entraîner dans une pareille affaire, elle qui, pourtant, est une femme de principe que l'on ne berne pas facilement.

– Annie, je ne suis plus capable de mettre de l'ordre dans mes émotions. Je pense constamment à Vincent qui me transporte sur une autre planète. Il me fait vraiment frissonner à chaque fois qu'il me touche, qu'il me parle, que je suis en sa présence. Il sait vraiment m'apprécier comme femme, comment me faire frémir et me procurer une nouvelle liberté, lui confie-t-elle.
– Je suppose, bien sûr, que Guillaume n'est pas au courant, lui répond Annie.
– Jamais de la vie. Je me sens affreusement coupable de lui faire une telle chose, mais c'est tellement bon que c'est plus fort que moi. Je souhaite surtout ne pas blesser Guillaume. On a parcouru un grand bout de

chemin ensemble, et je suis encore attachée à lui. Imagine, s'il le savait, toute la colère et la peine qu'il aurait. Et il y a Krystelle et Jonathan dans tout cela. Je n'ai pas envie qu'ils en souffrent, ils ont tellement l'air heureux. Jonathan a même récolté un « A » lors de sa dernière évaluation en mathématiques. Je n'ose même pas m'imaginer séparée d'eux plus de trois jours. Je m'en voudrais tellement de faire éclater notre famille pour mes petits bonheurs égoïstes. Et mes beaux-parents le prendront mal si je quitte Guillaume. Ça n'a pas de sens ! Comme tu le dis, ce n'est plus moi, je ne me reconnais plus. En plus, nous venons d'entreprendre des projets de rénovation de la cuisine et nous pensons aller à Disneyworld avec les enfants cet été.

Catherine confie également à Annie que, parfois, elle est habitée par des sentiments contradictoires.

Une autre partie de moi se dit : « Tant pis pour lui, il l'a cherché ! S'il avait été plus attentionné, plus présent et plus réceptif à tous les messages lui indiquant que je n'étais pas bien, je n'en serais pas rendue là. » Je me dis que j'ai le droit d'éprouver ces besoins et de me rapprocher de quelqu'un qui est sensible à ce que je suis, qui me fait du bien, qui veut être en relation avec moi, qui m'apprécie et me désire.

Notre pharmacienne passe par toute une gamme d'émotions. Elle est partagée entre ses obligations d'épouse et de mère, et les frissons que fait naître en elle son nouvel amant. En fait, deux Catherine habitent la même personne. Elle hésite, elle se sent coupable, mais, en même temps, elle est transportée par la passion qui l'habite. Cet état d'ambivalence comporte son lot de tourments, et Catherine ne pourra pas demeurer dans un tel état très longtemps. Sa situation est appelée à évoluer de trois manières différentes.

Selon une première hypothèse viendra un temps où Guillaume ne pourra plus simplement se dire qu'elle est fatiguée et que son travail la stresse trop. Certains indices lui mettront la puce à l'oreille et il constatera qu'elle n'est plus la même. Quand il tentera de l'approcher pour la caresser, elle se raidira et refusera même ses avances sexuelles. Elle s'absentera aussi de la maison de plus en plus fréquemment sans raison valable. Tout comme Catherine, certaines infidèles amoureuses demeurent fondamentalement monogames dans la mesure où elles ne peuvent s'investir dans deux relations en même temps. Elles réservent leurs sentiments amoureux, leur affection et leur sexualité à leur amant. Quelques-unes avouent même avoir l'impression de tromper leur amant, lorsque, par devoir ou pour éloigner la suspicion, elles acceptent, bien malgré elles, les caresses de leur conjoint même si, lors de ces échanges, elles demeurent passives et n'en retirent pas de plaisir.

Devant ces changements, Guillaume commencera à soupçonner une aventure et lui posera des questions. Il essayera non seulement de la faire parler, mais il cherchera aussi des preuves en fouillant dans ses effets personnels, en vérifiant le relevé d'appels de son téléphone portable, etc. Il songera même à la suivre, ou la faire suivre par des détectives, ou encore à mettre la ligne de téléphone de la maison sous écoute pour enregistrer ses conversations. Sous la pression de Guillaume ou face à une preuve l'incriminant, Catherine passera peut-être aux aveux, plongeant du même coup le couple en pleine crise. Ils seront alors mis en face de la décision de se réinvestir dans leur relation ou encore de se séparer. Nous verrons dans le chapitre suivant les différentes réactions des personnes trompées et des infidèles à la suite de la découverte de l'infidélité.

Cette relation pourrait aussi se diriger vers une deuxième avenue. Vincent prenant de plus en plus d'importance dans la vie de Catherine, elle commencera à se projeter dans le futur, s'imaginera vivre au quotidien avec son amant et se verra heureuse avec lui. Ils discuteront concrètement de la possibilité de refaire leur vie ensemble, et cette solution lui paraîtra de plus en plus favorable. Ils feront secrètement des projets d'avoir leur propre maison, de partir en voyage et de fonder une nouvelle cellule familiale recomposée. Elle se dira également que ce sera sans doute une bonne chose pour les enfants, car ils n'auront plus à subir les tensions entre Guillaume et elle. Elle sera persuadée qu'ils apprécieront sûrement Vincent, qui sera un bon modèle pour Jonathan, d'autant plus que sa relation avec Guillaume n'est plus une bonne référence pour lui et sa sœur. Elle se dira enfin que Guillaume sera sans doute ébranlé par cette décision, que la séparation sera difficile, mais qu'il comprendra et acceptera de coopérer à l'éducation de leurs enfants.

Quand Catherine aura bien mesuré et assumé les conséquences d'une telle décision, elle sera disposée à quitter Guillaume. Elle n'aura pas à attendre qu'il découvre l'infidélité. Elle prendra plutôt l'initiative de lui annoncer que c'est fini et qu'elle souhaite se séparer. En nourrissant chez elle l'espoir d'une vie meilleure ailleurs, l'infidélité aura précipité sa décision de mettre un terme à sa relation d'origine. À cette étape, Guillaume ne pourra rien faire pour retenir sa conjointe. Peu importe ce qu'il tentera pour relancer le couple, rien ne fonctionnera, car Catherine aura atteint la phase du détachement telle que décrite au chapitre précédent.

Selon une troisième hypothèse, Catherine, malgré les sentiments qui l'habiteront toujours pour Vincent, ne voudra pas quitter Guillaume. Elle choisira de demeurer avec lui, pas tellement parce qu'elle aura espoir que la relation s'améliore, mais parce qu'elle n'arrivera pas à se convaincre que la vie avec son amant sera nécessairement meilleure pour les enfants. Elle ne voudra pas remettre en cause leur stabilité affective et financière, et leur faire subir les conséquences d'une réorientation de vie aussi importante.

Certains infidèles, qui se retrouvent dans des situations semblables à celle de Catherine, seront également hésitants à laisser leur conjoint parce qu'ils voudront éviter les innombrables complications juridiques que cela entraîne, ainsi que la perte inévitable d'un certain confort matériel. D'autres voudront éviter de trop grandes blessures à leur partenaire et craindront de perdre des personnes importantes de leur entourage. Enfin, quelques-uns ne se permettront pas un tel geste par principe religieux. Autant de raisons qui, malgré l'engouement de la nouvelle relation, empêcheront plusieurs personnes de songer sérieusement à la possibilité de la séparation.

Devant une telle situation, Catherine pourrait aussi décider de ne pas quitter Vincent, mais de demeurer avec Guillaume. Avec le temps, elle fera en sorte de se débarrasser de sa culpabilité. Elle acceptera de poursuivre sa relation parallèle, allant même jusqu'à la justifier afin de se donner bonne conscience : « Si Guillaume avait vraiment tenu à moi, je n'en serais pas rendue là aujourd'hui. Je mérite qu'on s'occupe de moi », se répétera-t-elle pour se convaincre. Elle s'accordera pleinement le droit de vivre cette aventure qui lui procure tant de bonheur et qui comble les carences d'intimité et d'amour de sa relation d'origine. Elle voudra retirer le meilleur des deux mondes dans une double vie qui puisse la satisfaire.

Loin d'éprouver de la culpabilité, plusieurs Catherine se sentiront tout à fait justifiées d'aller chercher ailleurs ce qu'elles n'obtiennent pas dans leur relation d'origine. Elles voudront combler des besoins auxquels leur conjoint ne répond pas ou ne répond plus avec la même intensité. L'influence du mouvement féministe des années soixante, l'arrivée massive des femmes sur le marché du travail, la contraception féminine, la baisse de la pratique religieuse, la montée de l'individualisme et l'indépendance financière sont autant de facteurs qui ont également incité les femmes d'aujourd'hui à exiger la satisfaction de leurs besoins d'intimité, d'amour et de sexualité. On constate d'ailleurs une augmentation de l'infidélité féminine dans la société depuis que les femmes sont sur le marché du travail et qu'elles jouissent d'autant de possibilités que les hommes de faire des rencontres. En effet, il y a maintenant une foule de contextes qui les placent en marge de leur relation d'origine. Selon certaines études, entre 20 % et 50 % des femmes seraient infidèles alors qu'elles sont déjà engagées dans une relation de couple, tandis que 30 % à 60 % des hommes feraient de même (Buss et Shackelford). Plusieurs auteurs s'entendent pour dire que, chez les jeunes générations, les femmes sont aussi infidèles que les hommes (Pittman).

Quelle avenue Catherine choisira-t-elle ? Optera-t-elle pour sauvegarder les acquis de sa relation d'origine ? Ou décidera-t-elle plutôt de quitter Guillaume et de refaire sa vie avec Vincent ? Chose certaine, l'ambivalence qui l'habite ne semble pas de tout repos…

La double vie de Thérèse – *Je ne me fais pas d'illusions*

C'est ce qui est arrivé à Thérèse, l'épouse du camionneur Roger, il y a plusieurs années, au moment des rénovations qu'ils avaient entreprises à la maison. Roger voulait les réaliser lui-même, mais il manquait de temps à cause de son travail qui l'amenait souvent aux quatre coins de la province. Thérèse était souvent seule avec leurs deux jeunes enfants. Pascal, le menuisier engagé, plus jeune que Roger de dix ans, l'a courtisée sans trop de manières, et ils se sont rapidement retrouvés au lit. Inutile de dire que les rénovations ont traîné en longueur, alors que Thérèse découvrait une nouvelle gamme de frissons, gracieuseté de son jeune menuisier dont l'ardeur ne cessait de l'étonner.

Au début, tout comme Catherine, Thérèse était passablement ambivalente. Elle n'arrivait pas à bien comprendre ce qu'elle ressentait pour ce jeune homme fringant qui la bouleversait, lui donnait beaucoup de plaisir et la faisait vibrer. Par contre, elle se rendait bien compte que cette histoire était sans avenir, même s'ils étaient très compatibles sexuellement, qu'ils avaient beaucoup de plaisir à rire ensemble et à discuter de jardinage, cette autre passion qu'ils partageaient. Avec le temps, il devenait clair que Thérèse ne laisserait pas Roger pour cet homme qui ne nourrissait aucun désir de s'engager dans une relation stable. Malgré tout, elle avait confié à une amie qu'elle ne voulait pas que cesse cette aventure.

> *Je ne fais rien de mal. De toute façon, Roger est souvent parti, et je ne sais pas s'il se paie du bon temps ailleurs. Il me semble que je trime assez fort dans la vie à m'occuper des enfants et de la maison pour mériter quelques petits moments de douceur et de tendresse. Avec Pascal, ce n'est pas que sexuel. Au fil de nos rencontres, nous avons développé une intimité, et je me sens bien en sa compagnie. On discute de sujets intéressants, je me sens valorisée, il m'écoute et il me fait beaucoup rire.*

Un jour, chez la coiffeuse, elle apprend qu'elle n'est pas la seule « cliente » avec qui Pascal se permet du bon temps. De prime abord, elle s'est sentie choquée et blessée d'apprendre qu'il en fréquentait d'autres de la même façon.

« Je ne peux lui en vouloir, car, moi aussi, j'ai ma vie avec mon mari, a-t-elle finalement réalisé. De toute façon, même si ce gars-là me fait beaucoup de bien, il ne m'a jamais rien promis. Il me trouve bien gentille et bonne amante, mais c'est évident qu'il n'est pas prêt à s'engager à long terme », a-t-elle conclu.

En quelque sorte, cette indisponibilité des deux faisait leur affaire. Ils se voyaient quand ils étaient libres. Ils ont eu une aventure qui a duré trois ans, sans que Roger ne se doute de rien. Thérèse a toujours fait attention pour que rien n'y paraisse. Par la suite, Pascal est allé s'installer à l'autre bout du pays où il a rencontré quelqu'un avec qui il partage maintenant sa vie. Depuis, Thérèse ne l'a jamais revu, même si elle y pense encore parfois quand elle se sent seule.

Si, comme Thérèse, l'infidèle parvient à un certain niveau de confort dans sa double vie, il peut décider de ne rien changer et de tirer avantage des deux situations, en retenant, d'une part, l'envoûtement et l'intimité de sa relation parallèle et, d'autre part, le confort matériel d'un foyer stable pour les enfants. L'infidélité lui permet de mieux tolérer les lacunes de sa relation d'origine, car ces manquements sont comblés dans l'autre relation.

Sans données concrètes sur le sujet, l'expérience démontre cependant que cette situation délicate est plutôt rare. Elle exige en effet une combinaison de facteurs pas toujours faciles à réunir, comme un amant ou une maîtresse qui, comme Pascal, accepte de partager Thérèse ou de jouer les seconds violons après les enfants et le partenaire. Si Pascal avait été éperdument amoureux de Thérèse, il n'aurait pu tolérer cette situation très longtemps. Il l'aurait voulue juste pour lui. Au contraire, cela faisait son affaire, car il fuyait l'engagement et n'hésitait pas à « s'envoyer en l'air » avec d'autres. D'autre part, Thérèse ne voulait pas quitter Roger, mais cherchait simplement à profiter de quelques moments d'évasion.

Cela implique également qu'un des deux conjoints d'origine, comme Roger, ne soit pas très disponible ou, comme Guillaume, n'ait pas trop besoin d'intimité. De cette façon, leurs exigences sont peu élevées, laissant ainsi à leurs conjointes beaucoup de disponibilité pour vivre leur relation parallèle. L'infidèle doit aussi être assez vigilant pour ne pas donner d'indices à son conjoint concernant sa relation secrète. Tout comme il ne doit pas trop changer à l'endroit de son partenaire afin de ne pas éveiller les soupçons. Enfin, il faut que l'infidèle arrive à se débarrasser de sa culpabilité et apprenne à vivre avec ses mensonges et ses faux-semblants, afin de profiter pleinement de son autre relation. C'est ce que Thérèse semble avoir réussi à faire.

L'infidélité sexuelle de Richard – *Ce n'est qu'un divertissement !*

Marcel, j'ai un problème. Je veux te voir le plus vite possible !

Richard avait demandé à rencontrer son ami Marcel pour le lunch. Au ton de sa voix, ce dernier s'était bien douté que quelque chose n'allait pas. Il lui avait proposé une date au cours de la semaine suivante, mais Richard insistait à tel point qu'il annula un rendez-vous afin de passer du temps avec son collègue.

– Dis-moi pas qu'une de tes conquêtes est enceinte, lance Marcel en lui faisant un clin d'œil.
– C'est plus grave que cela, répond Richard dont l'air grave ne ment pas. Tu ne devineras pas ce qui m'arrive, Marcel. En fin de semaine dernière, lors du

congrès, Carole a voulu me faire une surprise et elle est venue me rendre visite à l'hôtel. Elle m'a surpris dans ma chambre avec une représentante d'une compagnie de papier. Je l'avais repérée lors du congrès de l'an dernier et j'attendais le retour de cet événement annuel pour l'amener dans mon lit. Tu me connais, Marcel, je n'ai pas pu m'empêcher de lui offrir quelques apéritifs. On voulait aller souper dans un restaurant, mais je l'ai plutôt invitée à manger dans ma chambre pour passer aux choses sérieuses plus rapidement. Pas besoin de te faire un dessin…

– Je devine le reste depuis vingt-cinq ans, mon cher Richard, lui répond Marcel sur un ton qui en dit long.

Marcel connaît bien son ami. Ils ont toujours eu la même passion pour la vente, et leurs carrières ont évolué différemment. Richard a continué à travailler sur la route et à multiplier ses conquêtes, alors que son ami s'est plutôt orienté vers la gestion des ventes et une vie plus sédentaire. Ils se voient régulièrement au bureau, et Marcel est bien au fait de la double vie de son collègue.

Pour sa part, Marcel n'a jamais suivi les traces de Richard. Davantage réservé et discret, il n'a jamais trop laissé paraître sa désapprobation ou son inconfort face au comportement de Richard. Sans être moralisateur, il n'approuve pas et se sent parfois mal à l'aise lorsque Richard lui parle de ses aventures qu'il se plaît à raconter avec moult détails. « Tu devrais faire attention et être plus vigilant. Tu cours après les ennuis ! » lui avait-il répété à quelques reprises sans vouloir lui faire la leçon. Mais, cette fois-ci, Richard n'entend plus à rire, comme si le ciel venait de lui tomber sur la tête.

– Il me semble que Carole réagit trop fortement. Je ne me suis jamais attaché à ces filles-là. Elles n'étaient rien pour moi; ce n'était qu'un divertissement. Un homme n'a-t-il pas droit à ses distractions passagères? J'ai toujours aimé ma femme et je l'aime encore!

Richard est catégorique. Pas question de la remplacer. Il s'avoue désemparé et complètement désarçonné par la réaction de Carole qui ne lui adresse à peu près plus la parole depuis ce vendredi soir fatidique. Elle fait désormais chambre à part et elle ne veut plus que Richard la touche. Comme il passe beaucoup de temps sur la route, ils ne se voient pas souvent. Dans les circonstances, cela rend la cohabitation moins lourde.

– Lui as-tu tout dit? demande Marcel.
– Tu sais bien que non! Je lui ai répété, je ne sais combien de fois, que cette fille était la première avec laquelle je couchais, que j'avais trop bu et qu'elle avait abusé de la situation. Je lui ai demandé pardon et lui ai promis que cela ne se reproduirait plus. J'attends toujours sa réponse. Tu sais, Marcel, que j'aime cette femme et que je n'ai jamais eu l'intention de lui faire de mal. Je n'ai jamais eu de maîtresse à temps plein et j'ai toujours bien pris soin d'elle et de nos enfants afin qu'ils ne manquent de rien.

Pour certains, Richard peut apparaître comme un bien drôle de numéro. Il ne cherche pas à remplacer sa partenaire. Il veut cependant avoir du plaisir... son plaisir. D'ailleurs, à toutes les étapes de sa relation de couple, il a trompé Carole, même s'il était clair dans son esprit qu'elle demeurerait toujours son épouse et que son habitude de butiner n'était qu'un amusement passager. Ses aventures d'un soir ne sont donc pas, à son avis, de l'infidélité, mais plutôt une façon de combler un appétit sexuel qu'une seule personne ne peut satisfaire.

Il se dit d'ailleurs très bien avec Carole et, dans l'ensemble, plutôt comblé par sa relation. Il n'a d'ailleurs jamais pensé se séparer. Il affirme aimer son épouse, ses enfants et son confort. Il peut paraître étonnant que l'on trompe ainsi son partenaire tout en affirmant être satisfait de sa relation conjugale. Pourtant, Shirley Glass et Thomas Wright, deux chercheurs et cliniciens américains, affirment que plus de la moitié (56 %) des hommes qui vivent une infidélité sexuelle se disent satisfaits de leur couple. Quant aux femmes qui vivent le même type d'infidélité, c'est dans une proportion du tiers qu'elles s'affirment satisfaites de leur relation et ne souhaitent nullement quitter leur conjoint.

Il y a donc peu d'espoir pour ceux et celles qui attendent qu'un beau jour leur amant ou leur maîtresse laisse leur conjoint pour venir les rejoindre. D'ailleurs, même si l'infidélité augmente le risque de divorce, des études démontrent que seulement un infidèle sur dix quitte sa partenaire pour poursuivre la relation qu'il a entreprise avec sa nouvelle flamme (Lawson).

Or, Richard ne trompe pas Carole pour les mêmes raisons que le font Catherine et Thérèse. La première était en manque d'intimité et d'amour, la seconde se sentait seule et exaspérée d'avoir une vie uniquement orientée vers la prise en charge des responsabilités familiales. Thérèse recherchait des moments de plaisir et d'envoûtement pour s'évader de son quotidien, ce que lui donnait le menuisier Pascal. Richard, pour sa part, ne peut se contenter d'une seule partenaire. Il recherche plutôt la nouveauté et l'excitation du moment. Il veut séduire et conquérir sans engagement émotif. Il avait d'ailleurs déjà avoué à Marcel: « Je suis un gars qui aime le sexe et les femmes. Tu sais que j'ai toujours eu un gros appétit sexuel. Adolescent, je me masturbais plusieurs fois par jour. En début de relation avec mes partenaires, tout fonctionne relativement bien, mais, avec le temps, elles n'arrivent plus à me satisfaire. Arrive un moment où j'en veux toujours plus qu'elles. »

Carole, l'épouse de Richard, ne peut à elle seule assouvir les besoins sexuels de son mari volage. Il a une libido trop débordante pour qu'une seule personne puisse satisfaire ses désirs. Certaines études ont démontré que les hommes dont le taux de testostérone est plus élevé que la moyenne sont plus à risque de céder à l'infidélité. Du côté des femmes, elles auraient tendance à tromper leur conjoint lorsqu'elles sont en période d'ovulation. De plus, à cette période précise de leur cycle menstruel, les femmes préféreraient des hommes plus « masculins » pour leur qualité de géniteur et, en dehors de cette période, des hommes plus « féminins » pour leur compétence parentale (Langis).

Pour revenir à Richard, il est le type d'homme qui a aussi trompé la majorité des partenaires qu'il a eues avant Carole. Dans ce contexte, il n'y a pas à se surprendre qu'il ait commencé à faire la même chose dès le début de leur relation. Au cours des premiers mois, il se sentait un peu mal à l'aise, car il craignait d'être découvert. Ses craintes et ses malaises se sont cependant rapidement dissipés, au point où Richard en est venu à parler ouvertement de ses conquêtes à son ami Marcel, et même parfois à son entourage immédiat… à condition, bien sûr, que tout le monde demeure discret avec son épouse.

Selon Glass et Wright, plus de 4 hommes infidèles sur 10 vivent une infidélité sexuelle sans attachement émotif. Il est important de noter que, dans des relations extraconjugales, les femmes sont différentes des hommes, en ce qu'elles ont d'abord tendance à s'attacher émotionnellement pour ensuite se donner sexuellement. Elles recherchent en premier l'amour, puis l'intimité émotionnelle. Le plaisir sexuel vient par la suite dans leur quête. Chez les hommes, c'est tout le contraire. Le plaisir du sexe passe avant tout. Ils ont aussi des aventures plus fréquemment que les femmes, avec plus de partenaires, et souvent plus tôt dans la relation dans laquelle ils sont engagés.

Par ailleurs, ce ne sont pas tous les hommes qui, à l'image de Richard, sont des infidèles chroniques. Dans son système de valeurs, Richard privilégie le plaisir et l'excitation à la loyauté et à la fidélité et, contrairement à Catherine, la pharmacienne ambivalente, Richard ne se sent pas souvent coupable de ses écarts de conduite. Il se sent rarement mal à l'aise d'avoir des relations extraconjugales à répétition depuis de nombreuses années.

« Ce que Carole ne sait pas ne lui fait aucun tort », se plaît-il à répéter.

Il n'est pas tourmenté par ses aventures, contrairement à Catherine, car il s'est rarement attaché à ces femmes. Pour Richard, tout cela est un jeu, un défi pour rendre la vie plus trépidante. Il a la morale élastique et il lui arrive même de mentir, non seulement à son épouse, mais aussi à ses conquêtes pour les attirer dans son lit. Il ira jusqu'à leur dire qu'il est célibataire, qu'il n'a pas d'enfant, qu'il recherche une relation sérieuse ou, qu'avec sa femme, les choses ne vont plus très bien et qu'ils sont en instance de séparation. Il ne donne pas toujours son vrai nom et ment parfois sur l'endroit où il habite. Il lui arrive aussi d'être imprudent et d'avoir des relations sexuelles non protégées. Il estime en effet que certaines filles « respectables », comme il dit, ne présentent pas de risques. Ce faisant, il met en danger son épouse Carole. Certains sondages tendent d'ailleurs à révéler qu'une fois sur deux, les infidèles ne se protégent pas.

Selon le psychiatre Frank Pittman, certains infidèles sexuels chroniques ont une opinion fort négative des femmes. Ils croient qu'elles sont inférieures aux hommes et qu'elles sont là pour être au service de la gent masculine. Pour eux, les femmes ne sont donc pas des personnes à part entière, mais plutôt des objets de consommation servant à assouvir leurs pulsions sexuelles. D'autres vont même jusqu'à les collectionner comme des trophées pour faire preuve de leur masculinité, de leur pouvoir ou de leur supériorité auprès des autres hommes. La renommée, la popularité, les signes de richesse et une certaine aisance financière augmentent d'autant plus la capacité des infidèles chroniques de conquérir et de se faire reconnaître. D'autres infidèles du même genre agissent de la sorte par peur de perdre leur identité, d'être contrôlés ou même blessés s'ils se rapprochent trop des femmes. Leurs infidélités sexuelles répétitives leur permettraient ainsi de se tenir à distance et de ne pas s'attacher.

Contrairement à l'infidélité amoureuse, l'infidélité strictement sexuelle, évidemment non découverte, aurait moins d'impact sur la relation de base, car l'infidèle ne change pas trop son comportement à l'endroit de son partenaire d'origine ; il est d'autant plus difficile pour ce dernier de soupçonner un comportement douteux. Chez certains hommes, il semble que ces infidélités pourraient même augmenter leur satisfaction conjugale. Ceux-ci affirment en effet que leurs aventures seraient bénéfiques à leur relation, car ils seraient plus attentionnés et même plus passionnés à l'endroit de leur conjointe à la suite d'une relation extraconjugale. Richard a d'ailleurs confié à son ami Marcel :

> *À la suite d'une aventure d'un soir, mes attitudes peuvent être différentes à l'endroit de Carole. Dans certains cas, je suis pas mal moins exigeant pour elle sur le plan sexuel et je suis aussi moins frustré quand elle refuse mes avances. D'autres fois, quand je*

compare Carole à certaines de mes conquêtes, je m'estime chanceux de l'avoir pour épouse. Je deviens alors plus amoureux et plus attentionné à son égard. Enfin, je dirais même que l'excitation que me procurent mes aventures me pousse à lui faire l'amour avec encore plus d'ardeur.

L'accident de parcours de Roger – *Oublions tout cela au plus vite…*

Il ne faut pas confondre Richard, un infidèle chronique, avec celui ou celle qui trompe son partenaire, à une ou deux reprises, dans des circonstances qu'il a plus ou moins provoquées. Richard saisit non seulement les occasions qui s'offrent à lui, mais il crée des contextes pour satisfaire ses pulsions. Richard est un chasseur. Il est souvent à l'affût d'une nouvelle conquête. C'est tout le contraire de Roger qui, même s'il voyage beaucoup lui aussi, a vécu les choses fort différemment.

Il y a cinq ans, dans un bar d'hôtel où il avait consommé un peu plus qu'à son habitude, une femme assez insistante l'a abordé, et ils se sont retrouvés dans sa chambre. Il était curieux et excité de savoir comment ça se passerait avec une autre femme. Il était aussi flatté que cette inconnue s'intéresse à lui avec autant d'ardeur. L'alcool faisant tomber ses défenses, il s'est permis de transgresser ses principes. Ce n'est que le lendemain matin qu'il s'est pleinement rendu compte de la situation. Aussitôt sorti du lit, il quitta la chambre et chercha à tirer un trait le plus rapidement possible sur cette expérience. Il espérait n'avoir été vu de personne en compagnie de cette femme. Il s'est même questionné sur la possibilité d'avoir contracté une maladie transmise sexuellement. Il ne voulait surtout pas que Thérèse l'apprenne et qu'elle le quitte à cause d'une aventure d'un soir somme toute sans importance. Il s'en voulait d'avoir succombé à la tentation. Il n'a plus trompé sa conjointe par la suite. Il n'en a parlé à personne, contrairement à Richard qui s'en vante à qui veut l'entendre.

L'infidélité accidentelle s'avère donc une histoire sans lendemain, sans attachement et qui n'est pas planifiée. D'ailleurs, la très grande majorité de ces infidèles condamnent généralement l'infidélité et rapportent ne pas trop comprendre comment ils ont pu se laisser aller à une telle expérience. Ce n'est pas qu'ils se sont sentis contraints de faire quelque chose qu'ils ne désiraient pas, ou qu'ils ne savaient pas ce qu'ils faisaient au moment de leur inconduite. C'est que, souvent, après leur incartade, ils sont déçus, ils s'en veulent et ils regrettent leur geste. Ils sont aussi paniqués à l'idée que leur aventure soit découverte. Ils se trouvent souvent ridicules d'avoir pris autant de risques, alors que leur relation d'origine va bien et qu'ils ne souhaitent pas la remettre en question. Pour plusieurs, cette expérience aura servi de leçon, et ils ne seront pas prêts de recommencer.

Grâce aux gestes commis par Catherine, Richard, Thérèse et Roger, nous venons de voir que les infidèles vivent avec l'infidélité et composent avec ses conséquences de différentes façons. Ainsi, nous avons pu constater comment l'infidélité amoureuse bouleverse particulièrement celui ou celle qui en est l'initiateur. Contrairement à l'infidélité sexuelle, l'infidélité amoureuse secoue la relation d'origine et, dans bien des cas, précipite son éclatement. Lorsqu'ils pressentent trop d'obstacles à la séparation, certains de ces infidèles mettront un terme à leur relation parallèle à partir du moment où elle commencera à perdre de son intensité initiale. Ils estimeront alors que le risque n'en vaut pas le coût. À l'inverse, certains autres, comme Thérèse, apprendront à tirer avantage d'une double vie et décideront d'en profiter discrètement et sans remords. D'autre part, nous avons aussi vu comment Richard, l'archétype de l'infidèle sexuel, considère ses aventures d'un soir comme autant de distractions qui ne l'éloignent pas pour autant de son épouse.

Cependant, malgré les profils types que j'ai esquissés, chaque cas d'infidélité demeure unique, et les réactions des personnes concernées peuvent varier sensiblement selon les attentes et les valeurs de chacun. C'est ce que nous verrons dans les prochaines pages où nous nous attarderons aux réactions des personnes trompées et des partenaires infidèles à la suite de la divulgation ou de la découverte de l'infidélité.

Chapitre 5

Les réactions des partenaires concernés

Le choc est généralement brutal, et la surprise, parfois totale. Découvrir l'infidélité ou se rendre compte qu'on a été trompé provoque un choc de grande amplitude. Comme si une bombe explosait dans les mains de la personne trahie. C'est pourquoi on parle de traumatisme tellement cette catastrophe ébranle les êtres au plus haut point.

Pour la majorité des gens, la découverte de l'infidélité n'est pas une mince affaire. On est bien loin d'un banal événement de la vie quotidienne. C'est un des épisodes les plus bouleversants de la vie d'un couple. Elle affecte non seulement la vie des gens directement concernés, mais aussi celle de l'entourage familial et du réseau immédiat d'amis et de connaissances. Les réactions à l'infidélité sont généralement très intenses et très vives. Les traumatismes qu'elle cause provoquent un enchaînement d'événements et de conséquences qui ne laissent personne indifférent.

En continuant de suivre les parcours de Carole et Richard, ainsi que de Catherine et Guillaume, nous allons chercher à comprendre les réactions des personnes trompées, ainsi que celles des infidèles, lorsque la tromperie est mise au jour.

La réaction des personnes trompées

Le passé a perdu tout son sens

Carole vient de découvrir que Richard, son mari depuis vingt-cinq ans, l'avait toujours trompée. Elle doit trouver quelqu'un à qui parler. Et qui d'autre qu'Huguette, sa grande amie d'enfance et sa confidente.

> *Huguette, je ne suis plus moi-même ces temps-ci. C'est comme si j'étais possédée. Certains jours, je me réveille et je veux lui arracher la tête tellement je suis outrée de ce qu'il m'a fait. Il a abusé de ma confiance ; il m'a trahie et trompée. Je suis furieuse. D'autres fois, je l'accable d'injures et je lui lance tout ce qui me tombe sous la main. Je l'ai giflé à quelques reprises. Je suis même allée au bureau lui faire une scène pour que tout le monde sache la peine qu'il m'a faite.*
>
> *Le lendemain, je m'en veux tellement et je me hais d'avoir été aussi loin. Je me trouve stupide quand je dérape de la sorte. En même temps, je me dis qu'il le mérite bien et qu'il doit souffrir lui aussi, sinon davantage, car moi, je n'ai rien fait de mal. C'est comme si j'avais passé plus de vingt ans de ma vie avec un imposteur. J'ai gâché une partie de mon existence avec cet homme. Je ne vois plus d'avenir, et le passé a perdu tout son sens. D'ailleurs, je me demande bien ce que je fais encore ici.*
>
> *À d'autres moments, quand Richard s'excuse, je dois avouer que je ne suis pas insensible à ses déclarations. Je me dis qu'il va peut-être changer, qu'il a compris des choses, qu'il regrette sincèrement et qu'il ne retombera plus dans ses travers.*
>
> *En fait, j'ai peur de perdre ce qu'on a construit ensemble depuis des années. Je ne veux pas faire vivre une séparation aux enfants, même s'ils sont*

grands. Je ne suis pas prête à sacrifier mon confort, et cela m'inquiète. Dans ces moments-là, je fais des crises d'anxiété et j'ai besoin d'être rassurée par Richard, de l'entendre me dire qu'il m'aime. Je me répète que tout cela n'est qu'un mauvais rêve. Alors, je lui fais l'amour comme au tout début. Je suis prête à tout pour qu'il ne me quitte pas ou ne me remplace pas par une autre.

J'ai l'impression d'être dans des montagnes russes. Je m'en veux de dépendre de cet homme à ce point, d'avoir ainsi besoin de lui après tout ce qu'il m'a fait. Comprends-tu quelque chose, Huguette? Je te le répète. Ce n'est plus moi!

Carole n'a pas perdu la tête. Elle subit les effets d'un véritable choc. Certains spécialistes soulignent que la découverte de l'infidélité est à ce point bouleversante que les réactions des personnes trompées s'apparentent aux séquelles d'un traumatisme.

Tout d'abord, l'infidélité ébranle ou démolit les certitudes relatives à la relation qui procuraient un sentiment de sécurité et de confiance (Weeks, et autres): l'exclusivité du partenaire, la connaissance mutuelle, la confiance partagée, la transparence de l'autre, l'avenir commun, la sécurité de la relation, l'impression d'être unique pour l'autre, etc. Quand on découvre que son partenaire a menti à répétition et qu'il a eu une double vie, on a soudain l'étrange sentiment de ne pas vraiment connaître cette personne, de s'être trompé sur son compte ou de ne plus savoir vraiment qui il est. On a aussi l'impression que son univers s'écroule et que ses fondations disparaissent.

À force de s'informer et de parler à son entourage, Carole a appris que son mari était un coureur de jupons notoire et qu'elle était pratiquement la seule qui n'avait rien vu… ou qui ne voulait rien voir!

C'est comme si j'avais passé plus de vingt ans de ma vie avec un étranger, un homme que je ne connais pas ou que je ne reconnais plus. Cet homme que je croyais responsable, honnête et droit, est soudainement devenu à mes yeux un imposteur, un lâche, un menteur et un faible. J'avais l'impression d'être incomparable à ses yeux, alors que je ne suis qu'une femme parmi d'autres dans son tableau de chasse. De plus, il a abusé de ma confiance et il a mis ma vie en danger en couchant avec d'autres femmes sans porter de préservatif.

En effet, il arrive fréquemment que les infidèles ne se protègent pas. Encore aujourd'hui, plusieurs personnes ne sont pas au courant des différents mécanismes de transmission de certaines MTS et adoptent en conséquence des comportements qu'ils ne croient pas dangereux. C'est le cas de la fellation sans condom. Combien de partenaires ont découvert l'infidélité de leur conjoint en contractant une maladie transmise sexuellement. Certaines personnes peuvent avoir été contaminées et ne pas avoir décelé de symptômes pendant une longue période. Il est important que les conjoints qui découvrent l'infidélité, de même que leurs partenaires, passent des tests de dépistage pour s'assurer de n'avoir rien contracté, ou pour recevoir les soins appropriés, en cas d'infection.

Je ne suis plus moi-même !

Au cours des premières semaines de la période de crise, c'est souvent le chaos. On balance entre la peur de perdre l'autre, le désir de se venger, la détermination de mettre fin à la relation, l'espoir de l'améliorer, la négation de ce qui arrive et la crainte de ne jamais pouvoir réparer les pots cassés. Parfois, tous ces sentiments se bousculent à l'intérieur de la même journée. Bref, on n'est plus soi-même. On ressent, dit et fait des choses inhabituelles. On ne comprend pas ses réactions, bien que l'on estime parfois justifié de les ressentir, compte tenu du tort causé par son partenaire. Il arrivera même que l'on s'en veuille de commettre des gestes aussi irrationnels et, parfois, carrément humiliants.

Dans ces moments de grande détresse, il n'est pas rare d'éprouver des sensations fort désagréables qui vont, à l'occasion, jusqu'à de véritables attaques de panique, pouvant comporter un ou plusieurs des symptômes physiologiques suivants: palpitations cardiaques, serrements dans la poitrine, engourdissement des bras ou des jambes, souffle court, transpiration abondante, gorge sèche, jambes molles, nausées répétées, vision embrouillée, vertiges et étourdissements. On peut même se sentir détaché de son corps et vivre une impression d'irréalité. Ces sensations sont si désagréables qu'on peut craindre de s'évanouir, de s'étouffer ou de perdre la raison. Plusieurs personnes se rendent parfois à l'hôpital, car elles croient être victimes d'une défaillance cardiaque. Bien que fort déplaisants, ces symptômes ne sont généralement pas dangereux.

Cependant, si vous avez plusieurs attaques de panique et qu'elles vous conduisent, par peur de les revivre, à éviter les lieux où elles se sont produites, je vous recommande fortement la lecture du livre *La peur d'avoir peur* d'André Marchand et Andrée Letarte (Éditions Stanké, 2004). Cet ouvrage pratique et bien conçu vous aidera à mieux comprendre, contrôler et atténuer ces sensations. N'attendez surtout pas que ces attaques restreignent votre liberté et vous empoisonnent l'existence.

Je ne pense qu'à ça !

Plus j'en apprends sur les histoires de Richard avec ces filles, plus ces aventures occupent toutes mes

réflexions. Je ne pense pratiquement plus qu'à ça. Je l'imagine s'envoyer en l'air avec ces femmes. Je revois tous ces moments où il m'a menti, toutes ces fois où il partait en congrès pour la fin de semaine en me disant que c'était pour son travail.
Je repense à ce que ma mère me disait sur les hommes quand j'étais plus jeune. Elle m'invitait à m'en méfier, parce que, me répétait-elle, ils ne pensent qu'au sexe.
On dirait que j'ai perdu le contrôle de mes émotions. J'essaie de chasser ces pensées, car elles me font très mal et me rendent très anxieuse. Mais, la plupart du temps, il n'y a rien à faire. Par un effet boomerang, elles reviennent sans cesse me hanter.
Tellement de choses dans l'environnement me rappellent ses infidélités: quand je passe devant un hôtel, quand je regarde ma télésérie préférée, lorsque je lis un article sur l'infidélité dans un magazine… On dirait que tout mon corps est en alerte, comme un radar qui détecte ces évocations, alors qu'avant, je ne les voyais même pas ou je les estimais sans intérêt pour moi.
Dans l'espoir de ne plus y penser, j'ai tenté de me couper de tout afin de ne pas y faire face. Je ne lisais plus de magazines, je n'écoutais plus la télé et je sortais le moins possible. Je changeais de route pour ne pas avoir à passer devant un hôtel. Tout cela ne m'a pas tellement aidée. J'ai l'impression de ne plus avoir aucun répit. La nuit, je continue de faire des cauchemars qui me rappellent l'infidélité de Richard.

La découverte de l'infidélité a donc l'effet d'une bombe, surtout lorsqu'on ne s'y attend pas. Carole éprouve beaucoup de difficultés à accepter ce qui se passe.

Habituellement en contrôle de ses émotions et de ses pensées, elle est déçue de ne pas pouvoir se ressaisir plus rapidement. Pourtant, ses premières réactions sont tout à fait normales et communes à tous ceux et toutes celles qui se retrouvent dans une situation semblable. Elles n'ont rien à voir avec la folie ou la maladie. Il s'agit plutôt d'un mécanisme d'adaptation avec lequel le cerveau et le corps doivent composer afin d'accuser le choc et de surmonter le traumatisme.

Au début, la personne trompée risque d'être envahie et obsédée par des scénarios, des *flash-back* ou des paroles lui rappelant l'infidélité de son partenaire. Elle s'expose à être submergée par des images pernicieuses de ce qu'elle sait de l'infidélité de son conjoint, mais elle est aussi susceptible de s'inventer toutes sortes d'histoires dont elle n'a aucune preuve. Cette expérience peut aussi raviver certaines croyances négatives, inculquées dès l'enfance, selon lesquelles « les hommes sont tous des bêtes », qu'« ils ne contrôlent pas leurs pulsions » ou qu'« on ne peut leur faire confiance ». Au lendemain de la découverte, on ressasse ces idées, car on cherche à comprendre, à donner un sens à ce qui s'est passé et aussi à s'assurer que cela ne se reproduira pas. On se pose toutes sortes de questions : « Qu'est-ce que j'ai fait pour mériter cela ? Ne suis-je pas assez responsable, disponible ou bonne amante ? Suis-je suffisamment à la hauteur ? Qu'aurais-je pu faire pour éviter cela ? Pourquoi mon partenaire a-t-il fait une chose pareille ? Voulait-il me blesser ou me quitter ? »

Au cours des premiers mois qui suivent le choc, on est en état d'alerte constant. Comme si un radar intérieur balayait l'environnement pour détecter les indices qui remémoreront l'expérience de l'infidélité. La vue d'une mince et grande blonde rappellera à la personne trompée que l'amante de son conjoint est mince, grande et blonde. Ces pensées sont tellement douloureuses que l'on cherche à éloigner tout ce qui, dans l'environnement, pourrait les susciter.

L'expérience de l'infidélité est un phénomène qui provoque de nombreuses interrogations. Il faut plusieurs mois avant de bien saisir ce qui s'est passé et de comprendre pourquoi cela est arrivé. Au fur et à mesure que la situation devient plus claire, ces pensées douloureuses vont d'abord diminuer en fréquence, puis en durée et, finalement, en intensité. Il faut laisser le temps nécessaire à la tête et au cœur de vivre leur convalescence.

Je ne veux pas le croire

Les réactions des gens à la découverte de l'infidélité de leur partenaire varient en fonction de leur personnalité et de leur situation. Plusieurs ne manifestent pas de réactions apparentes, ce qui ne veut pas dire que ces personnes ne souffrent pas tout autant, bien au contraire. C'est, entre autres, le cas de la graphiste Stéphanie :

> *Quand mon ex-conjoint m'a appris qu'il me laissait pour une autre, je ne voulais pas le croire. Surtout qu'à l'époque, je ne travaillais pas. De plus, je venais de donner naissance à notre premier enfant et je désirais que notre garçon grandisse en compagnie de ses deux parents. En réaction au choc, je me suis coupée de la réalité.*
>
> *Dans les faits, je souffrais beaucoup. Cependant, je ne m'accordais pas le droit d'extérioriser ma détresse et mes craintes. Je devais prioritairement m'occuper de mon bébé, qui avait d'abord besoin d'une maman présente et compétente, et surtout pas d'une mère négligente et dépressive. Charles-Antoine, mon conjoint de l'époque, n'arrivait pas à comprendre que je ne réagisse pas plus que cela et que je ne veuille pas en parler.*

D'autres ont tendance à se couper du monde, à éviter des lieux, des situations et des personnes, ou encore, à carrément s'isoler. Ils ont honte de ce qu'ils vivent, ne veulent surtout pas en parler par peur d'être jugés et vont même jusqu'au déni de l'expérience. Ils n'ont pas l'air de souffrir et ils ne semblent pas trop avoir de réactions. Les mécanismes de défense qu'ils développent ne leur permettent plus d'avoir accès à leurs émotions.

Enfin, pour éviter de faire éclater la famille ou de se retrouver seuls, certains partenaires, financièrement ou affectivement dépendants, préfèrent souffrir en silence, car ils ne veulent pas trop irriter l'infidèle de peur d'être abandonnés par lui. Les émotions refoulées peuvent alors se transformer en malaises physiques, comme des maux de tête ou des douleurs au ventre.

Je veux tout savoir

La pharmacienne Catherine a beaucoup changé. Elle a renouvelé sa garde-robe, s'est abonnée à un centre sportif et a perdu quelques kilos. Elle a retrouvé la taille qu'elle avait lorsque Guillaume l'a rencontrée. Elle sort fréquemment et évite de plus en plus les contacts avec lui. Très souvent, elle refuse ses avances et, quand elle les accepte, il constate qu'elle demeure très passive et ne prend aucun plaisir.

Guillaume se demande ce qui se passe. Il voit bien que Catherine n'est plus tout à fait celle qu'elle était, mais il ne peut plus en déduire que ces changements sont seulement dus à son travail ou aux enfants qui la stressent. Au contraire, Catherine semble aller un peu mieux. Elle le critique moins, ne se met plus en colère et ne lui demande plus d'échanger sur leur vie de couple. Elle ne l'attend plus pour entreprendre des activités et elle organise maintenant seule ses loisirs.

Il se doute de plus en plus que Catherine a rencontré un autre homme. N'est-ce pas la seule explication plausible aux changements de comportements de Catherine ? Il l'affronte, mais elle répond maladroitement à ses questions ou s'irrite quand il insiste. Elle lui assure qu'il ne se passe rien et qu'il s'imagine des choses. Toutefois, son regard est fuyant, et elle est incapable de lui dire qu'elle l'aime et de le rassurer sur ses propres sentiments.

Les réponses de Catherine ne satisfont pas Guillaume. Il ne la croit tout simplement pas. Il se dit que, si elle a un amant, il n'a qu'à chercher un peu pour découvrir des indices. Il a remarqué qu'elle passait beaucoup de temps à l'ordinateur, une activité inhabituelle pour Catherine qui n'affectionne pas tellement ce genre de technologie. Il se sent mal à l'aise et éprouve un peu de honte à surveiller sa conjointe. Mais c'est plus fort que lui ; il doit savoir. Il ne peut plus tolérer le doute et les suppositions.

Un certain soir où Catherine est sortie et qu'il s'occupe des enfants, il décide de passer à l'action. Après avoir mis sa progéniture au lit, Guillaume ouvre l'ordinateur. Son cœur palpite, et il hésite, car il craint d'y découvrir « la » preuve. Il vérifie les courriels que Catherine a envoyés et reçus. Il ne trouve rien d'incriminant. Il est soulagé, mais un doute persiste.

Quelques jours plus tard, il fouille dans ses tiroirs, mais ne découvre aucune trace de billets doux. Il se dirige finalement vers le placard où il découvre une boîte à chaussures qui renferme plusieurs messages écrits à la main. Il ne peut s'empêcher de lire une lettre dont le début ne laisse place à aucune équivoque :

Ma douce Catherine, jamais je ne m'étais imaginé que je vivrais de tels moments de bonheur en ta présence. En sentant frémir ton corps, j'ai moi-même éprouvé une joie immense…

Guillaume a peine à réaliser ce qu'il vient de lire. Il espérait s'être trompé et s'être imaginé des choses, comme Catherine aurait bien voulu le lui laisser croire. Cette fois-ci, il n'y a plus de doute possible. « Sa » Catherine a bel et bien un amant.

Curieusement, et pour quelques instants, Guillaume ressent un certain soulagement. Il n'a pas rêvé. Son intuition était bonne, et ses doutes se confirment. Il ne pourra plus se faire mener en bateau, car il a désormais une preuve en main. Elle ne pourra plus se défiler. Catherine revient en fin de soirée. Guillaume a eu tout le temps de ruminer sa colère et il l'attend :

– Catherine, je veux qu'on se parle, insiste-t-il.
– Ça ne pourrait pas attendre à demain ? Je suis exténuée et je commence tôt demain matin, lui réplique-t-elle.
– Catherine, ça ne peut pas attendre ! Voici ce que j'ai découvert ce soir.

Surprise, étonnée et offusquée que Guillaume ait fouillé dans ses effets personnels, elle se rend rapidement compte de la gravité de la situation en voyant les lettres.

– Dis-moi ce qui se passe, Catherine. Je veux tout savoir. J'ai besoin de comprendre !

Guillaume ne peut être plus clair. N'ayant guère le choix et ne pouvant plus reculer, Catherine lui raconte ce qu'elle vit depuis déjà un moment avec Vincent.

Je suis furieux !

La découverte de l'infidélité provoque souvent de violents accès de colère. On est d'abord furieux contre soi-même. On s'en veut d'avoir fait confiance, d'avoir été naïf, de n'avoir rien vu, mais on en veut surtout au partenaire pour sa trahison. Pour certains, le désir de vengeance est très fort au cours de la période qui suit la découverte. On souhaite que l'autre ait mal autant sinon plus que soi-même. On ne veut pas être seul à souffrir. Certaines personnes ont l'impression que si l'infidèle ne souffre pas assez et qu'il ne reste pas marqué par cette expérience, il aura tendance à recommencer (Lusterman). La colère débouche parfois sur la rage. À ce moment-là, on ne se limite pas à accuser ou à critiquer; on devient blessant tant par la parole que par les gestes. On frappe, on intimide, on lance des objets, on serre l'autre physiquement. À la limite, quelques individus iront jusqu'à assassiner leur partenaire pour le punir et pour qu'il ne parte pas avec l'autre. « Si tu n'es plus à moi, personne d'autre ne te possèdera ! »

En général, les hommes réagissent à l'infidélité par la colère. Dans certains cas, celle-ci peut se transformer en rage et dégénérer en violence conjugale. Les femmes, au contraire, se sentent personnellement visées, se diminuent et se remettent en question, sont atteintes dans leur estime personnelle et s'exposent davantage à des réactions dépressives (Weeks et autres) Ceux ou celles que leurs propres réactions inquiètent – tant ils sont hors d'eux –, devraient sortir de chez eux, demander de l'aide, rendre visite à un ami, un parent ou faire appel à des ressources spécialisées.

Les personne trompées n'en veulent pas uniquement à leur partenaire. Elles en veulent aussi beaucoup à l'amant ou à la maîtresse. Pour certaines, il est même plus facile et moins menaçant de percevoir leur partenaire comme une victime que comme un bourreau. De cette façon, elles arrivent à conserver une image positive de leur conjoint et ainsi à s'éviter la douleur de le percevoir négativement. C'est particulièrement le cas lorsqu'elles veulent éviter de le perdre et qu'elles désirent, malgré tout, continuer avec lui. C'est le genre de réflexe que Guillaume a eu après avoir découvert l'infidélité de sa conjointe:

> *Quand Catherine m'a raconté son histoire, je me disais que cet homme avait tout fait pour la séduire. J'ai cherché à me convaincre qu'elle était tombée dans ses griffes, que c'était un tombeur professionnel, qu'il l'avait manipulée et qu'elle s'était fait embarquer. Malgré les lettres que j'avais lues, je ne voulais pas m'avouer qu'elle était consentante, et aussi responsable que Vincent, de cet amour qu'elle avait pourtant bel et bien désiré et entretenu.*

Au début, Guillaume rendait donc Vincent responsable de ce qui se passait. Il voulait qu'il souffre. Il a, entre autres, pensé à appeler la femme de ce dernier pour lui faire part de sa découverte et de ce que Vincent vivait avec Catherine. Il se disait qu'il était trop facile que ce briseur de ménage s'amuse avec la femme des autres sans qu'il ait à en assumer les conséquences. Ce désir de se faire justice soi-même est fréquent et commun à bon nombre de victimes de l'infidélité, ce qui ne fait qu'ajouter à la lourdeur de la situation.

Je suis jaloux et je me sens minable

Dans le contexte d'une relation, la jalousie est une conséquence prévisible de l'infidélité. Elle est l'expression de la peur de perdre sa partenaire, d'être remplacé ou de voir disparaître ce que l'on a acquis ou construit avec cette personne, comme une famille ou une certaine sécurité matérielle.

Cette peur de perdre sa partenaire, ou d'être remplacé par quelqu'un d'autre, peut par contre être exagérée, irrationnelle et parfois même présente depuis le début de la relation. Il arrive qu'elle cache un manque d'amour-propre ou l'impression qu'on ne mérite pas sa conjointe, ou qu'elle est meilleur que soi. Dans un contexte d'infidélité, cette peur est souvent réelle quand le partenaire est en amour avec une autre personne et qu'il éprouve de la difficulté à faire un choix.

Dans une telle situation, certains comportements inspirés par la jalousie se trouvent exacerbés. Ainsi, un certain nombre de personnes trompées chercheront à brimer leur partenaire ou à s'y accrocher de façon désespérée. Afin de se rassurer et de réduire leur anxiété, quelques-unes vont tenter, parfois subtilement, mais souvent maladroitement, de restreindre la liberté de l'autre. Ce type de réaction est particulièrement fréquent lorsqu'une intention ou une activité de l'infidèle suscite un malaise chez la personne trompée. Celui-ci sera alors susceptible de se rabattre, consciemment ou non, sur des remarques culpabilisantes afin d'éviter que ses craintes ne se concrétisent: «On sait bien, tu vas à ton 5 à 7 du bureau pour flirter avec ton beau Julien.» Quelques-uns vont plutôt bouder et faire la tête pendant des heures, voire des jours. Enfin, d'autres vont se rendre jusqu'à proférer des menaces, ou faire des crises, lorsque rien d'autre ne fonctionne.

Il faut cependant se rendre à l'évidence. Plus on brime, plus on surveille, plus on accuse et cherche à diminuer l'autre, plus il s'éloigne et plus la peur d'être remplacé ou abandonné s'en trouve renforcée. Sous l'effet du désespoir ou de la panique, on est porté à s'oublier et à s'accrocher à l'autre pour ne pas le perdre. Or, plus on cherche à le retenir de force, moins on devient intéressant pour lui. En effet, plus on l'étouffe, plus il aura besoin d'air. On se retrouve alors au cœur d'une spirale sans fin.

Quand j'ai découvert que Catherine avait un amant, je suis devenu jaloux. Je ne l'avais cependant jamais été auparavant. Ça ne me ressemble pas du tout. Il faut comprendre que j'avais vraiment peur que Catherine me quitte. J'avais perdu toute confiance en moi. Je me comparais souvent à Vincent et me disais qu'il devait être un meilleur amant, un partenaire plus intelligent et plus intéressant, qu'il savait parler aux femmes et qu'il paraissait mieux que moi. En fait, je me rends compte que je l'idéalisais. Mais, en même temps, je le haïssais et le trouvais minable de voler la femme d'un autre.

Je me détestais et je m'en voulais pour ce qui était arrivé. J'aurais dû être plus prévenant envers Catherine et plus attentif à ses besoins. Je crois qu'il fallait que je me rende jusqu'à la possibilité de la perdre pour réaliser l'importance qu'elle avait pour moi. C'est comme si je la redécouvrais tout à coup.

Au début, je la culpabilisais d'entretenir cette relation. Je lui disais qu'elle n'avait pas de morale, qu'elle n'était qu'une égoïste, qu'elle se moquait de moi et des enfants. Je voulais qu'elle me promette de ne plus le voir. Je la menaçais en lui disant que, si elle me laissait, j'exigerais la garde exclusive des enfants et que j'allais me battre en cour pour ce faire. J'ai même menacé de m'enlever la vie tellement j'étais en détresse.

Quelques instants après, je m'effondrais en larmes. Je m'excusais et lui disais que mes paroles avaient dépassé ma pensée. Je lui demandais de me pardonner pour ma négligence et lui promettais que je ferais tout pour qu'elle accepte de rester. Je lui demandais de me rassurer, de me dire qu'elle m'aimait, qu'elle ne me quitterait pas et qu'elle me donnerait une chance de lui prouver que je peux changer et devenir un meilleur conjoint.

Cependant, Catherine arrivait difficilement à me rassurer comme je l'aurais désiré. Je n'avais pas du tout confiance en elle. Je l'épiais, je fouillais dans son sac à main, scrutais ses relevés de téléphone portable et son état de compte de carte de crédit. Je me détestais d'aller si bas et de me couvrir ainsi de ridicule. Je m'en voulais tellement que je me diminuais ensuite encore davantage.

Je ne le crois plus!

Lorsqu'on a été trompé, la confiance en soi et en l'autre s'en trouve grandement affectée. Ce qui fait le plus mal dans l'infidélité, ce sont les mensonges qu'elle suppose. En effet, ceux-ci atteignent directement la confiance, un élément fondamental à toute relation. La découverte de l'infidélité ébranle si fortement ce sentiment que l'on en vient à ne plus croire l'autre. On l'interroge sans cesse pour tester la cohérence de ses propos ou pour déceler les faux-semblants. Les réponses de l'autre ne suffisent tout simplement pas et, comme Guillaume, on entreprend des démarches parallèles pour contre-vérifier ses affirmations. Certains jouent au détective et prennent leur conjoint en filature; d'autres vérifient le kilométrage de l'auto; d'autres font une vérification téléphonique à l'endroit où le partenaire dit se trouver. Certains cherchent même à rencontrer l'amant pour confirmer ou infirmer les dires du conjoint infidèle. C'est ce qu'a vécu Carole:

J'avais auparavant une confiance aveugle en Richard. Quand il me disait qu'il rentrerait tard pour rencontrer un client, je ne me posais même pas de questions. Quand il partait en congrès et qu'il me disait qu'il aurait préféré être à la maison au lieu d'y assister, je le croyais. Maintenant, je ne crois plus rien. Il a beau m'expliquer en long et en large qu'il était avec Marcel à discuter, rien n'y fait.

Je parle ou je me tais?

Le comportement des proches qui forment les réseaux personnels et professionnels s'avère un autre facteur susceptible d'aviver le sentiment de trahison et la crise de confiance qui accompagnent la divulgation de l'infidélité. On peut présumer que certaines connaissances, particulièrement les plus familières, savaient ou se doutaient que le partenaire était infidèle. Ainsi dans le cas du couple formé de Carole et Richard, nous savons pertinemment que Marcel et son épouse les fréquentaient régulièrement, et que Marcel était parfaitement au courant des aventures de son collègue. Comme il a beaucoup d'estime pour Carole, il se trouve face à un dilemme: garder le silence sur les incartades de son collègue ou informer une femme qu'il apprécie et qui se fait avoir.

À partir du moment où on fait face à ce genre de situation, l'attitude à adopter n'est pas évidente. Au nom de l'amitié ou de l'honnêteté, a-t-on le devoir de garder le silence ou d'informer la personne trompée? De telles situations sont fréquentes, et il n'y a pas de réponses toutes faites, puisque les conséquences, autant dans le cas du silence que de la divulgation, peuvent varier d'une situation à une autre.

Parler ou se taire sont des attitudes qui, chez un proche, dépendent habituellement du niveau d'allégeance et de confort que l'on a à l'endroit de l'un ou l'autre partenaire. Si l'on est plus proche de l'infidèle, on n'a pas tendance à le trahir, que ce soit par amitié ou par loyauté. Le premier réflexe sera plutôt de tenter de le comprendre, puis de lui signifier de la désapprobation, de l'amener à réfléchir aux conséquences de ses gestes, ou encore d'essayer de le dissuader de mener une double vie. Dans le cas où ces comportements contredisent sérieusement les valeurs personnelles, certains préféreront s'éloigner ou mettre un terme à la relation d'amitié avec l'infidèle.

Si l'on est plus intime avec la personne trompée, on sera plutôt tenté de l'alerter de ce qui se passe. Par exemple, si vous apprenez que le conjoint de votre amie est un infidèle chronique, qu'il ne se protège pas et qu'il ne la mérite pas, vous serez sûrement tentée de tout lui révéler. Par ailleurs, si vous découvrez que le conjoint de votre amie a eu un accident de parcours, vous hésiterez probablement avant de faire une telle révélation, surtout si vous considérez qu'ils sont heureux ensemble. Vous aurez avantage à bien mesurer les répercussions possibles d'un tel dévoilement en vous posant préalablement les questions suivantes :

- quel sera l'impact d'une telle annonce sur la personne trompée, sur le couple et sur son entourage ?
- la personne trompée veut-elle vraiment le savoir ?
- appréciera-t-elle votre transparence et votre loyauté ? Son désir de demeurer dans l'ignorance pourrait-il éventuellement se retourner contre vous et même remettre en cause votre propre crédibilité ?
- la personne trompée s'attend-elle à toute la vérité de votre part ? Comprendra-t-elle votre silence si vous décidez de ne rien lui révéler ? Se sentira-t-elle trahie au point de remettre en question l'amitié qui vous unit ?
- craignez-vous de vous sentir coupable ou responsable de la douleur et de la détresse de la personne qui apprendra être trompée à la suite de votre intervention ? Vous sentez-vous en mesure de la supporter dans cette épreuve ?

Comme on peut le constater, il n'y a rien de simple pour une personne qui est au courant de l'infidélité d'un des conjoints dans un couple. Étant donné que les aventures se développent de plus en plus dans les milieux professionnels, cela ajoute un niveau de complexité pour les collègues de travail qui se côtoient non seulement au bureau ou à l'usine, mais aussi en couple, dans le cadre d'activités sociales et récréatives.

Je déprime…

Guillaume vit des moments difficiles. En constatant que Catherine le trouve ridicule d'élaborer des plans de vengeance ou de vouloir restreindre sa liberté, il prend conscience qu'une telle attitude ne lui ramènera pas sa bien-aimée. Qui plus est, son comportement ne fait qu'accroître le risque de la perdre.

Guillaume souffre particulièrement de se rendre compte que celle qu'il aime est amoureuse d'un autre homme. Il constate l'ampleur des dégâts. Elle ne l'aime plus, même quand elle affirme lui être encore attachée, et qu'elle reconnaît qu'il est un brave type. Il est amèrement déçu de ne pas avoir décelé, et pris au sérieux, les indices lui signalant que Catherine n'était pas bien et qu'elle s'éloignait lentement de lui. Il s'attriste de découvrir qu'il a été négligent, peu attentionné, qu'il a trop travaillé, qu'il ne s'est pas assez intéressé à elle et qu'il n'a pas suffisamment partagé ses états d'âme avec elle. Il se déprécie et se traite d'incompétent pour ce qui est de la vie à deux. Il est même arrivé à se dire qu'il ne mérite pas Catherine et qu'elle serait probablement plus heureuse avec un autre homme.

Il se rend alors compte que la pente sera difficile à remonter pour la reconquérir, si jamais il y parvient. Il se sent rejeté, et souvent impuissant, car toutes les nouvelles initiatives ne semblent pas avoir d'incidence positive sur

Catherine. Il a beau être attentionné, il remarque qu'elle n'est pas très enthousiaste et qu'elle est souvent distraite. Malgré tous ses efforts pour courtiser de nouveau sa conjointe, il voit bien qu'elle demeure distante.

Guillaume ne se sent vraiment pas bien. Il a d'ailleurs commencé à présenter des symptômes dépressifs. Sa sensibilité est à fleur de peau, et il pleure souvent. Il éprouve de la difficulté à dormir. Il n'a plus d'appétit et il a perdu du poids. Il manque d'énergie et se fatigue vite. Il passe son temps à se dévaloriser et se culpabiliser. Il n'y a plus beaucoup de choses qui l'intéressent. Il trouve parfois que la vie n'a plus de sens. Il est beaucoup plus impatient et irritable avec les enfants. Il s'isole et il a honte de sortir. Le médecin l'a placé en arrêt de travail indéterminé, car il n'arrivait plus à se concentrer et à prendre les décisions que son travail lui imposait.

Il est ici important de préciser qu'il est normal d'être abattu, mélancolique et découragé à la suite d'un tel événement. Cependant, lorsque les symptômes dépressifs persistent plus de trois mois, il ne faut pas hésiter à demander de l'aide et à consulter un professionnel de la santé pour évaluer la possibilité d'une intervention thérapeutique.

Pourquoi les réactions diffèrent

La personne au tempérament plus libertin, pour qui les relations extraconjugales sont des comportements plus acceptables, réagira avec moins de détresse qu'une autre qui ne se doutait de rien et pour qui ces écarts de conduite sont inadmissibles. D'autre part, ceux qui, dans leur vie passée, ont vécu des problèmes d'honnêteté ou d'infidélité réagiront aussi très fortement. Par contre, les personnes qui possèdent une bonne estime d'elles-mêmes et qui ont confiance en elles seront certes ébranlées, mais elles se relèveront plus facilement de cette expérience.

En somme, plus le niveau de dépendance face à son partenaire est grand, plus la peur de le perdre devient traumatisante. C'est comme si tous les œufs avaient été mis dans le même panier. Dans des cas comme ceux-ci, le degré d'attachement, l'investissement dans la relation et le vécu commun sont considérés comme des acquis qui rendront la trahison encore plus grande et la perte d'autant plus douloureuse à envisager. Cependant, les partenaires qui étaient particulièrement près l'un de l'autre, avant la découverte de l'infidélité, sont en général plus enclins à tenter de comprendre la réalité du conjoint et à déterminer les origines de la crise qui vient d'éclater. Ils sont plus respectueux et moins accusateurs, et ils s'engagent plus facilement à mettre en place des moyens pour améliorer leur comportement et favoriser la relance de leur relation (Langis).

Les réactions à l'infidélité dépendent aussi de la nature de l'infidélité et de l'identité de la tierce personne. Si c'est quelqu'un de connu, comme une sœur, un frère ou un ami, la trahison est double, et la douleur n'en est que plus vive. De même, de façon générale, il est plus éprouvant d'apprendre que son partenaire entretient une liaison amoureuse de longue date, ou qu'il a mené une double vie et qu'il a menti à répétition, que d'apprendre qu'il a commis un écart d'un soir avec une inconnue. Enfin, il est moins pénible d'apprendre la vérité de la bouche de son partenaire, sans l'y avoir forcé, que d'en être informé par une tierce personne ou, pire encore, de prendre son conjoint en flagrant délit.

Certaines études rapportent que les hommes réagiraient plus fortement et auraient plus de difficultés à pardonner l'infidélité sexuelle de leur conjointe, tandis que les femmes éprouveraient plus de résistance à composer avec l'infidélité amoureuse de leur conjoint. Ces réactions trouveraient leur origine au début de l'humanité quand l'homme chassait et rapportait la nourriture au foyer (Dreznick). La femme dépendait alors totalement de lui pour sa survie et celle de ses enfants. Quand l'homme tombait amoureux d'une autre femme, il lui consacrait généralement une partie de ses ressources au détriment de sa première épouse et de leurs enfants. La survie de ces derniers était donc menacée. D'autre part, lorsqu'un homme apprenait que sa femme l'avait trompé avec un autre, il remettait en question sa paternité, car, étant donné que son rôle se limitait essentiellement à assurer la survie de sa progéniture, il n'était plus sûr de pouvoir distinguer, parmi les enfants de sa femme, ceux qui étaient vraiment les siens.

Les réactions des personnes infidèles

Peut-on passer à autre chose?

Il n'y a pas que les personnes trompées qui réagissent fortement à la découverte de l'infidélité. Les infidèles eux-mêmes passent par une gamme d'émotions et de réactions. Richard, le mari de Carole, se confie ainsi à son collègue Marcel, à la cafétéria:

> *Je ne comprends pas que Carole veuille connaître les détails de mes aventures. Elle me talonne à ce propos depuis des mois. Tout cela n'a aucune importance. Ces femmes-là ne représentaient rien pour moi. Ça ne vaut même pas la peine d'en discuter.*
>
> *L'important, c'est que je l'aime et que je veux continuer avec elle comme avant. Il n'y a rien à faire, elle me pose sans cesse toutes sortes de questions inutiles. Elle veut savoir combien il y en a eu. Moi-même, je ne m'en rappelle même pas. À quoi ressemblaient-elles? Comment baisaient-elles? Pourquoi lui ai-je fait tout ce mal?*
>
> *Je lui ai répété que cela ne donne rien de parler de ces choses et qu'on devrait plutôt repartir à zéro. Elle*

insiste tellement pour avoir des réponses à ses questions, que parfois, je cède et lui donne un peu d'information. Alors là, c'est la crise. Elle me traite de tous les noms, se met à pleurer ou elle ne me parle plus pendant des jours.
Je me dis alors que, la prochaine fois, je nierai tout, je mentirai comme avant, et cela lui fera moins mal. Moins elle en saura, mieux ce sera. D'ailleurs, si elle était informée de tout, elle ne me pardonnerait jamais et elle me laisserait. Or, quand je refuse de parler, elle monte de nouveau aux barricades. Elle me dit que si je me tais, c'est la preuve que j'ai des choses à cacher et que je ne suis qu'un manipulateur. Elle menace alors de me quitter si je ne parle pas. J'ai vraiment peur qu'elle me laisse et que l'on brise tout ce que l'on a construit. Dans ces moments-là, j'avoue. Or, le plus ridicule, c'est que Carole ne me croit même plus lorsque je lui dis la vérité. Comme tu peux le constater, peu importe ce que je fais, rien ne la satisfait.
Carole ne me croit pas, et je suis impuissant à soulager sa détresse. Au cours des premières semaines, je me sentais mal pour elle, je tentais de la rassurer, d'être là pour la réconforter. Cela ne changeait rien. Au bout de deux mois, j'ai commencé à en avoir assez des accusations et des crises. Aujourd'hui, j'ai hâte qu'on passe à autre chose et qu'on mette toute cette histoire de côté.

Dans une situation comme celle qu'évoque Richard, il est clair que l'infidèle et la personne trompée ne sont pas sur la même longueur d'ondes. Cette dernière éprouve un urgent besoin de connaître les détails et de comprendre les raisons de cette inconduite. Quant à l'infidèle, il veut en dire le moins possible de peur de blesser davantage, d'être abandonné, de subir la colère ou les jugements, de perdre et de détruire ce que le couple a construit.

En général, plus les attitudes sont lourdes et les réactions émotives, moins l'infidèle risque de se montrer transparent et honnête. Il cherchera plutôt à assurer ses arrières, mais aussi à protéger son partenaire. C'est ce que raconte Richard :

> *Mon éducation ne m'a sûrement pas aidé à être honnête avec les femmes. Combien de fois m'a-t-on répété qu'une femme, cette créature sensible, fragile et vulnérable, devait être protégée. Par qui ? Nul autre qu'un homme ! Je savais qu'en lui avouant mes escapades, j'allais inévitablement la blesser, ce qui entrait évidemment en contradiction avec mon présumé rôle de protecteur.*

Ne pas dire la vérité en pensant protéger son conjoint est un leurre. En effet, chercher à éviter la discussion, ou cacher encore des choses après la découverte de l'infidélité, ne fait qu'augmenter la détresse du partenaire et renforcer l'impression qu'on n'est plus digne de confiance. À force de mentir comme l'a fait Richard, certains infidèles perdent toute crédibilité auprès de leur partenaire. Même quand ils disent la vérité, leurs paroles ne suffisent plus, car les personnes trompées exigent désormais des preuves afin de pouvoir croire.

Lorsqu'ils se rendent compte qu'ils se sont engagés dans un cul-de-sac, les infidèles deviennent souvent intransigeants à leur tour. Ils ne tolèrent plus les crises de leur conjoint. Ils considèrent avoir assez payé pour ce qu'ils ont fait et, afin de pouvoir avancer, ils veulent mettre cette histoire de côté. Certains vont même jusqu'à quitter leur partenaire, parce qu'ils n'en peuvent plus d'endurer leurs réactions prévisibles et répétitives.

J'ai honte…

D'autres infidèles sont très bouleversés quand ils constatent les réactions de détresse de la personne trompée. Ils sont alors portés à s'éloigner de l'autre et à éviter les discussions, non parce qu'ils en ont assez, comme Richard, mais plutôt parce qu'ils éprouvent de la honte et de la culpabilité. Ces infidèles peuvent paraître insensibles à la souffrance de l'autre en esquivant ainsi toute discussion sur le sujet. Pourtant, pour plusieurs d'entre eux, c'est plutôt le contraire. La souffrance de ceux ou celles qu'ils ont trompés leur fait également très mal.

Le sentiment de culpabilité consiste à reconnaître, sans cependant se dévaloriser, qu'un ou plusieurs comportements n'ont pas été adéquats. On verse dans la honte à partir du moment où on retourne contre soi cette prise de conscience pour verser dans le mépris de sa propre personne. C'est alors toute l'estime de soi qui est atteinte et qui est remise en question (Weeks et autres).

Les personnes qui éprouvent de la honte pour ce qu'elles ont fait peuvent aller jusqu'à se dire qu'elles ne méritent pas de vivre. La honte paralyse les individus et les empêche de se ressaisir pour tenter de reconstruire la relation. Les infidèles passent beaucoup de temps à se dénigrer et à se dévaloriser. Ils peuvent présenter des symptômes dépressifs importants et finir plus mal en point que la personne trompée. Devant une telle détresse, il peut même arriver que des personnes trompées mettent leur propre souffrance de côté pour supporter leur conjoint infidèle.

Je suis enfin libérée d'un poids énorme

Contrairement à Richard qui a déballé ses infidélités au compte-gouttes, Catherine a décidé de tout révéler à son époux concernant sa relation avec Vincent dès que son infidélité a été découverte. C'est d'ailleurs ce qu'elle a raconté à Annie, sa confidente à l'hôpital :

> *Ce fut très difficile de dévoiler à Guillaume que j'avais un amant et que cette relation durait depuis plusieurs mois. Je craignais la virulence de ses réactions. Je ne voulais pas le blesser, l'anéantir ou même lui faire de la peine. De plus, même si j'aime Vincent qui me procure beaucoup de bonheur, je suis encore attachée à Guillaume. Malgré notre éloignement, je n'ai pas encore pris de décision. Je ne suis pas tout à fait prête à le quitter et à faire vivre aux enfants le traumatisme d'une séparation. J'ai peur que Guillaume ne l'accepte pas ou alors qu'il n'arrive pas à me pardonner si on décide de rester ensemble.*
>
> *Curieusement, juste après avoir raconté à Guillaume ce qui se passait avec Vincent, je me suis sentie soulagée. Je ne pouvais plus vivre dans le mensonge, moi qui me suis toujours considérée comme une personne honnête et intègre. Même si ma double vie avec Vincent est exaltante et enivrante, je me sens encore mal de mentir à Guillaume et aux enfants. Je ne peux me complaire dans ce rôle. J'éprouve beaucoup de difficultés à composer avec une telle situation, parce que mes comportements contredisent mes valeurs.*

Non seulement Catherine ne veut plus vivre dans le mensonge, mais elle se dit que Guillaume a le droit de savoir pour comprendre ce qui s'est passé. Même si ses réactions lui paraissent parfois disproportionnées, surtout quand il a voulu aller affronter Vincent et lui dire sa façon de penser, Catherine peine à le voir souffrir de la sorte. Curieusement, elle se sent libérée de la hantise de devoir un jour lui apprendre la vérité concernant sa double vie. Depuis l'aveu, Catherine demeure disponible et transparente pour répondre aux questions de son conjoint. Elle lui a expliqué pourquoi et comment elle s'était rendue disponible à un autre homme. Ce ne fut pas facile, car Guillaume se déprécie et se donne tous les torts. Elle estime cependant légitime qu'il cherche à savoir ce qui s'est passé.

Je ne veux faire de mal à personne

Catherine ne peut cependant pas rassurer Guillaume et lui dire qu'elle l'aime et qu'elle ne le quittera pas. À ce stade-ci, elle n'est pas plus en mesure de lui promettre de ne plus revoir Vincent. C'est ce qu'elle confie à Annie:

> *Je ne peux pas me forcer à me rapprocher de Guillaume ou à accueillir favorablement ses tentatives de conciliation. Je peux cependant lui dire ce que je ressens. Je lui ai confié que je suis très confuse et que j'ai besoin de temps pour réfléchir à tout cela afin de prendre la meilleure décision en fonction de moi, mais sans toutefois oublier les autres.*
>
> *Il m'est parfois difficile d'être présente pour Guillaume et d'être ainsi témoin de sa souffrance, d'autant plus que j'en suis responsable. J'arrive à peine à terminer mes journées. Je suis préoccupée, mais je ne veux pas que cela paraisse. Les enfants en ont déjà assez de voir leur père effondré. Je dois être forte pour eux. Jonathan est très affecté par l'état de son père. Il m'en parle beaucoup. Il m'a demandé en pleurant si on allait se séparer. Je suis déchirée. Franchement, dans ces moments-là, je m'en veux d'avoir rencontré cet autre homme.*
>
> *J'ai annoncé à Vincent que Guillaume avait tout découvert, que j'étais bouleversée de le voir dépérir et*

que je m'inquiétais de constater la réaction des enfants. Je lui ai aussi dit que je n'avais pas prévu que Guillaume serait aussi déprimé et aussi mal en point. J'ai avoué à Vincent que je ne sais plus si on a fait une bonne chose. Je me demande même s'il ne serait pas préférable de ne pas le voir pendant un bout de temps, même si je sais qu'il me manquera énormément.

Vincent m'a dit que j'étais ce qui lui était arrivé de mieux dans la vie, qu'il ne voulait pas me perdre, qu'il ne pourrait pas supporter mon absence et qu'on avait tout pour être heureux. Il m'a assurée que Guillaume et les enfants s'en remettraient, qu'ils comprendraient la situation et accepteraient leur nouvelle vie. Il m'a répété que je suis la femme de sa vie et que notre avenir pourrait être magnifique. Il m'a dit que, moi aussi, j'avais le droit d'être heureuse.

Je ne sais plus que faire. J'ai l'impression de rendre deux hommes malheureux, alors que tout ce que je désire, c'est d'être heureuse et bien dans ma peau. Je ne veux vraiment pas faire de mal à qui que ce soit.

Afin d'en connaître davantage sur les réactions de personnes qui vivent un traumatisme émotionnel, je vous recommande l'excellent volume de ma collègue psychologue, Pascale Brillon: *Se relever d'un traumatisme – Réapprendre à vivre et à faire confiance: guide à l'intention des victimes* (Éditions Quebecor, 2004). Il vous permettra de mieux comprendre ce qui se passe chez les personnes affectées, tout en y découvrant quelques suggestions pratiques pour les accompagner et mieux les aider.

Comme nous venons de le constater, Carole et Guillaume ont réagi, chacun de façon différente, à l'annonce ou à la découverte de l'infidélité de leur conjoint. Tout comme Catherine et Richard lorsque leur double vie a été révélée au grand jour. À divers degrés, tout le monde en a souffert. Qu'il soit infidèle ou trompé, chaque partenaire doit s'efforcer de maintenir la plus grande ouverture de cœur et d'esprit possible, afin d'accueillir et de comprendre les réactions et les agissements de l'autre, et ce, malgré les inévitables souffrances que la révélation ou la découverte de l'infidélité provoque.

Chapitre 6

Comprendre ce qui s'est passé

Une fois l'infidélité mise au jour et les premières réactions dépassées, il devient important pour les partenaires concernés de trouver un sens au traumatisme qu'ils vivent. En effet, c'est seulement à partir du moment où ils auront découvert une véritable signification à ce qui leur est arrivé qu'ils pourront se relever de cette délicate situation et, si possible, éviter de revivre cette expérience douloureuse, que ce soit dans leur propre couple ou dans le cadre d'une nouvelle relation. On peut comprendre que les hommes et les femmes qui ont été trompés une première fois demeurent extrêmement méfiants par rapport à leur partenaire d'origine et d'autant plus prudents face à l'éventualité d'une nouvelle relation. Ce regard introspectif permettra de mieux disposer les partenaires à se faire de nouveau confiance et, éventuellement, à s'investir dans la relation.

Trouver un sens

Comme nous allons le constater au cours des prochaines pages, il n'est ni simple ni facile d'aborder franchement et directement un sujet aussi complexe. Par contre, il demeure très important de faire la lumière sur les raisons et les conséquences de l'infidélité avant de prendre quelque décision que ce soit sur l'avenir de la relation. En effet, trop de personnes partent ou se font laisser sans explications et sans considération. En n'obtenant pas de réponses à leurs questions, ceux et celles qui sont abandonnés risquent de voir perdurer leur période de souffrance et d'adaptation.

D'autre part, s'il faut connaître certaines vérités pour bien comprendre ce qui s'est passé, toutes les révélations ne sont cependant pas d'égale importance. Grâce aux dialogues qui suivent, nous verrons quels faits doivent être élucidés et les détails qui demeureront sans incidence, quelle que soit la conclusion que les partenaires tireront de leur mésaventure.

J'ai besoin de comprendre

> *Depuis que j'ai découvert l'infidélité de Richard, je suis à la fois furieuse et peinée. J'ai surtout besoin de comprendre ce qui s'est passé. J'ai une foule de questions à lui poser. En effet, il lui arrive souvent d'éviter de répondre en prétendant ne pas vouloir me blesser. Au contraire, cela me fait encore plus mal.*
>
> *Je désire lui faire de nouveau confiance. Je suis même disposée à lui donner une chance de faire preuve d'honnêteté et ainsi se racheter pour ses nombreux mensonges. Je ne veux pas qu'il m'épargne ou qu'il me protège. Je veux tout savoir afin de pouvoir me forger ma propre opinion.*
>
> *Il n'est pas question pour moi de m'investir de nouveau dans cette relation tant et aussi longtemps que je ne comprendrai pas pourquoi il m'a trompée. Je ne veux plus revivre de telles souffrances.*

La plupart des personnes trompées veulent connaître LA vérité. Elles souhaitent avant tout mesurer l'ampleur de l'infidélité, c'est-à-dire le nombre de partenaires, la nature sexuelle ou amoureuse de la relation ainsi que sa durée. Elles cherchent ainsi à sonder la viabilité de leur union. En général, plus la relation parallèle aura été significative et de longue durée, plus il sera difficile pour l'infidèle d'y mettre fin et, pour la personne trompée, de pardonner et de faire de nouveau confiance. Il en va de même lorsqu'on apprend que son conjoint a été infidèle sexuellement avec plusieurs partenaires ; la perspective de poursuivre la relation s'en voit grandement restreinte.

Par la suite, la majorité des conjoints trompés cherchent désespérément à comprendre pourquoi leur partenaire en est arrivé là : « Qu'est-ce qui se passe en toi pour que tu fasses une telle chose ? Qu'est-ce qui ne va pas entre nous ? Qu'est-ce que cette personne t'apporte de plus que moi ? »

Il est important de déterminer ce qui ne va pas, tant sur le plan personnel que relationnel afin, si on le désire, d'apporter les correctifs nécessaires pour éviter de revivre une telle expérience. Enfin, comme Carole le précisait, les personnes trompées veulent vérifier si leur partenaire peut être de nouveau honnête et digne de confiance.

Je veux tout savoir

Quand j'ai découvert l'infidélité de Catherine, j'ai voulu tout savoir, tout connaître sur les détails de son aventure : le nombre de fois qu'ils s'étaient vus, si elle avait amené son amant à notre restaurant préféré, etc. Je voulais même qu'elle me raconte les détails les plus intimes : comment cela se passait au lit avec lui, s'il était plus viril que moi, si elle avait expérimenté des orgasmes multiples, etc. Je suis demeuré fixé sur ces détails sans doute parce que j'ai toujours été physiquement complexé et que j'ai constamment douté de mes compétences sexuelles.

Pour plusieurs raisons, Catherine hésite beaucoup à me donner ces informations. Elle me dit que je n'ai pas à connaître les détails de son aventure, somme toute privée et personnelle, et que cela ne me regarde pas. Tout de même! Elle couche avec un autre, et ça ne me concernerait pas? Elle me dit que cela me blesserait inutilement de connaître tous ces détails. Elle insiste pour dire qu'il y a des choses plus importantes à discuter, comme les carences de notre vie de couple, les raisons qui l'ont rendue vulnérable à cette aventure ainsi que l'avenir de notre relation. Je lui réponds que de taire ces détails signifie qu'elle protège son amant.

Elle a pourtant parlé de moi et de notre relation à ce Vincent. Il en sait plus sur moi que je n'en sais sur lui. Elle a été spontanée et s'est ouverte à lui sans trop de réserve. Souvent je lui répète que c'est important pour moi de connaître ces petites choses qui pourraient m'aider à mieux comprendre. Devant mon insistance, mais avec beaucoup de réserve, elle me révèle alors quelques informations sur leur intimité.

Dans ces moments-là, je me rends compte que Catherine a raison et qu'il n'est pas nécessaire que je connaisse tous ces détails. Non seulement cela me brise le cœur, mais ces images et ces paroles restent présentes à mon esprit pendant des semaines, provoquant ainsi de nouvelles obsessions. Plus j'en apprends sur leur intimité, plus j'éprouve de difficultés à traverser cette épreuve. J'apprécie la transparence de Catherine, mais cela renforce mon impression que son amant est meilleur que moi. Je suis alors porté à me déprécier encore davantage.

En accord avec plusieurs auteurs (Weeks et autres), je crois qu'il est non seulement inutile, mais plutôt nuisible pour la personne trompée de connaître les détails de l'intimité sexuelle du partenaire infidèle. Les partenaires ont besoin d'être informés d'un ensemble de choses reliées à l'infidélité de leur conjoint. Toutefois, il faut se demander s'il est vraiment avantageux de tout connaître au risque de se faire encore plus de mal.

Cependant, il est de toute première importance que la personne trompée insiste auprès de son partenaire pour savoir s'il s'est protégé lors de ses aventures extra-conjugales. Il s'agit là d'une responsabilité minimale incontournable, relevant de l'infidèle, par rapport à la santé du conjoint concerné.

Par ailleurs, s'imaginer ou apprendre que l'autre est sexuellement plus attirant ou plus compétent que soi au lit provoque une succession d'images et de messages qui viennent se graver dans la mémoire. Ces informations risquent alors de ressurgir à l'esprit sans avertissement, telles les fenêtres publicitaires qui apparaissent sur les écrans d'ordinateurs, malgré les efforts que l'on fait pour les éviter et les éliminer. Bien que contrariantes, ces dernières sont sans conséquence fâcheuse pour la vie de tous les jours, tandis que les images d'infidélité provoquent chez la personne trompée une souffrance supplémentaire et inutile.

En revanche, quand l'infidèle raconte que son amant ne correspond pas aux canons de beauté modernes, et que leurs ébats sexuels n'avaient rien d'exceptionnel, la personne trompée risque de demeurer sceptique, croyant qu'il s'agit là de paroles destinées à l'épargner. Certains croiront même percevoir une incohérence dans les propos de l'infidèle, si cette dernière insiste trop pour se faire rassurante et poseront la question : « Pourquoi donc as-tu couché plusieurs fois avec quelqu'un qui ne t'attirait pas tant que cela ? »

Les couples qui décident de discuter de détails factuels, comme le nombre, les dates et le lieu des rencontres, s'exposent à certains contrecoups. Ainsi, après avoir appris que leur partenaire s'est livré à des activités intimes à des endroits précis avec l'autre, certaines personnes trompées associeront spontanément ces lieux à l'infidélité dont elles ont été victimes. Par la suite, elles chercheront à éviter ces endroits par toutes sortes de moyens. C'est ce qui est arrivé à Carole :

> *Richard m'a finalement avoué qu'il était allé au cinéma de notre quartier avec une de ces filles avant de s'envoyer en l'air avec elle. Ensuite, lorsque je suis allée voir un film pour me distraire et arrêter de penser à cette histoire, ce fut plus fort que moi. En entrant au cinéma, je me suis mise à penser que Richard était venu ici avec une autre, qu'ils s'étaient peut-être tenus par la main ou même embrassés pendant la projection. J'ai dû quitter la salle en pleine représentation tellement je n'en pouvais plus. Cela me frustrait et m'irritait, car le cinéma, mon divertissement préféré, a toujours été pour moi une source de détente et d'évasion. Quand j'ai su qu'une femme était entrée dans son auto, j'ai fait laver le véhicule de fond en comble. J'ai aussi brûlé les draps de la chambre à coucher du chalet quand j'ai appris ce qui s'y était déjà passé.*

Il n'est pas rare de voir des personnes trompées vouloir se réapproprier exclusivement leur territoire et aseptiser totalement leur environnement, en se débarrassant de toute trace de la personne rivale. Cependant, elles arrivent rarement à éliminer tout ce qui les gêne. En effet, dans plusieurs cas, l'infidèle ne se rappelle plus exactement de tous les détails que la personne trompée souhaite connaître. C'est souvent la raison pour laquelle ses réponses sont parfois imprécises au point de paraître insatisfaisantes pour celui ou celle qui cherche à savoir. Comme nous l'avons vu précédemment, irritée par des réponses apparemment nébuleuses, la personne trompée est alors portée à présumer que l'infidèle ne veut pas vraiment se livrer et qu'il cache toujours certaines choses. C'est alors que l'anxiété et le découragement risquent de s'ajouter à la souffrance du conjoint, qui demeure avec l'impression qu'on lui cache toujours quelque chose.

Ce qu'il faut surtout retenir de ces discussions apparemment sans issue, c'est qu'une trop grande insistance sur les détails factuels risque d'empêcher d'aborder les véritables questions de fond. Elles seules pourront vraiment aider à comprendre ce qui s'est passé, à trouver un sens à la situation présente, à rebâtir la relation ou à en amorcer le deuil. C'est ce qu'a constaté Guillaume :

> *Plus j'en apprenais sur les menus détails de l'aventure de Catherine, plus j'étais bouleversé. Je me suis finalement rendu compte que je m'éloignais ainsi de l'essentiel. Je ne cherchais plus à me concentrer sur les raisons qui nous avaient menés jusque-là. Je m'empêchais plutôt de voir les possibilités de nous reprendre en main.*

À tous ceux et celles qui désirent baliser leurs échanges sur les véritables enjeux en cause, je vous propose un certain nombre de questions qui vous permettront d'orienter vos discussions et qui vous aideront ainsi à mieux comprendre ce qui se passe ou s'est passé :

- pourquoi m'as-tu été infidèle ?
- cherchais-tu activement quelqu'un ou est-ce arrivé par hasard ?
- voulais-tu me transmettre un message avec cette aventure ?

- as-tu conscience du mal que tu me fais ?
- vis-tu des difficultés personnelles qui t'auraient incité à agir de la sorte ?
- as-tu agi ainsi par insatisfaction dans notre relation ?
- selon toi, qu'est-ce qui manquait à notre vie de couple ?
- te sens-tu coupable quand tu es en sa présence ?
- est-ce que tu penses à moi dans ces moments-là ?
- éprouves-tu des remords pour m'avoir menti à plusieurs reprises ?
- qu'est-ce que tu ressens pour moi désormais ?
- quels sentiments éprouves-tu à son égard ?
- est-ce de la passion, de l'attachement ou uniquement sexuel ?
- quels sont ses sentiments à ton endroit ?
- vos relations sexuelles sont-elles à risque ou pas ?
- songes-tu parfois à mettre un terme à cette relation ?
- si oui, comment ? Si non, pourquoi ?
- as-tu déjà été tenté de le quitter ? Si oui, comment cela s'est-il passé ?
- si tu décides de le laisser, comment crois-tu qu'il va réagir ?
- qu'est-ce que cette expérience t'apporte ?
- te sens-tu bouleversé au point de ne plus savoir qui choisir de nous deux ?
- avez-vous fait des projets d'avenir ensemble ?
- as-tu déjà pensé à me quitter pour cette personne ?
- pourquoi restes-tu encore avec moi ?
- est-ce par peur d'être jugé, par conformisme religieux ou pour la sécurité financière ?
- est-ce pour les enfants ou parce que tu m'aimes et que tu me préfères à l'autre ?

Comme nous pouvons le constater, les discussions portant sur l'infidélité et ses conséquences ne sont jamais faciles. De plus, les conditions favorables sont rarement réunies. En effet, la découverte de l'infidélité provoque une crise profonde qui fait naître des émotions intenses et entraîne une sérieuse crise de confiance. Les attentes des uns et des autres sont rarement les mêmes ; l'infidèle ne souhaite pas trop revenir sur les détails de son aventure, tandis que la personne trompée souhaite plutôt aller au fond des choses. La route qui mène à une meilleure compréhension et à un échange constructif est souvent cahoteuse et parfois très longue. C'est pourquoi il est important d'apprendre à bien communiquer avant d'aborder le cœur du problème. Nous verrons un peu plus loin qu'il est possible de se doter de certaines façons de faire qui facilitent les échanges sur le sujet.

J'aimerais rencontrer l'autre !

Mues par leur désir de faire toute la vérité, certaines personnes trompées sont parfois tentées de rencontrer celui ou celle qui s'est introduit dans la vie de leur conjoint. C'est le cas de Carole qui a voulu se rendre au bout de ses interrogations :

> *Quand j'ai examiné de près les relevés de compte du téléphone portable de Richard, j'ai remarqué un numéro qui revenait de façon plus régulière pendant une période de six mois avant de disparaître brusquement. J'ai longuement hésité avant de le composer. J'ai finalement décidé de téléphoner et, juste au moment où j'allais raccrocher, une femme a répondu. À ma grande surprise, elle ne s'est pas montrée réticente face à ma démarche et a même accepté de me rencontrer.*
>
> *Je m'attendais à me retrouver face à un modèle de beauté. Pas du tout. Elle était d'apparence tout à fait ordinaire. Je ne comprenais d'ailleurs pas ce qu'elle*

avait de plus que moi. Cette femme était mariée depuis plusieurs années, mais pas très heureuse dans sa relation.
Elle m'a raconté qu'elle avait fait la connaissance de Richard au moment où il faisait une première approche commerciale auprès de la compagnie pour laquelle elle travaillait. Dès qu'il l'a vue, il lui a fait son numéro de charme. À sa troisième visite, il l'a invitée au restaurant et lui a confié que cela n'allait pas tellement bien dans sa relation de couple. Il lui a même laissé entendre qu'il voulait quitter son épouse. Par la suite, ils se sont retrouvés au lit à trois reprises. Cependant, à son grand étonnement, Richard ne s'est jamais présenté au dernier rendez-vous qu'ils s'étaient donné.
C'est étrange, mais j'ai ressenti un certain soulagement quand j'ai appris que je n'étais pas la seule à m'être fait duper par Richard et à n'y avoir vu que du feu. Je n'étais donc pas aussi naïve que je le pensais.

Dans un cas comme celui-ci, le témoignage de l'autre peut aider à comprendre certaines choses, et parfois même à les mettre en perspective, surtout si cette tierce personne s'est fait servir le même scénario. Il faut quand même être conscient que ce type de rencontres comporte beaucoup plus de risques que d'avantages. En effet, si l'autre est encore en amour avec l'infidèle, il pourrait être tenté de manipuler et d'induire en erreur la personne trompée en tenant des propos qui lui sont favorables : « Il m'a dit qu'il m'aimait et qu'il n'avait jamais rencontré quelqu'un comme moi. Il m'a même avoué qu'il avait redécouvert le plaisir sexuel en ma compagnie. » Ce discours pourrait même s'avérer très cruel dans certains cas : « Il m'a répété souvent qu'il restait avec toi uniquement pour ton argent et parce que les enfants étaient encore jeunes. Il trouve que tu baises mal et que tu exerces un trop grand contrôle sur lui. »

Par la suite, il devient très difficile de séparer le vrai du faux, alors que l'objectif de la démarche était de connaître la vérité. Le risque que cette rencontre tourne en confrontation est aussi très élevé. C'est le cas principalement lorsqu'on est encore en colère, ou quand la tierce personne en veut au conjoint trompé parce qu'il représente une menace à ses ambitions de s'approprier l'infidèle.

De toute évidence, si le rival perçoit que la personne trompée est encore en colère, les chances sont très minces qu'il accepte une telle rencontre, par pur altruisme, simplement pour lui faire part de sa propre expérience. Il se peut aussi que cette confrontation provoque, chez la personne trompée, des comparaisons défavorables qui accentuent la perte d'estime d'elle-même, surtout quand elle considère que le concurrent lui est supérieur à plusieurs points de vue.

Considérer certaines autres raisons

On choisit rarement l'infidélité dans le but premier de punir, de se venger ou de rendre l'autre jaloux. On y devient plutôt vulnérable quand on ne retrouve plus, depuis des mois sinon des années, certains éléments essentiels de la relation, comme la communication, l'appréciation, la compréhension, l'affection, le plaisir, etc. Au chapitre 3, nous avons vu comment l'effritement de l'intimité peut révéler les fragilités et inciter à compenser ces lacunes en compagnie de quelqu'un d'autre. L'insatisfaction relationnelle représentant une des causes les plus fréquentes de l'infidélité, il m'est apparu important d'explorer d'abord cette voie.

Toutefois, l'insatisfaction relationnelle n'est pas à l'origine de tous les bris d'engagement entre partenaires, comme tous les insatisfaits de leur relation ne deviendront pas infidèles. Comme je l'ai mentionné précédemment, bon nombre d'hommes et de femmes, qui se disent globalement satisfaits de leur relation, se laissent tout de même tenter par une aventure extraconjugale. D'où la nécessité de prendre en considération un certain nombre de facteurs personnels et d'événements de la vie qui peuvent expliquer ces écarts d'engagement. Il ne faudrait cependant pas considérer ces limites et ces difficultés comme des raisons valables pour commettre ou cautionner l'infidélité, ou pour se déresponsabiliser d'une conduite répréhensible : « Tu ne peux pas m'en vouloir de te tromper, j'ai un problème de dépendance sexuelle » ou « C'est normal que je t'aie trompé ; j'étais en pleine crise du milieu de la vie. »

Il est aussi essentiel de rappeler que, bien que l'infidélité puisse être la résultante d'une difficulté passagère ou d'une crise personnelle, la décision d'être infidèle et de mener une double vie demeure toujours un choix personnel. En effet, personne n'est obligé d'agir de la sorte. C'est pourquoi il est important de déterminer et de comprendre ces vulnérabilités personnelles qui rendent plus susceptibles d'aller voir ailleurs. Le défi qui se pose consiste à apprendre à composer avec celles-ci afin d'éviter de pareilles situations. Sans faire un inventaire exhaustif de toutes les autres raisons qui fragilisent les gens en situation d'infidélité, je me permets ici d'identifier celles que l'on constate le plus souvent.

La difficulté de s'engager

Certaines personnes éprouvent d'énormes difficultés à s'engager à fond dans une relation de couple. Elles sont habitées par la peur d'être laissées et d'avoir mal lorsqu'elles commencent à s'attacher à une autre personne. Cette peur obsessive trouve souvent son origine dans l'enfance où elles ont eu à subir l'abandon et le rejet. C'est ce qu'elles redoutent le plus de revivre dans le cadre de la vie à deux. À cause de leurs blessures, elles deviennent alors très attentives à toute forme de relâchement du partenaire, même quand ce laisser-aller est tout à fait normal et prévisible dans l'évolution naturelle d'une relation de couple. Elles y percevront plutôt une menace et interpréteront à tort cette distension comme une éventuelle possibilité d'être quittées.

À partir de ce moment, plusieurs vont commencer à s'éloigner. Certaines vont même se laisser tenter par l'infidélité qui, de façon plus ou moins consciente, leur permettra de ne pas trop s'attacher à leur partenaire ou de trop en dépendre. D'autres enfin préféreront laisser prématurément leur partenaire qui, bien sûr, ne comprendra rien à ce geste d'éclat imprévu. Elles estimeront ainsi qu'il est moins douloureux de briser elles-mêmes les liens que de vivre avec la peur, souvent non fondée, de ne plus être à la hauteur des attentes de leur conjoint.

La dépendance sexuelle

Certains individus peuvent aussi souffrir de dépendance sexuelle. L'expérience et les recherches démontrent que ce sont principalement les hommes qui présentent ce genre de problème. Leur façon de fonctionner est assez commune. Ils trompent leur partenaire à répétition et sont obsédés par l'idée de faire une nouvelle conquête dans le seul but d'assouvir leurs pulsions sexuelles. Afin de maintenir leur conjointe dans l'ignorance, ils en viennent à développer une habileté particulière à cumuler mensonges et duperies. Ces individus ne cherchent pas à établir une véritable relation avec leurs conquêtes et encore moins à vivre un rapport amoureux avec elles (Lusterman). L'intérêt qu'ils nourrissent pour celles-ci se limite essentiellement à des comportements sexuels qui relèvent de la compulsion. D'ailleurs, leurs pulsions les amènent souvent à négliger de se protéger, mettant ainsi en danger leur vie et celle de leur partenaire d'origine.

Tels des alcooliques et des toxicomanes, ces gens reconnaissent ne pas pouvoir se contrôler ou s'empêcher d'agir de la sorte. Ils éprouvent énormément de difficultés à maîtriser leurs pulsions sexuelles. C'est ce qui explique bien souvent leurs comportements à risques. Il semblerait que leurs compulsions leur permettraient d'occulter certaines souffrances de leur passé, de réduire temporairement leur niveau de stress, de combler un sentiment de vide intérieur ou encore de renforcer leur estime de soi.

Les troubles de l'humeur ou de la personnalité

Deux profils de personnalité sont plus susceptibles d'être entraînés vers les voies de l'infidélité. Il s'agit des narcissiques (Buss et Shackelford) et des individus ayant un trouble de la personnalité connu sous le nom d'« état limite » ou *borderline.*

Les narcissiques ont un besoin excessif d'être admirés, voire d'être adulés. Ils ont le sentiment d'être des individus exceptionnels et hors du commun. C'est la raison pour laquelle ils sont aussi soucieux de leur apparence. Ils projettent d'ailleurs une image d'eux-mêmes qui ne correspond pas vraiment à ce qu'ils sont. Ils surestiment très souvent leurs capacités et s'imaginent que tout leur est dû. Ils sont habités par une très grande soif de pouvoir et de succès, et ils s'attendent à ce que tous leurs besoins soient comblés. Que ce soit pour obtenir une promotion ou pour assouvir leurs désirs sexuels, ils sont prêts à exploiter et à manipuler les autres. Ils ne se soucient pas trop des conséquences de leurs agissements, car ils sont peu enclins à éprouver de l'empathie ou de la compassion pour les autres. Les narcissiques sont très dépendants du regard d'autrui pour assurer leur propre valorisation. Leurs conquêtes, qui leur procurent une grande fierté, servent à redorer leur blason et à confirmer leur présumée supériorité face aux autres.

Certaines autres personnes, victimes de rejet ou d'abus sévères au cours de leur enfance, sont susceptibles de développer un trouble de la personnalité mieux connu sous le nom d'« état limite » ou *borderline*. Ces gens montrent souvent des signes d'instabilité à plusieurs niveaux. Sans avertissement, ils peuvent passer d'un extrême à l'autre, tout autant en ce qui concerne leur humeur que leurs relations avec les autres. Ils peuvent ainsi facilement idéaliser leur partenaire et ensuite le dévaloriser cruellement.

C'est d'ailleurs souvent par crainte d'être abandonnés qu'ils envahissent l'espace vital de leur partenaire. À force de réclamer de l'amour et d'accaparer l'attention de l'autre, ils en viennent, bien malgré eux, à provoquer la concrétisation de leurs appréhensions. Il ne faut alors pas s'étonner que le partenaire concerné finisse par s'exaspérer et par s'épuiser de ne pouvoir répondre aux sollicitations répétées de l'autre. Par réflexe de protection, celui-ci choisira souvent de prendre une certaine distance, ce qui aura comme possible conséquence de renforcer la peur de l'abandon chez le conjoint *borderline*. Cette crainte suscite parfois, chez la personne troublée, des émotions à ce point fortes et violentes qu'elles peuvent aller jusqu'à se traduire par des comportements extrêmes, comme l'automutilation, le suicide, la violence verbale ou physique, etc.

La colère cède par la suite la place à une humeur dépressive faite de sentiments de désespoir, d'ennui et de vide chronique. Afin d'apaiser ces émotions, ces individus sont souvent portés à avoir des comportements impulsifs, tels l'abus d'alcool ou de drogue, qui leur seront d'autant plus dommageables. Certains iront même jusqu'à multiplier les relations avec des partenaires différents qu'ils ne se donneront pas la peine de connaître. Pour ceux et celles de leur entourage qui désireraient en savoir davantage sur ces personnalités particulières, je vous recommande la lecture de l'excellent ouvrage *Comment gérer les personnalités difficiles*, de François Lelord et Christophe André (Éditions Odile Jacob, 2000).

Enfin, il y a les maniaco-dépressifs qui présentent un trouble de l'humeur souvent causé par des dérèglements biochimiques du cerveau. On les reconnaît au fait qu'ils passent par des périodes de dépression et des phases de manie où ils deviennent carrément exubérants. Ils dorment alors très peu et ne s'en trouvent aucunement perturbés. Ils ont de l'énergie à revendre et apparaissent inépuisables. Ils ont alors tendance à se surestimer et vont même jusqu'à se croire invincibles. Leur cerveau semble fonctionner en mode accéléré et ils font preuve d'une imagination débordante. Enfin, à force de parler sans arrêt, ils finissent par perdre le fil de leurs idées et ils en viennent à monologuer. Au bout du compte, leur hyperactivité, leur perte de jugement et leur manque de concentration les rendent vulnérables à la consommation à outrance et à la sexualité effrénée. C'est alors qu'ils risquent, selon Pittman, d'expérimenter l'infidélité.

Le démon de midi

D'autres spécialistes (Atkins, Beaucom et Jacobson) rapportent que les hommes de 55 à 65 ans et les femmes de 40 à 45 ans forment la majorité des conjoints infidèles. L'explication serait qu'au mitan de la vie, ces gens connaissent une période de crise (*midlife crisis*). En effet, la majorité d'entre eux ont atteint un certain niveau de confort et de stabilité au travail. Ils ne sentent plus le besoin de faire leurs preuves, et le boulot occupe de moins en moins de place dans leur vie. Les enfants sont devenus des adolescents ou de jeunes adultes, et exigent moins la présence directe de leurs parents. Pour ces adultes d'âge moyen, c'est l'heure du bilan avec le lot d'interrogations et de remises en question qu'il soulève : le travail, les amis, les projets… et la relation de couple.

Beaucoup d'entre eux se voient animés d'une volonté ravivée de profiter pleinement de cette nouvelle phase qui s'amorce. À cette étape, un certain nombre de ces hommes et ces femmes craignent de ne plus revivre un dernier sursaut de passion. Ils croient disparus les nuits torrides à faire l'amour comme des fous et les petits matins remplis de fièvre amoureuse. Quelques-uns ne pourront se faire à l'idée d'une relation de couple sans fougue et chercheront à retrouver l'intensité des ferveurs amoureuses d'autrefois. Certains retrouveront l'élan nécessaire pour confirmer leur valeur comme partenaire ou amant et comparer leur conjoint avec d'autres personnes qui pourraient éventuellement les rendre heureux. Ceux et celles qui se sont unis tôt dans la vie, et qui n'ont pas connu d'autres partenaires, risquent de se montrer particulièrement tentés par ce désir de chercher et de faire des rapprochements.

La vie, la vie !

Quelques événements de la vie rendent un certain nombre de gens plus vulnérables à l'infidélité. Sans les énumérer tous, je m'attarderai aux plus communs.

Tout d'abord, il n'est pas rare de rencontrer des hommes qui se sentent négligés par leur conjointe à la suite de la naissance d'un enfant. Ils ont l'impression d'être mis à l'écart ou ils n'arrivent tout simplement pas à trouver leur place dans la nouvelle dynamique qui s'est installée. Ils comprennent mal cette baisse subite d'attention de leur conjointe, qui consacre désormais l'essentiel de son énergie à leur nouveau-né. Ils n'acceptent pas que leur vie sentimentale et sexuelle en soit affectée. C'est alors que certains d'entre eux seront tentés par l'infidélité, croyant ainsi compenser pour leurs carences et leurs frustrations passagères.

D'autres individus se sentent écrasés par leurs responsabilités familiales ou professionnelles. Quelques-uns parmi eux perçoivent alors l'infidélité comme une forme d'évasion en regard d'un quotidien devenu trop lourd ou trop ennuyeux. Ils s'imaginent qu'avec une nouvelle maîtresse, ils retrouveront l'insouciance et la folie perdues. Pour vivre harmonieusement malgré une telle situation, ces infidèles devront cependant, tout comme Thérèse, arriver à composer avec leurs mensonges et leurs mystères, et apprendre à se dégager de la culpabilité émanant de leur double vie.

De façon différente, les difficultés courantes de la vie, notamment les revers professionnels, provoquent chez d'autres une baisse significative de l'estime de soi. Ces échecs les rendent plus attentifs au regard bienveillant que leur entourage porte sur eux malgré leurs déboires. Ils deviennent ainsi beaucoup plus sensibles aux marques d'affection dont ils pourraient être l'objet de la part de l'autre sexe. Dans un tel contexte d'insuccès, certains se rendront, de façon plus ou moins consciente, disponibles pour une aventure, plutôt que de dresser des barrières pour se protéger.

D'autres enfin seront particulièrement affectés par le décès d'un membre de leur entourage. Ils feront alors face à la précarité et à la finalité de la vie. Tout comme la crise du mitan de l'existence, la mort sera susceptible de provoquer chez eux des remises en question fondamentales devant le côté éphémère de la vie. C'est alors que peut naître le désir d'en profiter pleinement avec quelqu'un d'autre.

Une orientation qui se révèle

Dans d'autres cas, certains conjoints, hommes comme femmes, voudront vérifier si leur orientation sexuelle correspond bien à leurs tendances profondes. Leur démarche ne sera en rien motivée par la lassitude de la vie conjugale ou par un échec quelconque. C'est ce qui s'est passé pour un ami de Jean-François.

Étienne raconte, qu'à l'âge de 10 ans, il a partagé quelques expériences sexuelles exploratoires avec son ami Marc. Tous deux étaient curieux de comparer la taille de leur pénis et de savoir s'ils auraient du plaisir à se toucher. Ils ont d'abord commencé par explorer leur corps, puis Marc a pris l'initiative de caresser le pénis de son ami afin de le voir gonfler. Malgré son inconfort, Étienne se rappelle le plaisir qu'il en a éprouvé. Ces échanges ont duré quelques mois, puis ont cessé quand Marc a dû déménager. Au cours des années qui ont suivi, Étienne a constamment cherché à faire taire la petite voix intérieure qui lui rappelait son attirance pour les hommes. Il s'est même marié avec une fille de son quartier et il a eu deux enfants.

Puis, un jour, complètement par hasard, il rencontre Marc dans un restaurant. Leur intérêt réciproque dépasse alors largement les simples retrouvailles. Quand Marc lui avoue son homosexualité, Étienne, malgré son malaise, se rend compte qu'il ne peut plus nier indéfiniment son attirance pour les hommes. Afin d'en avoir le cœur net, il décide de transgresser ses propres interdits et de vivre une aventure avec son ami d'enfance. Ce fut pour lui une véritable révélation…

La pensée magique

Comme je l'ai mentionné précédemment, les expectatives sont énormes face à la vie à deux. En fait, on n'a probablement jamais eu autant d'exigences dans les relations de couple (Crosby). De nos jours, on ne souhaite plus seulement fonder une famille, on veut:

- être apprécié et valorisé comme individu;
- être encouragé dans son développement personnel;
- partager équitablement les tâches ménagères;
- éprouver du plaisir et aimer les mêmes divertissements;
- vivre une complicité;
- obtenir du soutien dans les moments difficiles;
- être ouvert à partager ses sentiments et ses pensées;
- vivre une grande intimité et une sexualité intense.

Il est normal et légitime de nourrir des attentes et d'avoir des exigences dans une relation de couple. Il est par contre souhaitable de se demander si chacune d'elles est réaliste. Il faut aussi parfois se rendre à l'évidence que, dans certains cas, quelques-unes d'entre elles peuvent causer plus de frustration que de satisfaction.

On peut d'ailleurs remarquer que lorsque certaines personnes n'obtiennent pas une totale satisfaction, elles s'accordent le droit de chercher ailleurs ce qu'elles n'ont pas trouvé avec leur partenaire d'origine. Dans un premier temps, elles sont susceptibles de développer une relation parallèle dont l'intensité des débuts répondra davantage à leurs nombreuses attentes. Cependant, une fois dépassée la phase initiale de la passion, elles risquent d'être de nouveau déçues, car leur nouvelle flamme n'arrivera plus, tout comme leur conjoint d'origine, à répondre à des exigences qui sont demeurées toutes aussi grandes. Ces gens devront revoir leurs attentes à la baisse s'ils veulent éviter de répéter sans cesse ce modèle relationnel qui conduit inévitablement à l'échec. Ils ne pourront indéfiniment se dire que c'est la faute des autres s'ils sont malheureux.

Grâce à ces différents exemples, nous prenons conscience de toute l'importance de bien comprendre ce qui a pu provoquer l'infidélité, avant de prendre quelque décision que ce soit pour l'avenir du couple et des partenaires impliqués. Comme pour toute autre crise de la vie, il y a de nombreuses causes à l'infidélité, et ses conséquences sont appelées à varier selon les circonstances qui l'ont provoquée.

Ainsi, plusieurs de ceux et celles dont l'infidélité est reliée à une crise personnelle temporaire, à la naissance d'un enfant, au décès d'un proche ou à d'autres événements ponctuels, seront en général très hésitants à expérimenter de nouveau l'infidélité. Les conséquences de leur inconduite – traumatisme du partenaire, jugement de l'entourage et autres bouleversements du même genre – les auront laissés amers et leur auront servi de leçon.

En revanche, les infidèles aux prises avec un problème d'infidélité chronique seront en général plus susceptibles de répéter leur expérience, malgré les conséquences qu'elle comporte. S'ils désirent vraiment éviter qu'une telle chose se reproduise, ils devront entreprendre une démarche d'introspection avec un spécialiste de la relation d'aide afin de mieux se connaître, de bien saisir ce qui leur est arrivé et de découvrir les motivations de leurs gestes.

Enfin, la démarche thérapeutique avec un spécialiste pourra également s'avérer nécessaire pour les hommes et les femmes qui auront connu l'infidélité à la suite d'une insatisfaction relationnelle. Dans un chapitre subséquent, nous verrons à partir de quel moment il est préférable de l'entreprendre et comment faire pour trouver un thérapeute en mesure d'aider.

De plus, il est important de se rappeler que la vie moderne présente plus d'occasions que jamais d'entrevoir ou de vivre l'infidélité, par exemple dans le monde des artistes et l'univers des sportifs, où les tentations sont particulièrement abondantes. Dans ces milieux, comme autour de soi, force est de constater que la renommée, la popularité, les signes de richesse et une certaine aisance financière augmentent d'autant l'attrait que peuvent exercer certaines personnes, ainsi que la possibilité pour elles de glisser vers l'infidélité.

Il ne s'agit pas ici de justifier qui que ce soit, mais plutôt de souligner ce phénomène social très répandu dont les conséquences n'ont rien de banal. Cependant, nous ne sommes plus aujourd'hui aussi dépourvus qu'auparavant devant cette constatation. Il est possible d'en parler ouvertement, et les gens qui vivent cette situation ne sont plus pointés du doigt. Les recherches cliniques se poursuivent, les études se multiplient, et de nombreux spécialistes de la relation d'aide sont là pour accompagner les gens qui subissent l'infidélité ou qui se permettent d'être infidèles.

Cependant, toutes les approches que nous connaissons ne pourront jamais faire l'économie de la nécessaire communication entre les partenaires concernés. Les frustrations de l'un et les blessures de l'autre rendront toujours difficiles les tentatives de compréhension et de dialogue. C'est ce à quoi je vais à présent me consacrer au cours des prochaines pages, en expliquant ce qu'il est possible de faire pour mieux gérer la crise qui suit la divulgation ou la découverte de l'infidélité.

Chapitre 7

Rétablir la communication et chercher du soutien

Comme nous l'avons vu au chapitre 5, le dévoilement ou la découverte de l'infidélité provoque de vives réactions et entraîne une sérieuse crise de confiance chez les personnes concernées. Ces réactions, légitimes et compréhensibles, ne s'estompent cependant pas d'elles-mêmes du jour au lendemain. Afin de pouvoir faire la lumière sur ce qui s'est passé et de trouver des solutions convenables, les partenaires impliqués devront mettre au point des façons de recréer un climat d'échange harmonieux entre eux. Parallèlement, il sera tout aussi important d'identifier, pour chacun d'eux, les personnes qui seront les mieux placées pour les aider et les accompagner convenablement.

Essayer de mieux communiquer

Y a-t-il des façons simples et concrètes de rétablir le dialogue et d'atténuer la souffrance des conjoints? Les conseils qui suivent pourront sembler d'une étonnante évidence pour certains d'entre vous. Il en est pourtant tout autrement pour les partenaires qui se retrouvent au cœur d'une telle crise. En effet, la détresse et la charge émotive qui accompagnent l'infidélité, nouvellement avouée ou découverte, ne créent pas un climat favorable à l'ouverture et à la compréhension. De plus, force est de reconnaître qu'il n'est pas facile, pour quelque couple que ce soit, de changer des habitudes de communiquer bien ancrées depuis longtemps. Chaque partenaire sera donc appelé à revoir foncièrement ses attitudes et ses comportements. Et cet appel au changement risque de ne pas être de tout repos.

Il s'agit d'un défi comparable à celui de l'amateur de tennis qui, après dix ans de pratique régulière, décide de prendre conseil auprès d'un entraîneur afin d'améliorer son jeu. Il sera d'abord appelé à découvrir et à reconnaître ses mauvaises habitudes, puis à revoir sa stratégie et à changer sa manière de faire. Au début, il risque de se sentir mal à l'aise et maladroit en effectuant les nouveaux mouvements qu'il doit s'imposer. Il est même possible qu'il soit parfois porté à se décourager et à vouloir tout abandonner. Pourtant, s'il persiste à pratiquer, il découvrira avec bonheur que son jeu s'améliore. Ces succès l'encourageront alors à continuer jusqu'à ce qu'il ait complètement intégré les nouvelles méthodes qui le conduiront vers son but.

C'est ce à quoi doivent faire face les couples désemparés à la suite d'une infidélité. Pour arriver à changer certaines habitudes de communiquer, il leur faudra respecter leur rythme, s'armer de patience, se féliciter de chaque petit changement, demeurer indulgents, recommencer sans cesse, travailler en équipe et faire preuve de discipline. Au bout du compte, ce sont les plus persistants qui récolteront les meilleurs résultats.

Accueillir ses propres émotions

Comme nous l'avons constaté, l'infidélité engendre une foule d'émotions toutes aussi contradictoires qu'intenses. Les confidences de Carole résument bien la difficulté à reconnaître et, surtout, à accepter la charge émotive qui l'habite :

> *J'ai souvent les émotions à fleur de peau quand je parle à Richard. C'est comme si tout se bouscule en moi. Je lui en veux pour ce qui s'est passé. Parfois, j'ai le goût de crier, de le frapper et de le blesser afin qu'il paie pour tout le tort qu'il m'a causé. Je suis même allée jusqu'à le gifler et à lui lancer des objets.*
>
> *Je ne me reconnais pas, moi qui ai été élevée dans une famille où l'on cachait ses émotions et où l'on gardait ses problèmes pour soi. Quand je me fâche à ce point, je me sens ridicule et je me dénigre. Heureusement, peu de temps après, je me dis que j'ai le droit d'être en colère, parce que c'est moi la personne blessée. C'est moi qu'on a trahie et manipulée. Je me répète alors qu'il mérite ce qui lui arrive et qu'il doit comprendre à quel point il m'a fait mal.*
>
> *J'ai vraiment peur. Je nage en pleine insécurité au point où, parfois, je n'arrive plus à me contenir. J'ignore si je serai capable de pardonner et de vivre avec ce qu'il m'a fait. Je ne sais pas comment les enfants réagiront si on se sépare. Je n'ose pourtant pas imaginer ma vie sans Richard.*
>
> *Bien que désirant être rassurée, je ne veux surtout pas laisser transparaître ma vulnérabilité. Je crains qu'il ne me prenne encore pour acquise, qu'il retombe dans le mensonge et s'imagine que je resterai là parce que je ne peux vivre sans lui. Tout cela n'a aucun sens d'être dépendante à ce point et de vouloir être réconfortée par la personne qui m'a tant fait souffrir.*

Tout comme c'est le cas pour Carole, il n'est pas toujours évident de se laisser habiter par ses émotions, surtout lorsque l'on est au cœur de la tourmente. Certaines d'entre elles, comme la rage, la panique et le désespoir, peuvent sembler excessives et honteuses à plusieurs personnes. Dans le contexte de crise que ces hommes et ces femmes vivent, ces émotions sont pourtant normales et fondées. Pour ceux et celles qui les ressentent, il n'est pas toujours évident de se laisser habiter par elles en raison de certaines croyances ou convictions souvent erronées, qu'il faut pourtant arriver à surmonter.

> *Je crains de sombrer dans une profonde dépression si je ne me permets pas de ressentir toute ma peine. D'autre part, si j'arrive à crier ma souffrance, j'ai peur que les gens me traitent en victime et finissent par avoir pitié de moi. Enfin, si je laisse ma colère s'exprimer, je risque de verser dans la violence.*

Une des premières étapes importantes vers le mieux-être est de reconnaître, sans se culpabiliser, ces émotions à l'intérieur de soi et, dans un deuxième temps, de les laisser s'exprimer. Il est important de se rappeler que chacune de celles qui n'arrivent pas à se manifester ne disparaissent pas pour autant, mais se voient plutôt refoulées dans quelque recoin de l'inconscient. Il faut alors s'attendre à ce qu'elles réapparaissent, à un moment ou à un autre de la vie. Ces phénomènes peuvent même affecter le système immunitaire et rendre plus vulnérable à certaines maladies, comme aux ulcères.

Ainsi, si vous éprouvez de la difficulté à reconnaître vos émotions, soyez attentifs aux manifestations physiques qui pourraient vous donner de précieux indices sur ce qui vous habite. Par exemple, une boule dans la gorge pourrait vouloir dire que vous êtes triste, une lourdeur dans votre estomac que vous êtes anxieux, et une tension musculaire douloureuse que vous êtes en colère.

Composer avec la colère

Bien qu'elles apparaissent parfois troublantes, les émotions ne sont pas censées présenter une menace en soi. Dans le cadre de relations personnelles, ce n'est pas tant le fait d'être saisi par des émotions qui pose problème, mais plutôt la façon de les exprimer. Plusieurs personnes vont chercher à les camoufler, soit par ignorance, par honte ou par peur de paraître vulnérables. Ces émotions vont alors se manifester dans différentes attitudes plus ou moins conscientes comme l'isolement, l'impatience ou l'indifférence. Dans de tels cas, il devient très difficile pour le partenaire de bien saisir la véritable signification de ces comportements. Il risque plutôt de mal les interpréter et d'y réagir négativement.

Une difficulté supplémentaire s'ajoute lorsque, au lieu de parler simplement et directement de sa colère – « cette histoire d'infidélité m'enrage et me rend furieux » –, le partenaire trompé la rejette sur l'autre et verse dans le dénigrement et le mépris. On quitte alors le domaine de ses propres émotions pour porter son attention sur le comportement de l'autre. Le danger de basculer dans les menaces, les condamnations et les attaques personnelles s'accentue d'autant plus: « T'es juste un égoïste, un lâche et un sans cœur. »

De plus, si le partenaire visé réplique à son tour par des accusations ou des remarques blessantes, on risque de provoquer une escalade, un des modèles d'interaction les plus nuisibles dans une relation. En utilisant cette dynamique, chaque conjoint exacerbe la colère de l'autre en utilisant des paroles de plus en plus blessantes. Plus l'hostilité et la tension augmentent, moins les individus sont en mesure de soupeser la portée de leurs propos et d'obtenir le réconfort, l'écoute et la compassion qu'ils recherchent. Ainsi, Guillaume admet s'être emporté :

Dans un moment de colère, j'ai déjà traité Catherine de naïve, d'égoïste et d'hypocrite, ce qui est tout à l'opposé de ce que je pense d'elle. Une fois la colère dissipée et le calme revenu, je m'en suis voulu d'avoir tenu des propos aussi excessifs. Blessé que j'étais, je voulais l'atteindre pour la faire réagir. Contrairement à ce que j'ai pu en dire, Catherine est une femme généreuse qui s'oublie très souvent pour les autres.

Il arrive ainsi fréquemment que, dans des moments chargés de colère, les conjoints tiennent des propos exagérés qui ne reflètent pas ce qu'ils pensent en temps normal de leur relation et de leur partenaire. Ils peuvent blesser l'autre profondément et pour longtemps au point d'ébranler l'estime qu'il a de lui-même.

Le défi le plus important pour le conjoint trompé est d'apprendre à tempérer l'expression de sa colère afin de faciliter l'ouverture de son partenaire, de faire émerger la vérité, de comprendre ce qui s'est passé et d'obtenir du réconfort. On se doit d'éviter de laisser exploser sa colère et de la transposer sur son partenaire. On cherchera plutôt à communiquer respectueusement son état d'esprit. Au tout début, lorsque la charge émotive est considérable, il ne sera pas toujours possible, malgré d'honnêtes efforts, de modérer son emportement. On sera alors appelé à faire preuve de beaucoup de contrôle de soi. Il faudra également demeurer indulgent et se pardonner, sans trop se dévaloriser, les quelques dérapages verbaux qui pourront survenir.

Cependant, dans certaines circonstances extrêmes, les invectives peuvent conduire jusqu'aux coups. À partir de ce moment, rien ne sert de continuer, car plus personne ne contrôle la situation. En effet, il faut éviter à tout prix de verser dans la violence physique, car les torts ainsi causés pourraient s'avérer irréparables.

Certains se croient justifiés de déverser leur fiel sans retenue et refusent de modérer leurs comportements, parce qu'ils ne se reconnaissent aucune responsabilité dans le conflit. Une telle façon de faire équivaut à se tirer dans le pied, alors que le but premier est de faire sortir la vérité afin de comprendre ce qui s'est passé et, éventuellement, de reconstruire la relation. Quand on veut blesser l'autre et se faire justice soi-même, on alimente sa propre colère au lieu de l'apaiser. On retarde alors la reconstruction de la relation ou on détruit ce qu'il en reste. Dans l'éventualité d'une séparation, et s'il y a des biens à partager, la situation deviendra infernale. De plus, il est important de retenir que la meilleure façon de compromettre l'éducation des enfants est de se considérer et de se comporter comme des ennemis.

Prendre du recul

Lorsqu'on est en colère et que tout ce qu'on dit a pour effet d'écorcher l'autre, il est sage de mettre temporairement un terme à l'échange afin d'éviter les dérapages. Il s'agit d'ailleurs d'un geste de prévention qui peut s'avérer fort profitable.

> *Je n'ai jamais toléré que Richard se retire de nos discussions orageuses et qu'il me laisse en plan avec mes émotions. Quand il le fait, j'ai l'impression qu'il se fiche de moi. Cela me met encore plus en colère. Je me sens alors rejetée et insignifiante. Ça me fait très mal. Dans ces moments-là, je crains que le sujet soit relégué aux oubliettes et que je reste seule aux prises avec mes tourments pendant des jours entiers.*
> *C'est devenu encore plus difficile depuis ce qui s'est passé, car je suis plus sensible que jamais au rejet, et je suis portée à me déprécier plus facilement qu'auparavant. C'est pourquoi je ne le laisse plus se défiler.*

Il considère même que je le harcèle. Alors, il se renferme ou il me dit ce que je veux entendre pour se débarrasser de moi.

Dans un contexte de reconstruction de la communication, les infidèles, comme les personnes trompées, ont d'importants défis à relever. Ils sont appelés à adopter des attitudes non spontanées et à dépasser leur résistance au changement. Ainsi, afin d'éviter de fuir les discussions, le conjoint qui décide de mettre un terme à une conversation ne doit pas quitter la pièce sans rien dire, comme le fait Richard. Il a plutôt l'entière responsabilité de reporter les échanges dans un avenir rapproché et de prendre l'initiative de les poursuivre. De cette façon, l'autre conjoint n'aura pas l'impression d'être laissé en plan et acceptera plus facilement de mettre un terme provisoire à l'échange.

C'est ce que Jean-François a compris quand il s'est rendu compte que discuter avec Stéphanie ne menait nulle part. Désormais, lorsqu'il constate qu'ils sont fermés l'un envers l'autre, que chacun veut persuader l'autre à tout prix et avoir le dernier mot, ou qu'il y a trop de tension dans l'air, il lui propose délicatement de reprendre la discussion le soir même ou le lendemain. Ce report est généralement bénéfique pour eux, car Stéphanie sait qu'ils vont alors pouvoir faire le tour du sujet dans un état d'esprit plus constructif et plus empreint de respect.

Lors de cette pause, il ne s'agit pas de nourrir sa colère en se disant que l'un se moque de l'autre et lui manque de respect, mais plutôt de chercher à se distraire afin de faire baisser la tension. Dans ces moments-là, il est recommandé de s'adonner à une activité de loisir ou à un sport, ou encore, de pratiquer des exercices de respiration et de relaxation. Une fois le calme revenu, il sera alors possible de revoir le partenaire et de reprendre la discussion sur un ton plus favorable. La quiétude permettra souvent de voir les choses différemment et de façon plus nuancée.

Richard n'est pas le seul à se retirer ou à éviter les discussions orageuses. John Gottman, qui étudie les relations conjugales depuis près de trente ans, mentionne que dans 85 % des couples, les hommes se dérobent et, dans plus de 80 % des cas, les femmes abordent les sujets litigieux, tandis que les hommes tentent de les éviter. Pourquoi en est-il ainsi? Sous ses allures de mâle fort et imperturbable, l'homme est physiologiquement moins bien adapté que la femme pour faire face aux conflits. En effet, différents mécanismes, comme le rythme cardiaque et la tension artérielle, révèlent que les conflits conjugaux sont physiquement plus éprouvants pour les hommes que pour les femmes. En somme, quand ils se sentent attaqués, les hommes sont portés à se retirer pour apaiser leurs symptômes. De plus, quand ils ont connu de telles perturbations, ils tentent généralement d'éviter ce genre de conflits lorsqu'ils se représentent. D'où l'importance d'apprendre à se parler de manière constructive et à limiter les attaques blessantes qui font monter la tension.

Éviter la violence

Compte tenu de toute la charge émotive qu'elle transporte, la découverte de l'infidélité peut aussi faire déraper une relation jusque dans la violence. Il faut cependant faire les distinctions qui s'imposent entre l'impulsivité et la violence. L'impulsivité résulte d'une perte de contrôle qui débouche sur des paroles ou des gestes que l'on accomplit sous le coup de l'émotion et que l'on regrette par la suite. En revanche, la violence se présente sous diverses formes et est souvent utilisée pour dominer l'autre. C'est ce qu'a connu Lyette, une amie de Thérèse:

Après avoir découvert que je le trompais, Mario, mon ex-conjoint, a beaucoup changé. Il a commencé à me déprécier subtilement en me disant que j'étais chanceuse d'être avec lui et qu'il n'y avait pas beaucoup d'autres hommes qui accepteraient de vivre avec moi.

Au fil du temps, l'attitude de mon mari m'a incitée à ne plus appeler mes amies ou je le faisais en cachette. Après des mois d'isolement, j'en avais assez de ne voir personne d'autre que lui. J'ai alors décidé de sortir sans lui en parler. Ce soir-là, il a laissé une quinzaine de messages dans la boîte vocale de mon téléphone portable. Lorsque je suis rentrée, il a fait une crise en me disant qu'il ne pouvait plus me faire confiance et qu'il se voyait dans l'obligation de prendre des grands moyens. Il a vendu mon auto afin de limiter mes déplacements. Il a fermé notre compte conjoint et annulé l'abonnement au téléphone portable. À l'époque, je ne travaillais pas, car il m'avait convaincue de rester à la maison pour m'occuper de son fils.

Je ne sortais plus et je ne voyais personne pendant plusieurs semaines. Quand j'acceptais d'avoir des relations sexuelles avec lui, ce n'était pas par désir ou par plaisir, mais plutôt pour éviter les chicanes et les accusations. Même au lit, il me disait que j'étais nulle.

Un jour, ma sœur, qui s'inquiétait de moi, est venue me visiter. Nous sommes allées magasiner, et, au retour, il nous attendait. Il n'a pratiquement pas adressé la parole à ma sœur et, après son départ, il m'a battue en disant que j'étais allée comploter avec elle et que je lui avais volé de l'argent pour acheter des vêtements. Cela m'a pris un an avant de comprendre ce qui se passait et de faire le nécessaire pour me libérer de cette situation.

Lyette a subi de la violence psychologique (dénigrement ciblé et répétitif, menaces, commandements), de la violence économique (privation de moyens de transport et de communication, blocage d'accès à des ressources financières, contrôle des dépenses), de la violence sexuelle (relations forcées ou pratiques sexuelles non désirées, insensibilité à l'absence de désir) et de la violence physique (coups, agression, restrictions physiques). Les femmes qui, comme elle, se voient menacées dans leur intégrité psychologique et leur sécurité physique, ou celle de leurs enfants, ne doivent pas s'isoler, espérer que le conjoint se rende compte de la gravité de la situation et attendre qu'il change de comportement de son propre chef. Elles doivent plutôt faire appel à leur entourage et se renseigner auprès d'un centre communautaire pour trouver un refuge et obtenir des conseils de la part des personnes ressources pour s'en sortir.

Exprimer ses émotions

La colère dissimule souvent d'autres émotions moins exacerbées telles la peine, la déception ou la crainte, qui ne s'extériorisent pas toujours clairement. Certaines personnes trompées peuvent avoir beaucoup de réserves à laisser paraître ces émotions, car elles ne veulent pas exposer leur vulnérabilité à quelqu'un qui les a blessées. Elles ne se sentent plus en mesure de faire confiance. Elles refusent toute pitié à leur égard et craignent d'être jugées. Elles ont peur de sombrer dans l'indifférence ou le rejet, qu'on abuse d'elles ou qu'on les trahisse de nouveau.

Dans les situations d'infidélité, on ressent et on exprime souvent en bloc ses émotions sous forme de pleurs et d'accusations. Malheureusement, l'infidèle ne réagit souvent qu'à la colère plutôt qu'à la peine exprimée par la personne trompée. Or la colère exerce souvent un effet d'entraînement chez l'infidèle qui se retire alors des discussions, cherche à justifier ses actes ou passe à l'attaque. Par son aigreur, la personne trompée provoque alors davantage d'irritation que de compassion chez l'infidèle. Ce n'est pas sans rappeler certaines discussions que Carole a eues avec Richard :

Je crie et j'accuse en même temps que je pleure, tellement j'ai mal. Je le trouve sans cœur de se retirer au lieu de me réconforter. Il devrait voir que je souffre et que j'ai besoin qu'il soit près de moi pour me réconforter. Mais non ! Il me dit plutôt que je ne le respecte pas. Alors, il s'esquive. En plus d'avoir mal, il faudrait que je mette des gants blancs pour ne pas trop le froisser. Tout cela pour qu'il m'écoute et me prête attention. C'est trop m'en demander.

De toute évidence, il n'est guère facile de se modérer et de se libérer de la colère pour laisser émerger des attitudes plus conciliantes. Il est pourtant de toute première importance de chercher à y parvenir afin de créer l'ouverture, de stimuler l'écoute et de susciter le réconfort de la part du conjoint infidèle. Il ne faut jamais perdre de vue le type de réactions que l'on souhaite obtenir de l'autre. Guillaume a vécu l'expérience avec Catherine :

Quand j'arrive à surmonter ma colère et à me calmer, j'ai moins tendance à accuser Catherine. Plutôt que d'évoquer des scénarios catastrophiques au sujet des enfants, je lui parle de moi et lui exprime à quel point cette situation m'attriste. Je lui redis que je me suis senti trahi, même si ce n'était pas là son intention lorsqu'elle m'a trompé. Je lui répète que je ne pourrais me réinvestir avec une autre femme tellement je craindrais d'être de nouveau quitté. Je lui confie que j'ai peur de perdre ma place auprès des enfants si elle décide de vivre avec Vincent.

Cela me rappelle aussi que mes parents n'ont pas représenté pour moi un modèle de couple significatif. En effet, je ne les ai jamais vus se témoigner d'affection. Je n'ai jamais constaté chez eux quelque passion ou intérêt que ce soit. Mon père répétait souvent à ma mère qu'elle se plaignait pour rien. Il lui disait même que, si elle n'était pas satisfaite, elle n'avait qu'à partir. C'est comme s'ils s'enduraient et avaient accepté le fait de ne pas être heureux ensemble.

Tout comme Guillaume, il est indispensable de reprendre le contrôle de soi et de laisser transparaître ses vulnérabilités. Il est également avantageux de déceler certains éléments de son passé susceptibles d'expliquer des émotions enfouies. Ces découvertes sont parfois en mesure de justifier un certain nombre d'attitudes et de comportements qui, autrement, pourraient surprendre le partenaire.

Démontrer de la compassion

Dans les différentes initiatives pour favoriser la communication, il est primordial pour l'infidèle de se mettre dans la peau de l'autre afin de mieux saisir ce qu'il ressent. On appelle cela de l'empathie. En agissant de la sorte, l'infidèle suscite chez le partenaire trompé le sentiment d'être mieux compris. Il s'agit là d'un élément fondamental à toute forme de communication. De plus, dans la majorité des cas de conflits relationnels, la personne qui vit des difficultés désire qu'on lui reconnaisse d'abord le droit de vivre sa souffrance, avant même de trouver des solutions. Ainsi, la compassion à l'endroit de la personne éprouvée s'avère la plus belle marque de respect que l'on puisse lui témoigner. C'est d'ailleurs l'attitude adoptée par Catherine envers Guillaume :

> *J'essaie de garder mon calme et de me mettre à sa place, de le laisser exprimer ses émotions, puis de le réconforter tout en respectant mes propres limites. Je lui dis que je le comprends d'avoir mal, d'être découragé, quelque peu désorienté et de m'en vouloir. Je le regarde quand il me parle, je lui pose des questions pour l'amener à préciser ce qui se passe en dedans de lui. Je me dis que, compte tenu de ce que je lui ai fait vivre, je lui dois bien cela. Je n'oublie jamais qu'il est le père de mes enfants et que, même si notre relation se terminait, je me dois de tout faire pour qu'on continue de s'entendre et de coopérer. Car même si on n'est plus des amoureux, on va demeurer des parents et on va avoir besoin du soutien l'un de l'autre pour s'occuper de nos enfants.*

Catherine a compris qu'elle doit faire preuve de compassion à l'endroit de Guillaume, et que ce sentiment doit se manifester de diverses façons. Dans ces moments éprouvants pour l'autre, on doit également l'aider à préciser ses idées et ses sentiments lorsqu'ils sont confus. Il faut les accueillir tels qu'ils sont exprimés, sans les qualifier de ridicules ou d'exagérés. Il est également important de se rappeler l'importance de les mettre en perspective afin de bien en saisir toute la signification.

> *J'ai compris pourquoi Guillaume avait réagi aussi fortement quand j'ai pris conscience, qu'après la rupture avec sa première flamme, il n'avait pu*

extérioriser sa peine et sa colère. Tout cela était enfoui au plus profond de lui, et notre situation a fait ressurgir ces événements de son passé. L'importance de sa douleur ne provient pas uniquement de mon infidélité, mais de toute une gamme d'émotions refoulées qui ont soudainement refait surface. Cela m'évite de le juger ou de lui reprocher certaines de ses réactions parfois excessives.

La compassion, c'est aussi être sensible à la douleur de l'autre. Cela ne signifie pas pour autant qu'il faille éprouver avec la même intensité tout ce que l'autre ressent, ou de porter la souffrance de l'autre sur ses épaules, mais plutôt d'être touché par ce que l'autre vit et de penser lui en faire part.

Ce que vit Guillaume me touche tellement qu'il n'est pas toujours facile de constater sa détresse, car je me sens responsable de ce qui arrive. Parfois, sa souffrance m'atteint à tel point que je lui dis que je préférerais ne pas l'entendre. Comme je suis très sensible à ce qu'il vit, je manque de recul pour ne pas réagir à l'expression de sa douleur. Je souffre tant de le voir dans cet état que je réagis en me culpabilisant ou en cherchant à me justifier. Je suis consciente de mes limites, car, moi aussi, je vis un passage difficile. J'essaie de mettre de l'ordre dans ma vie et de préciser ce que je veux.

Éviter l'escalade

Un autre défi important pour l'infidèle consiste à ne pas réagir par la colère aux reproches du conjoint trompé qui en a souvent lourd sur le cœur. Il ne faut pas chercher à se défendre, à banaliser ce que l'autre vit ou à proposer des solutions faciles pour s'en débarrasser. L'occasion est très mal choisie pour se renvoyer sans cesse la balle en échangeant toutes sortes d'accusations. Tout comme on doit éviter de ramener la conversation à soi-même ou d'insister pour dire qu'on passe aussi par des moments difficiles.

Ce n'est pas toujours évident. Quand Guillaume est révolté et qu'il m'inculpe, il m'arrive de riposter et d'argumenter dans le seul but de me justifier. Je le rends alors responsable de ce qui se passe et l'accuse pour tout ce qui est arrivé. Cependant, je me rends rapidement compte que cela ne nous conduit à rien, car il devient encore plus triste, ou il se met davantage en colère. J'ai compris que j'avais tout avantage à ne pas réagir de la sorte et à éviter à tout prix de riposter. Je prends alors garde à mes réactions spontanées pour me centrer sur ce que vit Guillaume.

L'infidèle devra ainsi apprendre à composer avec les émotions vives et intenses de son partenaire. Il lui faudra garder bien en vue que celui ou celle qu'il a trompé souffre beaucoup et qu'il ne lui sera pas toujours possible de s'exprimer avec calme et douceur. Il aura à se montrer indulgent et à l'aider à exprimer sa tristesse et à évacuer sa colère afin qu'il retrouve une certaine sérénité. Il est important de rappeler que la compassion doit s'exprimer prioritairement en fonction du conjoint le plus blessé par les événements. Ce n'est qu'après avoir ressenti un véritable élan d'empathie de la part de l'infidèle que la personne trompée se montrera plus disponible et plus ouverte au dialogue et à la communication.

Je me sens soulagé quand Catherine s'intéresse vraiment à ce que je vis, qu'elle ne me juge pas et qu'elle cherche à désamorcer ma colère en se faisant compréhensive et parfois même affectueuse. À mon tour, je deviens plus sensible à ses états d'âme et plus porté à comprendre son propre bouleversement. Je cesse alors de m'apitoyer sur mon sort, et cela donne parfois lieu à des discussions qui m'étonnent à chaque fois.

Hier, par exemple, elle m'a confié qu'elle pense souvent à Vincent, et qu'il l'attire encore, même si elle ne l'a pas revu depuis quelques semaines déjà. Elle m'a expliqué ce qu'elle allait chercher dans cette relation. Elle m'a redit qu'elle m'estime toujours, mais qu'elle ne ressent plus d'attirance à mon égard. Elle se demande même si elle m'aime encore.

Elle regrette cependant que les choses se soient passées ainsi et d'en être venue à s'éloigner à ce point. Elle m'a avoué qu'elle aimerait être en mesure de se rapprocher de moi, mais qu'un important blocage l'en empêche. Elle ignore même si la situation pourra un jour se rétablir. Elle m'assure qu'elle ne veut pas me faire de tort et, qu'en cas de séparation, elle souhaite procéder à l'amiable pour ne pas trop nuire aux enfants. Elle m'a même réaffirmé que, peu importe ce qui arrivera, je demeurerai toujours important à ses yeux.

Il y a deux mois, de tels propos m'auraient démoli. Aujourd'hui, je suis toujours peiné d'entendre un tel discours dans la bouche de celle que j'aime, mais tout cela ne m'atteint pas autant qu'au début. Au-delà du remous que ces paroles provoquent en moi, je dois avouer que j'apprécie énormément sa transparence. Je crois que c'est le prix à payer pour voir clair dans la situation.

Dans l'évolution de la situation entre Catherine et Guillaume, nous venons de voir que le rétablissement d'une communication ouverte et respectueuse permet aux partenaires concernés de sortir de l'impasse et d'évoluer vers un certain mieux-être. Cela nécessite cependant que chacun d'eux accepte de se mettre à l'écoute de l'autre et ne cherche pas à le convaincre à tout prix de la préséance de son point de vue. Carole a bien connu ce qu'était un dialogue de sourds :

> *Lorsque je parle, Richard ne m'écoute même pas. Il prépare plutôt ses arguments pour me convaincre du peu de fondement de mes propos. Or, quand arrive pour lui le moment de s'exprimer, étant donné qu'il ne m'a pas écoutée, je ne tiens aucunement compte de ce qu'il dit.*

Une personne qui ne se sent pas écoutée et comprise n'éprouvera aucune sensibilité pour le point de vue de l'autre, et ce, peu importent les arguments qui lui seront apportés. D'ailleurs, plus un conjoint cherchera à convaincre l'autre de son point de vue, plus celui-ci résistera ou tentera de renchérir à son tour. Afin d'éviter une escalade verbale inutile, chacun devra apprendre à accueillir ce que l'autre cherche à lui communiquer. Chacun devra aussi faire preuve de compréhension à l'égard de l'autre, reconnaître la valeur de ce qu'il a à dire… et accepter qu'il peut y avoir divergence d'opinions. C'est d'ailleurs ce que souhaite Carole :

> *Je ne veux pas qu'il soit toujours d'accord avec ce que je dis ou qu'il fasse tout ce que je lui demande. La plupart du temps, je désire simplement qu'il comprenne mon point de vue et qu'il se montre sensible à ce que je vis, et ce, sans porter de jugements. C'est seulement en présence de ces éléments préalables que je me sens disposée à bien l'écouter.*

Privilégier la transparence

Comme nous l'avons vu au chapitre précédent, le dévoilement des détails de l'infidélité comporte certains risques, notamment celui de nourrir davantage d'images malveillantes dans la tête du partenaire trompé. En insistant pour tout savoir, on risque alors de se perdre dans des détails sans véritable importance, comme le nombre de rencontres, et de perdre de vue des questions plus fondamentales, comme les facteurs relationnels et personnels qui prédisposent un conjoint à l'infidélité.

Chaque individu étant différent, certaines personnes trompées voudront pourtant tout connaître de l'infidélité, quitte à en subir les conséquences. Elles s'estiment en droit de décider ce qui est préférable pour elles de connaître ou d'ignorer. Elles sont réfractaires à l'attitude paternaliste et protectrice du partenaire qui contrôle l'information. Elles préfèrent entendre ces détails de la bouche de l'infidèle que de le découvrir ou de l'apprendre d'une autre personne.

Certains conjoints trompés rapportent même que les divagations de leur imagination s'avèrent souvent plus inquiétantes que ce qu'ils apprennent de l'infidèle. Dans des cas comme ceux-ci, les révélations de l'infidèle ont alors comme effet de tempérer leurs inquiétudes. Il revient donc à chaque couple de prendre le temps de discuter des avantages et des inconvénients de connaître tous les détails entourant l'infidélité. Cependant, quand un couple convient d'ouvrir totalement la discussion à ce sujet, il leur faut accepter de ne pas jouer de jeux et de nommer les choses par leur nom. L'absence de précision dans les révélations de l'infidèle suscite en effet, chez le partenaire trompé, davantage de questions et de méfiance que le silence complaisant.

Choisir les moments propices

Au cours de la période qui suit la divulgation ou la découverte de l'infidélité d'un partenaire, il serait préférable pour le couple de déterminer des moments précis pour en discuter, au lieu de ramener le sujet dans la conversation à tout instant. Il faut cependant comprendre l'empressement de la personne trompée qui désire en parler fréquemment afin de faire le tour du sujet. Malgré cela, s'ils désirent vraiment bien se comprendre, ils auront tout avantage à réserver des moments plus propices pour en causer.

Ces occasions privilégiées revêtent une grande importance. Il s'agit là d'un compromis intéressant entre la personne trompée, qui parfois en parlerait tout le temps, et l'infidèle, qui préférerait reporter le plus souvent possible ce genre de discussion. C'est une façon de contourner les différences et de prendre en considération les attentes et les besoins de chacun. En effet, si la personne trompée aborde à tout moment le sujet, avec la tension que cela suscite, l'infidèle aura le sentiment de se retrouver en terrain miné. Il se sentira angoissé en présence de son conjoint et fera en sorte de l'éviter en travaillant plus tard, en s'éternisant devant la télé ou en meublant ses week-ends de sorties entre amis. Il en résulte alors des souffrances encore plus vives, car la personne trompée se sent non seulement trahie, mais carrément abandonnée, et trouve l'infidèle bien ingrat de ne pas se faire plus présent auprès d'elle dans une période aussi difficile.

En revanche, si le partenaire trompé respecte le désir de l'infidèle d'encadrer ce genre de discussions, la responsabilité de ce dernier consiste à se rendre disponible aux échanges aux moments choisis, et ce, sans jamais chercher à s'esquiver. Il ne doit pas attendre que seule la personne trompée prenne l'initiative de telles relances. Par la suite, il s'agit que l'un et l'autre s'entendent sur une fréquence acceptable pour les deux partenaires, ainsi que sur la durée de tels échanges. Il arrive en effet que certains couples passent des heures et même des nuits entières à discuter. En faisant de même, ils s'épuisent et deviennent irritables, ce qui incite encore davantage l'infidèle à fuir ce genre de rencontres. Sans se montrer trop rigide, il est important de se rappeler que le but recherché est d'établir un cadre favorable à un climat d'échange afin d'éviter que ces conversations n'empoisonnent le reste de la relation.

Favoriser le rapprochement

Il est fort probable qu'en certaines occasions, on soit incapable d'afficher une attitude de compassion envers son partenaire, qu'on se sente impuissant à s'exprimer de manière respectueuse et que les discussions tournent au vinaigre. Cependant, ce n'est pas parce qu'une discussion s'envenime, et qu'on ne se comprend plus, qu'il faut bouder pendant des semaines.

> *Il m'arrive d'être désobligeant envers Catherine et de provoquer ainsi une dispute. Quand la discussion s'envenime, un de nous deux quitte la pièce avant que cela ne dégénère. Blessée par mes paroles, Catherine ne me parle plus pendant quelques jours. On débute alors les journées sans se dire bonjour, et personne n'accueille l'autre en rentrant le soir. Elle fait comme si je n'existais pas, et cela me blesse profondément. J'ai alors l'impression qu'elle va m'annoncer qu'on se sépare et qu'elle va aller rejoindre Vincent. Dans ces moments-là, le climat devient insupportable, et cela me rend anxieux et inquiet.*

Ce contexte de guerre froide peut carrément devenir intolérable pour les personnes trompées. Déjà blessées et vulnérables, elles risquent en effet de se sentir davantage rejetées et abandonnées. Il est donc important d'en arriver à faire la paix assez rapidement et de rétablir des stratégies de réconciliation. Il ne s'agit pas de se sauter dans les bras immédiatement après un conflit, mais plutôt d'en arriver à recréer un climat plus agréable. Plus les conjoints se rapprocheront rapidement après une confrontation, plus il leur sera facile de discuter de nouveau de manière plus constructive. Ils se sentiront alors plus sensibles et plus ouverts l'un envers l'autre. Stéphanie en a fait l'expérience :

> *Jean-François arrive à se calmer beaucoup plus rapidement que moi après une dispute. Il passe plus facilement à autre chose. De mon côté, je rumine le tout et repense constamment à nos échanges. J'avoue que je suis assez rancunière et qu'il me faut plus de temps pour relativiser les choses. J'apprécie beaucoup lorsque Jean-François vient me chercher et qu'il essaie de me sortir de mon enfermement. Ça ne fonctionne pas toujours, car il m'arrive d'être trop bouleversée ou fâchée pour accueillir ses tentatives de rapprochement. J'ai parfois besoin de plus de temps pour me calmer et m'ouvrir de nouveau à lui. Lorsqu'il prend l'initiative, je fais quand même des efforts pour l'accueillir au lieu de demeurer sur la défensive. En général, quand il me prend dans ses bras ou qu'il trouve une blague appropriée, je laisse tomber mes barrières.*

Peu importe le type de conflit que les partenaires viennent de vivre, il est important pour eux de privilégier des comportements favorables à la réconciliation. De telles démarches exigent cependant doigté et délicatesse afin qu'elles soient perçues positivement par l'autre. Il est également essentiel que de telles initiatives soient entreprises dans un délai suffisamment court pour ne pas laisser la situation s'enliser. Il s'avère aussi nécessaire de discuter du type de rapprochement qui convient le mieux à chacun. Certains auront besoin de gestes affectueux, d'autres préféreront l'humour, certains autres souhaiteront plutôt se distraire ou faire une activité ensemble.

Réagir à l'incrédulité

Enfin, dans les cas où, comme Carole, la personne trompée n'a plus du tout confiance en son conjoint, les gens se retrouvent dans un cul-de-sac. L'infidèle a beau s'évertuer à vouloir convaincre son partenaire, rien n'y fait. Ce dernier a besoin de preuves pour accorder une certaine crédibilité aux dires de l'infidèle. Glass et Wright proposent alors à la personne trompée de jouer momentanément un rôle de détective. Impuissant à rassurer son partenaire ou exaspéré de répéter les mêmes choses, l'infidèle qui n'a rien à cacher acceptera que son partenaire recueille lui-même les preuves de ce qu'il avance. Il s'agit d'un procédé de dernier recours qui doit être expérimenté dans un court laps de temps. En effet, d'une part, il est laborieux et humiliant pour la personne trompée de constamment surveiller l'autre et de mener toutes sortes d'investigations. D'autre part, avec le temps, lorsque les preuves correspondront aux paroles de l'infidèle, le conjoint trompé devra apprendre à se fier plus souvent à la parole de son partenaire et à lui faire de nouveau confiance.

Chercher un soutien approprié

Consulter un thérapeute

Pour certains couples, ces échanges sur l'infidélité sont tellement pénibles et infructueux qu'ils préfèrent les avoir en présence d'un thérapeute. Si, plusieurs mois après la découverte de l'infidélité, les partenaires n'arrivent toujours pas à échanger de manière constructive, qu'ils se lancent encore des propos blessants ou qu'ils cherchent à éviter le sujet, il importe alors de consulter un spécialiste de la relation d'aide.

Comment choisir un thérapeute qualifié? Premièrement, il est préférable de se tourner vers un psychologue, travailleur social ou psychiatre dont la formation est reconnue et réglementée par un ordre ou une corporation. Par exemple, les psychologues qui font partie de l'Ordre des psychologues du Québec (OPQ) doivent détenir une maîtrise ou un doctorat, et avoir suivi des stages d'évaluation et d'intervention supervisés par des spécialistes compétents. Les psychologues doivent se conformer à un code de déontologie qui précise les conduites à adopter et à proscrire, afin que le client se sente respecté et qu'il soit assuré de recevoir un service de qualité. L'Ordre a aussi pour mission de protéger le public et de sévir contre certains spécialistes dont les comportements sont inappropriés.

Il est aussi souhaitable de se tourner vers un spécialiste en thérapie conjugale qui, dans sa pratique quotidienne, rencontre régulièrement des couples aux prises avec la problématique de l'infidélité. Dès le premier contact téléphonique, il faut lui poser des questions sur sa formation et ses compétences, sur l'approche qu'il privilégie, sur le déroulement de la thérapie, sur sa familiarité avec le sujet et sur ses tarifs. S'il ne répond pas de manière satisfaisante, si le contact est plutôt froid, si la démarche proposée semble vague ou farfelue, il faut alors diriger ses recherches ailleurs. Une façon efficace d'entreprendre de telles démarches consiste à vérifier si quelqu'un de l'entourage connaît déjà un thérapeute de confiance. Il est aussi recommandé d'appeler son médecin de famille, le CLSC le plus près de chez soi ou de contacter un ordre professionnel regroupant des thérapeutes en relation d'aide.

Il existe différentes approches en psychothérapie, chacune comportant ses forces et ses faiblesses. Cependant, au-delà des théories et des techniques, le plus important est d'être à l'aise avec le thérapeute choisi et de se sentir en confiance avec lui. Il ne faut surtout pas hésiter à lui faire part des attentes que l'on nourrit par rapport à ces rencontres. Il est là pour aider les partenaires à définir des objectifs communs – comme faciliter les échanges, donner un sens à cette crise, faire un bilan de la relation, tenter une réconciliation ou envisager convenablement une séparation – et pour doter les conjoints de moyens afin de les atteindre.

S'appuyer sur ses réseaux

Peu importent les réflexes de survie, il est de toute première importance de ne pas s'isoler, même si on a honte de ce que l'on vit, et que l'on n'a pas le goût de sortir et de rencontrer des gens de son entourage. Tout au contraire, c'est dans ces moments de tourmente qu'il faut faire appels à ses réseaux personnels afin de combler des besoins essentiels. C'est ainsi que certaines personnes auront besoin d'hébergement temporaire, chez un ami ou un proche, car la présence du conjoint à la maison s'avèrera trop difficile à supporter.

La plupart des gens ont aussi besoin d'aide pour se sortir d'eux-mêmes, pour se libérer de cette atmosphère de lourdeur et pour cesser, pendant un moment, de penser à la situation de crise. Pour des raisons évoquées au chapitre 5, il est probable que l'infidèle, trop affecté lui aussi par les événements, ne soit pas disponible pour écouter et qu'il faille se confier à d'autres pour obtenir du soutien émotionnel. De plus, certaines personnes sont tellement secouées, qu'elles ont besoin d'assistance pour effectuer les tâches quotidiennes, comme la préparation des repas, l'entretien ménager ou l'éducation des enfants.

Les gens qui s'en sortent mieux et plus rapidement sont ceux qui obtiennent un appui concret et constant de leur entourage. Cependant, il faut d'abord qu'ils reconnaissent leurs besoins et qu'ils aillent chercher l'aide que leurs proches peuvent et veulent bien leur offrir.

> *Quand j'ai pris conscience que l'isolement et la réclusion m'enfonçaient davantage, j'ai décidé de m'ouvrir aux autres et de faire appel à ma famille et à mes amis. J'avoue qu'il est difficile pour qui que ce soit d'apprendre à ses proches qu'on a été trahi. Ce fut très humiliant, mais ma détresse était telle que je devais absolument me confier à quelqu'un et chercher du soutien. J'ai dû mettre mon orgueil et ma fierté de côté. Évidemment, j'étais habité par toutes sortes d'émotions intenses qui se reflétaient dans mes jugements hâtifs au sujet de Catherine. Je cherchais des appuis et je voulais qu'on lui fasse entendre raison.*
>
> *Mes parents, des gens religieux et conservateurs, ont d'emblée condamné ses écarts de conduite. Ils me disaient qu'elle n'était pas digne de moi et que je méritais mieux. Ma sœur, qui ne s'est jamais très bien entendue avec Catherine, me disait qu'elle ne voulait plus la revoir tellement elle lui en voulait de m'avoir fait cela. Pour sa part, mon frère était beaucoup plus nuancé. Il était plutôt porté à croire qu'elle avait probablement ses raisons, et que Catherine n'avait sûrement pas voulu me faire de mal dans toute cette histoire. Ce fut suffisant pour que je ne lui adresse plus la parole pendant des semaines.*
>
> *Il en était de même pour nos amis qui se désolaient de constater ma détresse. Chacun réagissait selon ses valeurs. Certains ont pris position en ma faveur, alors*

que d'autres étaient plus partagés et m'invitaient à discuter avec Catherine pour faire la lumière sur cette histoire et comprendre ce qui nous arrivait. D'autres ne voulaient tout simplement pas s'en mêler et nous suggéraient de consulter un thérapeute pour nous aider à traverser cette épreuve.

Au tout début, cela faisait mon affaire que les autres prennent mon parti et considèrent condamnable le comportement de Catherine. Sauf qu'une fois ma colère et ma détresse quelque peu dissipées, je fus profondément agacé par le mal que ces personnes pouvaient dire d'elle. N'étant plus aveuglé par mon ressentiment, je redécouvrais ses qualités, et je me rendais compte à quel point je l'aimais. Je ne voulais surtout pas la quitter, et encore moins la perdre. Avec le recul, je me rends compte que j'aurais dû faire preuve de plus de discernement et choisir plus judicieusement les gens auxquels je désirais me confier.

Bien choisir son confident

Tout comme Guillaume, plusieurs font l'erreur de se confier à des personnes de leur entourage qui manquent de neutralité et de recul. Même s'ils sont bien intentionnés, ces gens sont souvent trop affectés par ce qu'ils viennent d'apprendre. Ils sont incapables d'assurer leur soutien à la personne en détresse sans porter de jugement sur celle qui est à l'origine de la tourmente. Ils sont généralement portés à donner des conseils qui manquent de nuances et de perspective.

Comme Guillaume vient d'en témoigner, ce qu'on raconte au début de la crise sur le compte du partenaire est généralement préjudiciable. D'autant plus que le réflexe spontané de certaines personnes de l'entourage est de protéger la personne trompée de l'infidèle, de prendre sa défense, de cautionner sa perception déformée, et parfois même d'en ajouter à ses propos. Certains iront jusqu'à faire la morale au partenaire infidèle ou à l'exclure de leur vie. Même bien intentionnés, les membres de l'entourage peuvent conduire la personne perturbée sur des sentiers totalement inappropriés dans les circonstances. Certains autres proches iront jusqu'à juger sévèrement la personne trompée qui décide de reprendre avec son conjoint. Ils éprouveront même un inconfort à la revoir en compagnie de l'infidèle lors d'éventuelles rencontres familiales ou amicales.

Il est préférable de se confier à des gens qui vont plutôt chercher à apaiser la souffrance plutôt que d'attiser la colère. Au lieu de faire la morale, leur rôle est d'inviter le partenaire trompé à prendre le temps de comprendre ce qui se passe, de l'aider à mieux évaluer la situation dans son ensemble et de lui éviter de prendre des décisions prématurées.

D'autre part, ceux et celles qui n'ont pas de confident adulte dans leur entourage et qui sont tentés de se confier à leurs enfants risquent grandement de leur faire du tort. En effet, les enfants n'ont pas à connaître les détails de la vie de couple de leurs parents, à entendre des jugements négatifs sur l'un ou l'autre, ou à prendre position pour un des deux. Ils n'ont pas la maturité et le recul nécessaires pour jouer ce rôle. Une telle expérience pourrait même s'avérer dommageable pour leur développement affectif. Dans ces circonstances, il est préférable de faire appel à des ressources externes comme un groupe de soutien ou un spécialiste.

Soutenir une personne en détresse

En suivant le parcours des quatre couples, nous avons été sensibilisés à l'éventail des réactions associées à la découverte de l'infidélité. Une fois conscient de ces faits, il est alors plus facile d'accueillir les partenaires concernés, de leur faire comprendre que leurs réactions sont normales et légitimes et qu'il serait inconséquent de simplement chercher à nier ou à contourner le problème. En même temps, on évite de juger la personne bouleversée et de critiquer ses réactions qui peuvent parfois paraître excessives.

Il est également important de s'abstenir de tout discours moralisateur, et de faire des commentaires culpabilisants, comme: « Je t'ai toujours dit de te méfier de lui et de ne pas lui faire confiance. Si tu m'avais écouté, tu n'en serais pas rendue là. » Ou encore: « Ce n'est pas étonnant qu'elle t'ait trompé; tu travaillais beaucoup trop et tu n'étais jamais à la maison. » Ou dénigrer le partenaire infidèle: « Selon moi, c'est un individu sans valeur, un bon à rien et un égoïste. » Dans ce dernier cas, il faut se rappeler que, même si la personne trompée en a long à dire sur son partenaire, elle demeure encore très souvent attachée à lui et, de ce fait, n'appréciera pas les remarques désobligeantes qui pourraient alors être faites à son endroit.

Afin de pouvoir vraiment entreprendre une démarche de croissance, le conjoint perturbé doit éviter la tentation de contourner ou de nier ce qu'il vit. Au contraire, il doit pouvoir exprimer les différentes émotions qui l'habitent et sentir que quelqu'un le comprend. La personne qui l'accompagne et le soutient n'a pas à faire disparaître sa souffrance, à la vivre à sa place ou à le contraindre à se ressaisir au plus vite. Son rôle consiste plutôt à accueillir, écouter et comprendre. Il est important ici de mentionner qu'il ne sera pas facile pour qui que ce soit, parent ou ami, d'être témoin de la détresse de la personne trompée. Par ailleurs, si on ne croit pas être en mesure d'assurer le support émotionnel approprié à un proche dans le besoin, il est alors préférable de le diriger vers des ressources adéquates qui sauront lui offrir le soutien et l'aide nécessaires.

De la même façon, il est important d'inciter la personne trompée à ne pas prendre de décision précipitée ou irrévocable. Il est plutôt préférable de l'inviter à attendre que la période de crise soit passée avant de faire des choix qui pourraient avoir des incidences majeures sur sa vie et celles de ses enfants. Il est prudent de se rappeler que, dans une telle phase de perturbation, les émotions prennent souvent une importance disproportionnée par rapport à la capacité d'analyse et de jugement. Contrairement à certains membres de la famille de Guillaume, il est même souhaitable de s'abstenir de proposer des solutions trop rapides. Il est préférable d'attendre que la personne se soit ressaisie avant de l'amener à prendre des décisions dont elle aura à assumer l'entière responsabilité.

Un des choix majeurs en jeu dans de tels cas concerne la séparation ou la réconciliation. L'accompagnateur doit toujours garder en mémoire qu'il n'a pas à prendre de décision à la place de la personne trompée, ni à l'influencer dans son choix d'une direction ou d'une autre. Même chose pour l'infidèle qui hésiterait entre aller vivre avec son amant ou demeurer avec son conjoint. Il n'est pas de la responsabilité du parent ou de l'ami de prendre de telles décisions, et ce, peu importent les conséquences.

Malgré tout le désir et la bonne volonté de venir en aide à quelqu'un de cher, il n'est pas du ressort ou du devoir de l'aidant naturel de sauver le partenaire trompé, de le dégager de ses responsabilités ou de prendre en charge ses problèmes. Sinon, il s'éloigne de son rôle de soutien. Il risque même, s'il va trop loin, de se retrouver tout aussi perturbé que la personne qu'il aura souhaité aider. Le rôle d'accompagnateur comporte des limites que celui-ci ne peut ignorer et auxquelles il doit également sensibiliser la personne qui s'en remet à lui.

Dans certains cas, il se peut que quelqu'un ne se sente pas capable d'accueillir la souffrance d'un proche et de jouer ce rôle de confident. Cette personne doit alors expliquer les raisons d'une telle attitude, afin que le proche blessé n'interprète pas cette façon d'agir comme de l'insensibilité ou du désintéressement. Par ailleurs, il existe d'autres formes de soutien tout aussi valables. Qu'il s'agisse d'hébergement temporaire, d'activités de loisirs ou d'aide pratique aux travaux ménagers, plusieurs initiatives de ce genre peuvent être prises afin d'alléger un quotidien devenu trop lourd pour le parent ou l'ami temporairement déstabilisé. Il est même préférable de ne pas attendre que la personne souffrante fasse les premiers pas pour aller à sa rencontre et lui offrir de l'aide.

Une telle forme d'accompagnement permet également au proche dans le besoin de prendre un peu de recul par rapport à ce qu'il vit. Le simple fait de s'éloigner du partenaire infidèle, ou des discussions sur le sujet, peut s'avérer particulièrement bénéfique pour lui. Il faudra même parfois insister afin d'ébranler ses résistances à demander de l'aider et de le pousser à s'extirper de sa torpeur. Au-delà de ces formes d'aide très concrètes, les conjoints trompés s'avéreront également très sensibles à toutes marques d'affection et d'appréciation de la part de leur entourage. Encore sous le coup de la trahison par le partenaire infidèle, ils ont grandement besoin de se faire rassurer, de regagner leur estime personnelle, et aussi que quelqu'un d'important soit à leur côté pour les apprécier et les aider dans ces moments particulièrement difficiles.

Nous venons de voir à quel point la communication est un élément fondamental et incontournable pour traverser l'inévitable crise provoquée par l'infidélité. Que ce soit pour rétablir l'échange entre les deux partenaires impliqués, pour chercher de l'aide dans les réseaux naturels ou pour jouer ce rôle de confident si précieux, la qualité de la communication sera déterminante pour l'avenir du couple et pour le bien-être des individus impliqués. Il est donc primordial d'investir tous les efforts nécessaires pour la développer et la maintenir dans les meilleures conditions possibles.

Pour ce qui est de Catherine et de Guillaume, ils sont encore en mesure de se parler et d'échanger, même mieux qu'auparavant, serait-on porté à croire. Par contre, Carole et Richard, malgré certains efforts louables, ne sont pas arrivés à se comprendre véritablement. À l'étape à laquelle ces deux couples sont maintenant invités, ceux-ci devront faire un pas de plus pour améliorer leurs communications interpersonnelles. Cela s'avère essentiel, car chacun d'eux a des décisions importantes à prendre quant à son avenir. Comment faire les bons choix et éviter d'ajouter une erreur à une situation déjà particulièrement problématique ? L'heure des bilans a maintenant sonné !

Chapitre 8

Faire le bilan de sa relation de couple

Une relation de couple n'est jamais statique. Elle passe par des périodes de bonheur, mais aussi par des phases difficiles, qui varient en intensité et en durée. Il arrive que des individus ne soient plus très heureux dans leur relation, mais pas suffisamment mal à l'aise ou malheureux pour la remettre sérieusement en question, pour s'appliquer à l'améliorer ou se résoudre à y mettre un terme. La découverte de l'infidélité peut parfois s'avérer une expérience bénéfique lorsqu'elle provoque une crise mobilisatrice qui pousse les couples à faire le point sur leur relation. Elle les presse à remettre en question leurs habitudes, à secouer leur inertie et les incite à approfondir plusieurs aspects de leur vie à deux.

Je propose à présent une démarche pour aider les couples en difficulté à faire un bilan de leur relation et à prendre une décision concernant leur avenir. Nous allons donc suivre le cheminement de Catherine et de Guillaume qui, comme tant d'autres, arrivent au moment du choix de poursuivre ou de cesser leur relation. La première s'est investie dans une nouvelle relation et vit une grande ambivalence. L'autre a été trompé ; il souffre et a perdu confiance en sa partenaire. Que l'on soit victime de l'infidélité ou que l'on songe à s'impliquer avec une autre personne, il est souhaitable de faire d'abord le point sur sa relation d'origine avant d'y mettre un terme, ne serait-ce que pour s'assurer que la décision est la bonne et que le tout se passera correctement.

Un tel exercice a pour but de faire le point sur la relation et ne cherche pas à faire porter le blâme sur un des partenaires en particulier. « J'avais raison de te tromper car tu ne savais pas m'apprécier ! » « C'est de ta faute si je suis allé voir ailleurs, car on ne faisait pas assez l'amour ! » Au pire moment de la crise, les personnes trompées ne sont pas prêtes à entendre parler, ni à discuter de ces égarements, car elles risquent de se dévaloriser davantage, ce qui aurait pour effet d'accroître leur détresse. Il n'est jamais sage de prendre une décision concernant l'avenir de sa relation, au cours des semaines qui suivent la découverte ou la divulgation de l'infidélité, alors que l'on est encore sous le choc. Dans de telles circonstances, la colère et la déception s'avèrent de fort mauvaises conseillères, car on manque de recul et d'éléments d'analyse pour prendre une décision judicieuse. En période de crise, les émotions risquent de jouer un bien mauvais tour et de fausser l'évaluation de la relation. On aura tendance à voir uniquement les aspects négatifs et à banaliser ce qui fonctionne toujours bien.

Il est donc préférable de laisser baisser la tension avant d'entreprendre le bilan de sa vie à deux. Les partenaires s'en veulent alors moins, sont plus en mesure de communiquer efficacement, et les symptômes dépressifs ou anxieux ont sensiblement diminué. Il faut se donner du temps pour bien faire les choses et pour prendre une décision que l'on ne regrettera pas. Au tout début, on n'est pas conscient des conséquences à long terme de cette crise sur le couple. Elle peut parfois provoquer une prise de conscience salutaire et engager les partenaires à améliorer leur relation. Choisir de se séparer ou de rester ensemble compte parmi les décisions les plus difficiles à prendre dans toute une vie. C'est pourquoi il ne faut pas faire les choses à la légère.

L'heure du bilan

Nous voilà trois mois après la découverte de l'aventure de Catherine par Guillaume. Ce dernier va un peu mieux, car le pire de la crise est passé. Il est retourné au travail de façon progressive depuis un mois. Il arrive à mieux dormir et a retrouvé l'appétit. Son humeur est plus stable. Il se mésestime moins et comprend mieux l'écart de conduite de Catherine. Il est de moins en moins envahi par des images d'infidélité, même s'il reste encore méfiant. Bien que ces pensées l'affectent encore, elles ne le bouleversent plus autant qu'avant. Il arrive à mettre de côté ces représentations plus facilement en s'activant ou en pensant à autre chose. Il ne passe plus son temps à en vouloir à Catherine ou à la culpabiliser pour son aventure. Sa colère s'est dissipée, même s'il éprouve encore de la peine ou de la déception quand il repense à toute cette affaire.

De son côté, Catherine ressent toujours de l'amour pour Vincent, même si ses sentiments à son endroit ont quelque peu diminué. Elle préfère ne pas le voir, tant et aussi longtemps qu'elle n'aura pas pris la décision de rester, ou non, avec Guillaume. Elle veut se donner du temps pour réfléchir à sa relation avec son conjoint. Sont-ils toujours compatibles ? Peuvent-ils encore être heureux ensemble ? Elle aussi demeure très méfiante et craint d'être blessée de nouveau par la négligence de Guillaume. Elle ne veut surtout pas revivre un passé qui l'a fait souffrir et qui l'a conduite à l'infidélité. Elle ne veut pas prendre une décision hâtive par rapport à son conjoint et regretter par la suite de ne pouvoir faire marche arrière. Elle souhaite également éviter que son choix repose uniquement sur ce qu'elle ressent pour Vincent.

C'est à l'initiative de Guillaume que les deux se retrouvent devant un thérapeute conjugal. Celui-ci va les amener à s'interroger sur leur relation et à faire un bilan complet, dans le but de prendre une décision satisfaisante et mûrie qu'ils seront par la suite en mesure d'assumer totalement. Catherine a accepté d'entreprendre une telle démarche, car elle avoue être un peu perdue. Elle a l'impression de tourner en rond depuis un certain temps.

Lors de leur première rencontre avec le psychologue, Catherine mentionne qu'elle veut savoir s'il lui est encore possible d'être heureuse avec Guillaume et, si oui, comment y arriver. Elle ignore si l'aboutissement de leur démarche les rapprochera ou les éloignera davantage. Sa tête la ramènerait peut-être vers Guillaume, mais le cœur n'y est plus tellement. Elle ne veut rien promettre, ni donner quelque espoir que ce soit à son conjoint.

Pour sa part, Guillaume affirme sa préférence marquée pour poursuivre leur relation, mais pas à n'importe quel prix. Ses initiatives pour se rapprocher de Catherine n'ont pas donné les résultats escomptés. Il constate qu'elle ne répond pas tellement à ses attentions et à ses marques d'affection. Il avoue qu'au début, il se sentait rejeté, mais que maintenant, il est en mode d'attente et prêt à prendre tout le temps nécessaire pour en arriver à une bonne décision.

Le thérapeute les informe d'abord qu'il n'est pas là pour décider à leur place de l'avenir de leur relation, mais bien pour les assister dans la décision qu'ils auront à prendre. Il leur explique que la thérapie peut créer un climat favorable aux échanges et aux réflexions. Cette démarche peut aussi les aider à mieux comprendre ce qui se passe, à cerner plus rapidement les forces et les lacunes de leur relation et, peu importent leurs intentions, à leur fournir les éléments nécessaires pour rebâtir leur union ou faciliter leur séparation.

Pour faire un tour d'horizon complet et détaillé de leur relation, Catherine et Guillaume se sont vu proposer un ensemble de questions que tous les couples en difficulté auraient également avantage à se poser. Il est important de rappeler que le but d'un tel exercice n'est pas de provoquer des disputes ou d'ajouter des tensions à une situation déjà délicate. Il n'y a ni bonnes ni mauvaises réponses. Il n'est pas question de porter des accusations ou de trouver un coupable. Il s'agit plutôt d'échanger, dans le respect mutuel et de manière constructive, des fondements de la vie à deux. L'objectif est de cerner plus précisément quels sont les aspects de la relation que l'on apprécie, ceux qui nous agacent, ou que l'on désire améliorer dans le cas où on déciderait de poursuivre la relation.

Voici quelques conseils pratiques qui permettront d'établir un climat favorable à la communication tout en amenant les conjoints à se respecter mutuellement.

Quand mon partenaire me parle:

- je le regarde dans les yeux pour lui signifier mon intérêt et mon attention;
- je lui pose des questions pour l'aider à clarifier sa pensée, à extérioriser ses émotions et à exprimer ses besoins;
- de temps à autre, je résume ses propos pour m'assurer de l'avoir bien compris et pour éviter de mal interpréter ses paroles;
- je me mets à sa place pour mieux percevoir ce qu'il ressent et lui faire sentir que je comprends ce qu'il vit;
- j'accepte qu'il puisse voir les choses différemment de moi et je m'abstiens de porter un jugement négatif sur son opinion, ses besoins ou ses sentiments;
- je m'assure qu'il s'est senti bien écouté avant d'expliquer à mon tour ce que je vis.

Quand je parle à mon partenaire:

- je m'assure qu'il est disponible et bien disposé à m'écouter;
- je choisis un moment et un endroit où nous ne serons pas dérangés;
- je parle de moi, de ce que je ressens et désire au lieu de l'accuser;
- j'exprime clairement mes attentes et mes besoins, et je n'attends pas qu'il les devine;
- j'évite le monologue afin de maintenir son attention;
- je l'invite, de temps à autre, à résumer l'essentiel de ce que j'ai exprimé afin de m'assurer qu'il a bien compris;
- lorsque j'ai une critique à formuler, je m'en tiens à son comportement au lieu d'attaquer sa personnalité;
- j'aborde le problème en termes de différences entre nous et non de défauts chez mon partenaire;
- je ne lui prête pas d'intentions négatives du genre: «Si je suis triste, c'est parce que je sais qu'il a voulu me blesser»;
- je souligne les efforts qu'il déploie afin de bien me comprendre.

Voyons maintenant comment Catherine et Guillaume ont répondu aux questions du psychologue qu'ils sont allés rencontrer. Nous avons regroupé leurs propos autour des grands thèmes fondamentaux qui se doivent d'être analysés lorsque les couples font le bilan de leur relation.

Quels sont les aspects positifs de votre relation actuelle?

Je constate que Guillaume a pris beaucoup d'initiatives pour me faire plaisir et me prouver que j'étais importante à ses yeux. À son travail, il a pris des

dispositions pour revenir plus tôt à la maison. Lors des repas, il est agréable avec nous et plus tolérant avec les enfants. Il s'intéresse à leur journée à l'école et à ce que j'ai fait à l'hôpital. Auparavant, j'avais l'impression que les enfants l'irritaient. Il n'écoutait pas vraiment quand on lui parlait. Pour tout dire, il n'était pas présent, et les enfants me demandaient parfois si leur père les aimait vraiment.
Même si je ne suis pas toujours réceptive, et qu'il en est parfois déçu, il est en train de faire la preuve qu'il peut être un conjoint présent et attentif. J'avoue que je ne sais trop comment réagir à ces changements. Parfois, certains de ses comportements m'agacent. Je reste méfiante, car je crains que tout cela ne dure pas et qu'il redevienne comme avant. Je ne veux pas me créer d'illusions et, ensuite, avoir mal davantage. Par ailleurs, je me sens coupable de ne pas répondre à ses avances, car je voudrais l'aimer et le désirer de nouveau. De temps à autre, une petite porte s'ouvre, et je me sens bien avec lui. Mais, je crains alors de lui donner de faux espoirs et de le blesser encore plus.

Pour ma part, j'apprécie qu'on se parle. En fait, on n'a jamais autant discuté. Je prends conscience chaque jour de l'ouverture de Catherine. Elle me raconte comment elle se sent et où elle en est rendue, même quand ce n'est pas toujours facile à entendre. Je n'ai pas l'impression qu'elle me cache des choses ou qu'elle cherche à me protéger. Je lui suis reconnaissant de refuser de revoir Vincent jusqu'à ce que nous ayons fait le point sur l'avenir de notre relation. Cette expérience m'a profondément bouleversé et m'a ramené aux choses importantes de la vie, soit notre couple et notre famille. C'est un peu comme si je retombais lentement en amour avec Catherine.

Qu'attendez-vous de l'amour et d'une relation de couple ?

Avant l'épisode de l'infidélité, je ne me préoccupais pas beaucoup de l'état de notre relation. Je travaillais, nous jouissions d'un certain confort et de beaux enfants. Cela me suffisait. Je comprenais difficilement l'insistance de Catherine à vouloir améliorer notre relation. Cependant, à partir du moment où j'ai appris que je pouvais la perdre, le travail, l'argent et le confort sont devenus secondaires. J'ai compris que, si je pouvais me consacrer pleinement à ma carrière, c'est, entre autres, parce que je me sentais sécurisé dans notre relation. Aujourd'hui, je désire sincèrement m'investir dans notre couple et communiquer comme on le fait maintenant, pour éviter de se reperdre de vue. Je veux aussi retrouver la confiance que j'avais en Catherine et arriver à lui pardonner cette aventure.

Parfois, je me demande si c'est bien Guillaume qui parle. En effet, je recherche les mêmes choses que lui, mais, en ce qui me concerne, avec l'amour en plus. J'aimerais éprouver encore du désir pour Guillaume et avoir le goût de me blottir contre lui. Je voudrais qu'on ne se considère pas comme acquis l'un pour l'autre et qu'on arrive à se libérer du quotidien de temps en temps. J'ai besoin de l'entendre dire qu'il m'apprécie. Je suis mal à l'aise de demander encore des choses à Guillaume après tout le mal que je lui ai fait. En même temps, je ne veux pas revivre les erreurs du passé.

Qu'en est-il de votre vie sexuelle ?

Pour ma part, je n'y pense pas trop actuellement. En revanche, je suis bien consciente que Guillaume n'est pas fait en bois et qu'il doit trouver cela difficile. En fait, j'ai peur de ne plus avoir de désir pour lui. Ce n'est pas une question de techniques ou de compétences. Il faut dire que les dernières fois qu'on a fait l'amour, j'étais passablement absente et passive. Je le faisais davantage pour lui faire plaisir ou pour me convaincre qu'il me restait encore un petit quelque chose pour lui.

J'essaie de ne pas trop avoir d'attentes sur ce plan en ce moment. Je ne prends plus d'initiative, car je sais que Catherine n'en a pas vraiment le goût. Je vois bien que ses préoccupations se situent ailleurs. Dans ce temps-là, je ne peux m'empêcher d'imaginer qu'elle pense encore à Vincent. Ces idées m'envahissent et freinent la plupart de mes élans. J'arrive quand même à mettre cet aspect de notre relation de côté et à me concentrer sur autre chose. Ce n'est pas toujours facile, car je l'aime et je la désire encore. À certains moments, je me laisse emporter, mais je me rends vite compte que ça ne mène à rien. Je me raisonne alors en me disant que, si on arrive un jour à se rapprocher et à retrouver une véritable complicité, notre vie sexuelle reprendra de son intérêt et de son ardeur.

Comment composez-vous avec la présence de l'amant?

Je n'ai plus de secrets pour Guillaume. Il sait que j'ai encore des sentiments pour Vincent. Car, même si on ne se voit plus, ces émotions ne disparaissent pas pour autant du jour au lendemain, et c'est ce qui me dérange le plus. Par ailleurs, je dois reconnaître que mes sentiments à son égard ont diminué depuis qu'on a mis un terme à nos rencontres. Il m'arrive aussi d'imaginer ce que serait la vie avec lui en famille recomposée. Aujourd'hui, je mesure un peu mieux tous les aspects d'une telle éventualité. Je ne peux quand même pas demander à Guillaume de m'attendre le temps que j'expérimente une relation avec Vincent. Personne n'accepterait une telle situation, moi la première. Je sais que Vincent m'aime, qu'il souffre actuellement et qu'il ne m'attendra pas éternellement. Je sais que ce n'est pas facile à entendre pour Guillaume, mais je dois avouer que j'ai encore peur de perdre Vincent.

En ce qui me concerne, je n'accepterai jamais de jouer les seconds rôles. Je ne souhaite surtout pas que Catherine revienne uniquement pour les enfants ou parce que Vincent ne veut plus d'elle. Je tiens à ce qu'elle me choisisse et me préfère à lui pour les bonnes raisons. Je ne pourrais d'ailleurs pas continuer avec elle en sachant qu'elle en aime un autre, mais qu'elle a plutôt choisi de demeurer avec moi par obligeance ou par besoin de sécurité.

Arrivez-vous à vous faire à l'idée de vivre séparés?

Guillaume a beaucoup changé, et je le sens sincère dans son cheminement. Parfois, je me dis qu'il serait ridicule de se séparer. Je partirais vers l'inconnu quand, enfin, il veut me rendre heureuse. Ça peut paraître égoïste, mais j'aurais peur de le regretter, car j'accepterais difficilement qu'une autre femme récolte, sans effort, tout ce qu'on aurait réussi à récupérer dans notre relation. Ce qui serait tout aussi difficile, c'est d'être séparée de nos enfants. J'ai toujours voulu que nous soyons pour eux un modèle de parents unis et heureux. Côté financier, je gagne assez d'argent pour me débrouiller. Malgré ce que Guillaume peut penser, en cas de séparation, je n'irais pas vivre tout de suite avec Vincent. Je préférerais me donner du temps et faire d'abord le deuil de notre couple. Je ne souhaite surtout pas m'embarquer précipitamment dans une autre relation, pour finalement constater que ça ne fonctionne pas plus et, du même coup, faire vivre aux enfants une seconde séparation.

Je perçois difficilement l'avenir sans Catherine. En fait, je ne veux pas trop y penser. Je préfère plutôt croire qu'on va arriver à dépasser nos difficultés. Comme elle, je trouve cela triste pour les enfants, car je ne voudrais pas leur léguer en héritage un modèle de parents séparés. De toute façon, je ne me sens pas prêt à m'investir de nouveau dans une autre relation de couple. En fait, je ne crois pas que je vais laisser entrer une autre femme dans ma vie avant longtemps, du moins pas au quotidien. D'autant plus que je crois être en mesure de me débrouiller aussi bien que Catherine avec les enfants. Si la séparation devenait inévitable, je suis convaincu que nous pourrions y arriver tout en maintenant un climat de bonne entente. Si notre relation ne fonctionne pas, je veux au moins montrer aux enfants que nous pouvons nous séparer avec respect et dignité.

Comment qualifieriez-vous l'ensemble de vos communications ?

On échange maintenant beaucoup plus facilement. On ne cherche plus à avoir absolument raison ou à convaincre l'autre à tout prix du bien-fondé de notre opinion. Finis les dialogues de sourds. Guillaume n'essaie plus de s'esquiver ou de banaliser mes propos. Il me parle de ce qu'il vit, de ce qu'il ressent. Il s'agit d'un changement radical que j'apprécie au plus haut point. Pour ma part, je comprends davantage ce qui se passe en lui. On n'a jamais autant communiqué.

L'atmosphère est plus détendue. Nous faisons preuve davantage de respect et d'attention l'un envers l'autre. Auparavant, nous étions trop centrés sur nos préoccupations personnelles. Je me suis rendu compte à quel point Catherine est importante pour moi et je fais désormais le nécessaire pour qu'elle s'en rende compte. Je m'intéresse vraiment à ce qu'elle exprime, alors qu'auparavant, je portais très peu d'attention à ce qu'elle avait à dire.

Pensez-vous être en mesure de vous faire de nouveau confiance?

Sans être totale, la confiance revient timidement. Après la découverte de l'infidélité, Catherine m'a beaucoup parlé. Même si je ne l'accepte toujours pas, et que ça me dérange encore, je comprends mieux pourquoi elle n'a rien laissé paraître de sa double vie au moment où elle la vivait. À bien y penser, je ne suis pas mieux qu'un autre et j'aurais probablement réagi de la même manière. Dans des circonstances semblables, moi aussi, je lui aurais caché mon aventure, tant et aussi longtemps que je n'aurais pas été prêt à assumer la décision de la quitter pour une autre.

Je sais que j'ai une longue pente à remonter et que je dois demeurer transparente avec Guillaume pour lui redonner pleinement confiance. Même si je crains parfois que ce cheminement ne soit que temporaire dans son cas, je persiste à croire qu'il est sincère. Il ne fait pas tous ces efforts uniquement pour éviter une séparation. Je le sens mieux dans sa peau. Si on décide de rester ensemble, et si j'arrive à ressentir de nouveau de l'amour pour lui, je suis portée à croire que Guillaume ne me décevra plus.

Croyez-vous que vos différends soient réconciliables ?
Sur certains aspects de la vie courante, nous n'avons pas la même façon de voir les choses. Je suis comptable et je gère le budget pour la famille. Catherine est beaucoup moins économe que moi. Je trouve en effet qu'elle dépense pour des choses inutiles. L'autre point de mésentente est l'éducation des enfants. Je considère qu'elle est beaucoup trop tolérante. J'ai l'impression que les enfants exagèrent. En général, cependant, on partage les mêmes objectifs et les mêmes valeurs pour les enfants ; je crois que c'est la manière d'y parvenir qui diffère.

Je suis d'accord avec ce que Guillaume vient d'exprimer. J'ajouterais aussi que nous n'avons pas la même façon de nous comporter en public. Je suis particulièrement sociable, tandis que Guillaume est beaucoup plus réservé. Je crois que nos différences ne sont pas irréconciliables, car, même si elles m'agacent, elles ne me font pas souffrir. Je ne quitterai pas Guillaume pour ces quelques désaccords. Je peux les tolérer et accepter qu'ils fassent partie de notre relation, sans qu'ils m'empoisonnent l'existence.

Accepteriez-vous de faire le deuil de certaines choses ?
Je suis prêt à accepter qu'on ne s'entendra jamais totalement sur la manière d'élever les enfants, la façon de gérer notre argent ou sur notre comportement en public. Je n'ai pas tellement de problème à apprendre à vivre avec ces différences. Ce que je ne

pourrais pas accepter, par ailleurs, c'est de passer ma vie avec une femme qui n'a plus d'amour ou de désir pour moi.

Là-dessus, également, je suis tout à fait du même avis que Guillaume.

Complément d'exercice

Voici les autres questions auxquelles Catherine et Guillaume ont été appelés à répondre dans le cadre de leurs consultations ultérieures ou à l'intérieur d'une démarche complémentaire à la maison :

L'évolution de la relation

- Qu'est-ce qui vous a attiré chez l'autre ? Ces facteurs sont-ils toujours présents aujourd'hui ?
- Votre façon de percevoir votre partenaire a-t-elle changé avec le temps ? Si oui, comment ?
- Y a-t-il des facteurs qui, dès le début, étaient sources de conflit (communication, belle-famille, sexualité, etc.) ?
- Quelles sont les différences que vous avez acceptées au fil des ans et que vous ne pouvez plus tolérer ?

Les aspects positifs de la relation

- Qu'est-ce qui fonctionne encore bien entre vous ?
- Quels sont les beaux moments que vous avez partagés dans votre vie à deux ?
- Avez-vous toujours le désir de faire plaisir à l'autre ? Vous arrive-t-il de rire ensemble ?
- Vous intéressez-vous à ce qui est important pour votre partenaire ?
- Recherchez-vous généralement sa présence autour de vous ?
- Quels sont les avantages à maintenir votre relation ?

La communication

- Abordez-vous les difficultés au fur et à mesure qu'elles se présentent ?
- Est-ce que ces échanges se font dans le respect mutuel ?
- Vous sentez-vous compris et accepté lors de vos discussions ?
- Votre partenaire est-il un bon confident ? oui
- Vous sentez-vous libre de dire ce qui vous passe par la tête et dans le cœur sans crainte d'être jugé ? oui
- Avez-vous tendance à vous taire et à accumuler les frustrations, à vous éloigner pour bouder et, lorsque vous n'en pouvez plus, à revenir vider votre sac d'une façon blessante pour l'autre ?
- Êtes-vous exaspéré parce que vous avez l'impression d'être incompris et que les échanges ne conduisent nulle part ?
- Y a-t-il des sujets précis que vous n'osez plus aborder avec l'autre ?

La confiance et la fidélité

- Votre partenaire est-il toujours crédible à vos yeux ? Sentez-vous constamment le besoin de vérifier ses dires ?
- Avez-vous le sentiment que vous pouvez vous fier à votre partenaire ?
- Respecte-t-il les ententes que vous concluez ensemble ?
- Croyez-vous que votre partenaire peut être de nouveau fidèle ? oui
- Que vous faudrait-il pour rebâtir la confiance ?

→ discutions, tps ensemble,

Le contrôle et le pouvoir

- Avez-vous l'impression que votre partenaire essaie, de différentes façons, de vous changer ? oui, sa a pu être le cas.

- Sentez-vous que vous avez la place qui vous revient dans cette relation ?
- Estimez-vous que, dans l'ensemble, elle s'avère équitable pour vous deux ?
- Quels sont les domaines où vous avez davantage de pouvoir décisionnel (éducation des enfants, loisirs, achat de biens matériels, etc.) ?
- L'un de vous fait-il trop de concessions par rapport à l'autre ?

Le soutien et l'encouragement

- Manifestez-vous votre appréciation à votre partenaire par des paroles ou par des gestes concrets ? Qu'en est-il de sa façon de faire ?
- Au cours des périodes difficiles, vous sentez-vous appuyé par votre partenaire ?
- Votre conjoint favorise-t-il votre développement personnel ? De quelle façon ?

L'affection partagée

- Êtes-vous satisfait de l'affection qui vous est prodiguée par votre conjoint ?
- Êtes-vous mal à l'aise avec certains comportements affectueux manifestés dans l'intimité ou en public ?
- Exprimez-vous librement vos besoins d'être étreint ?

La sexualité

- À quelle fréquence avez-vous des relations sexuelles ? Ce rythme vous convient-il ?
- Éprouvez-vous du plaisir lors des relations intimes avec votre conjoint ? Vos relations sont-elles devenues prévisibles et trop routinières ?
- Avez-vous constaté une baisse de désir pour votre partenaire ? Si oui, pourquoi (stress au travail, colère, fatigue, maladie, etc.) ?

- Êtes-vous à l'aise pour exprimer vos préférences en matière de comportements sexuels ? Vous considérez-vous sensible aux attentes et aux besoins de l'autre ?
- Qui prend l'initiative des relations intimes ?
- Souffrez-vous de problèmes sexuels comme l'impuissance ou le vaginisme ?

Le travail

- Est-ce que vos carrières ou vos emplois respectifs nuisent à votre relation de couple (horaires différents, problèmes rapportés à la maison, importance du temps passé au travail, etc.) ?

Les activités communes

- Combien de temps vous réservez-vous, en tant que couple, par semaine ou par mois, pour faire des activités ensemble ?
- À quelle fréquence vous offrez-vous des sorties de couple ?
- Que faites-vous lors de ces sorties ?
- Comment les vivez-vous (ennui, disputes, plaisir, etc.) ?
- Qui prend l'initiative et lequel de vous deux s'occupe de planifier et d'organiser ces activités ?

Les projets d'avenir

- Quels sont vos projets communs à moyen et à long terme ?
- Prenez-vous plaisir à en discuter et à en rêver ensemble ?

Le partage des tâches

- Comment les tâches ménagères sont-elles partagées entre vous ? Êtes-vous satisfait de cette répartition ?

- Devez-vous rappeler constamment à l'autre les responsabilités dont il doit s'acquitter?
- Arrivez-vous à vous mettre d'accord sur les aménagements à apporter à votre milieu de vie?

Le budget familial

- Faites-vous un budget familial? Le respectez-vous?
- Êtes-vous en accord avec la façon dont votre conjoint gère son argent?
- Comment partagez-vous les dépenses (moitié-moitié, au prorata des revenus, etc.)?
- Consultez-vous votre partenaire avant d'effectuer un achat important?
- Avez-vous un pouvoir décisionnel équitable lorsqu'il s'agit de dépenser?
- En général, vous entendez-vous à propos des dépenses qui doivent être engagées?

Les enfants

- Vos enfants ont-ils des difficultés particulières (problèmes de santé, allergies, hyperactivité, rendement scolaire, etc.)?
- Avez-vous les mêmes façons de les éduquer? Si non, en quoi diffèrent-elles?
- Quelle est votre relation avec les enfants de votre partenaire?
- Est-ce que votre partenaire encourage ou invalide vos interventions à l'endroit des enfants?

Les amis

- Quelle est la situation de vos amis (mariés, célibataires, séparés, divorcés, etc.)?
- De quelle façon vous influencent-ils? Est-ce qu'ils valorisent votre relation ou, au contraire, font tout pour vous éloigner? Vous incitent-ils à faire des

choses qui provoquent des conflits dans votre couple ?

- Connaissez-vous et appréciez-vous les amis de votre partenaire ?
- Avez-vous l'impression que le réseau social de votre partenaire prend trop de place ?

La famille

- Vos parents apprécient-ils votre conjoint ?
- Vos parents s'ingèrent-ils dans votre relation ?
- Vos parents ou beaux-parents occupent-ils trop de place dans votre vie de couple ?

L'ex-conjoint

- Est-ce que votre ex-conjoint vous cause des ennuis ?
- Cherche-t-il à saboter votre relation actuelle ?
- Multiplie-t-il les procédures légales ?
- Utilise-t-il les enfants pour vous blesser ?

Les couples heureux, ça existe !

Un autre élément qui pourrait vous aider à évaluer votre relation, et à prendre une décision quant à son avenir, serait de vous référer à ce qui fait généralement le succès des couples heureux. Après avoir étudié des milliers de couples dans son laboratoire, John Gottman, une sommité dans le domaine des relations de couple, a défini les conditions de réussite d'une relation heureuse dans son livre, *Les couples heureux ont leurs secrets : les sept lois de la réussite* (Éditions J.-C. Lattès, Paris, 2000). La réflexion qui suit s'en inspire largement.

Apprendre à vivre avec ses différences

Jean-François est un sportif. Moi, je suis plutôt du genre intello, de celles qui savent apprécier un bon livre. Au début de notre relation, j'avais de la difficulté à accepter que Jean-François passe des soirées entières au centre sportif et qu'il parte souvent le samedi jouer au golf. Avant que la situation ne s'envenime, je lui ai demandé de m'initier à ce sport de même qu'au badminton. Je me suis très rapidement débrouillée et je me suis même surprise à y prendre goût. Ainsi, au lieu de m'obstiner avec Jean-François pour qu'il fasse moins de sport, j'ai misé sur cette différence, et je lui en suis fort reconnaissante, car nous faisons maintenant plus d'activités ensemble.

Je suis de nature plus pratique et terre à terre que Stéphanie. Au début, je ne comprenais pas qu'elle veuille s'investir dans des projets qui ne me semblaient pas réalistes. Elle me répétait que ça ne coûte pas cher de rêver et que c'est important d'avoir des projets à deux. Grâce à son insistance, nous avons réalisé son rêve, malgré nos moyens limités, d'acheter un chalet à la campagne. Maintenant, je me rends compte qu'on peut s'inspirer d'une idée qui peut paraître farfelue au départ et, finalement, la réaliser si on investit des énergies communes. J'ai aussi appris que le processus d'élaboration d'un tel projet pouvait nous rapprocher sensiblement.

Tout comme Stéphanie et Jean-François, les gens heureux dans une relation apprennent à s'accommoder de leurs particularités au lieu de s'efforcer de changer l'autre. Ils portent davantage leur regard et leur attention sur leur complémentarité plutôt que sur leur incompatibilité. Voici d'ailleurs les principaux profils opposés dans un couple :

- *pratique/rêveur.* L'un est terre-à-terre, préfère l'action, aime faire des choses concrètes et exécute des tâches dans un ordre précis. L'autre est plus philosophe, contemplatif et idéaliste. Il aime élaborer des projets même s'ils ne se réaliseront pas;

- *économe/dépensier.* L'un réfléchit avant d'acheter, tient un budget, craint de manquer d'argent, recherche les occasions de payer moins cher, met des sous de côté pour l'avenir. L'autre achète de manière impulsive, veut obtenir une gratification immédiate et se soucie peu de la sécurité financière du couple;
- *sportif/sédentaire.* L'un bouge, participe à des activités sportives, se préoccupe de sa santé et de son apparence générale. L'autre préfère le confort de la maison, regarder la télévision ou se laisser absorber par un bon livre;
- *extraverti/introverti.* L'un, plus impulsif, parle beaucoup, prend de la place dans un groupe, aime les activités sociales et adore se faire voir. L'autre, plus réservé, réfléchit, écoute davantage et évite à tout prix d'être le centre de l'attention;
- *optimiste/pessimiste.* L'un se concentre sur les éléments positifs de la vie courante, tente de trouver des solutions à une situation difficile et se mobilise pour changer son environnement. L'autre élabore des scénarios négatifs, évite de prendre des risques et se retrouve souvent dépourvu devant une difficulté.

Ne rien tenir pour acquis

Les couples heureux ne nagent cependant pas toujours dans le bonheur. Ils font parfois face à des orages. Ils ne se parlent pas toujours avec ménagement. Il leur arrive même d'avoir des disputes musclées. Contrairement aux couples malheureux, qui développent une certaine indifférence à force de nier ou d'ignorer leurs difficultés, les gens heureux abordent directement les problèmes lorsqu'ils se présentent. En fait, toujours selon Gottman, la façon dont les partenaires composent avec leurs différends n'est pas tellement importante, même s'il reconnaît que les disputes des couples heureux sont moins tumultueuses. Ce qui les distingue, c'est leur capacité à se réconcilier plus rapidement après un conflit, au lieu de bouder et de s'éloigner pendant des heures, voire des jours entiers.

Une fois la tempête passée, ils mettent leur dispute sur le compte de leurs différences: « J'ai une libido plus forte que la tienne », plutôt que sur les lacunes de leur partenaire: « Tu es frigide »; ou de ses présumées mauvaises intentions: « Elle me prive de sexe pour me frustrer. » De cette façon, les différends n'entachent pas l'image plutôt favorable qu'ils ont l'un de l'autre. Ils continuent de s'apprécier et de nourrir leur désir d'être ensemble.

Savoir apprécier l'autre

L'appréciation que les conjoints ont l'un pour l'autre représente un des meilleurs indices de longévité d'une relation. La manière de percevoir son partenaire est fondamentale en relation de couple, car elle conditionne l'ensemble de nos attitudes à son égard. Ainsi, les couples qui vont bien cherchent avant tout à reconnaître les intentions bienveillantes qui motivent les agissements de l'autre. Par contre, chez les couples en détresse, les partenaires ont développé, avec le temps, une vision tellement négative de leur conjoint, qu'ils finissent par interpréter ses comportements à la lumière de cette perception réductrice. Par exemple, ils diront de lui qu'il est contrôlant, manipulateur, égoïste, insensible, etc. Pire encore, ils finiront par lui prêter des intentions malveillantes qu'il n'a même pas eues. Avec les années, certains couples se retrouvent même dans un type de relation « employeur-employé »: lorsque tout va bien, on ne dit mot, mais quand les choses commencent à déraper, on se critique sévèrement.

Porter attention aux petits gestes

Les couples heureux adoptent cinq fois plus de comportements positifs (petites attentions, surprises, sourires, compliments, remerciements, etc.) que de comportements négatifs (accusations, blâmes, indifférence, etc.). Pour leur part, les couples malheureux font preuve autant, sinon plus, d'attitudes négatives que positives. Pour ceux qui se portent bien, l'amour se traduit au quotidien par une série de petits gestes qui réconfortent et font plaisir au partenaire. Ces façons de faire sont un peu comme de l'argent qu'on dépose à la banque. Plus on est attentionné l'un envers l'autre, plus on s'enrichit sur le plan émotif, et moins on risque de s'appauvrir et de faire faillite, ou, en d'autres termes, de céder devant les épreuves de la vie. Les gens heureux ne se considèrent pas pour autant au service de l'autre au point de s'oublier comme individu. Ils ont simplement conservé le désir de rendre la vie de leur conjoint le plus agréable possible.

Les gens heureux portent fréquemment attention à leur partenaire. Au fil des ans, ils ont appris à bien le connaître et à repérer rapidement ce qui lui plaît ou ce qui l'agace. Le fait de s'intéresser à son conjoint et de s'informer régulièrement de ce qui se passe dans sa vie rapproche les êtres, développe une complicité commune et aide à prendre des décisions plus appropriées. D'ailleurs, lorsqu'on connaît bien celui ou celle avec qui l'on partage sa vie, on devient plus habile à prévoir ses réactions et plus apte à l'appuyer et à lui plaire.

Privilégier des rapports d'égalité

Il est fréquent que les hommes qui font preuve d'intelligence émotionnelle soient des candidats plus susceptibles de former des couples heureux. Ils comprennent et acceptent mieux la profonde transformation culturelle qui s'opère actuellement dans nos sociétés. Ils ont appris à vivre en harmonie avec un monde qui recherche l'équilibre entre les sexes. Ils consultent, négocient et font des compromis, au lieu d'imposer et de vouloir tout contrôler.

Les couples heureux recherchent l'équité dans leurs relations. Ils n'acceptent pas que l'un ou l'autre domine ou écrase son partenaire. Les gens heureux ne calculent pas et ne tiennent pas de comptes détaillés sur leur contribution mutuelle à leur union. Peu importe ce dont il s'agit, ils considèrent le partage des tâches comme une forme d'entraide et d'engagement. Lorsque nécessaire, ils acceptent même spontanément d'en faire davantage, si l'autre s'avère moins disponible à certaines périodes.

Laisser place à l'amélioration

Les conjoints heureux sont aussi capables de reconnaître leurs torts et de s'excuser. Ils acceptent volontiers de se remettre en question. Ils veulent s'améliorer tout en respectant leur rythme et leurs limites. Quand on leur rappelle certains de leurs comportements déplaisants, ils reconnaissent non seulement leurs faiblesses et leurs torts, mais ils se montrent disposés à faire ce qu'il faut pour s'améliorer.

Chaque partenaire encourage l'autre et participe à son développement personnel. Il l'aide à découvrir et à réaliser ses rêves. Il le seconde dans la poursuite de ses ambitions et le soutient dans son évolution. L'un et l'autre s'appuient dans leurs décisions respectives. Ils évitent de se nuire par simple jalousie ou par pure envie. Si le cheminement de l'un connaît quelque perturbation, ils tentent de résoudre le problème sans tarder en continuant de se respecter.

Faire équipe ensemble

Les couples heureux ont des intérêts et des projets communs à court, moyen et long terme. Ils aiment faire des activités ensemble, peu importe s'il s'agit de faire du sport, de partir en voyage ou de partager un même loisir. Au fil des ans, ils ont aussi développé des rituels variés et agréables qui les rapprochent, comme aller au cinéma, cuisiner ou bouquiner.

Malgré le fait qu'ils soient conscients de la relative fragilité des relations de couple dans nos sociétés, les partenaires d'une union qui réussit demeurent confiants par rapport à l'avenir et ils n'hésitent pas à s'engager. Ils ne vivent pas dans la crainte que leur conjoint les quittera à la moindre embûche. Ils sont disposés à faire le nécessaire pour éviter l'éclatement de la relation, ou pour éventuellement la rétablir, sans toutefois s'y accrocher à tout prix, au risque de mettre en péril leur propre identité. Leur engagement est basé sur des notions de loyauté, de confiance, d'intégrité et d'exclusivité mutuelle dont je faisais état précédemment dans cet ouvrage. Pour eux, il est tout aussi important de demeurer unique aux yeux de leur partenaire que de pouvoir lui faire totalement confiance.

Voilà donc les secrets des gens qui se réalisent dans leur relation de couple. Comme nous pouvons le constater, tout cela n'a rien à voir avec la pensée magique. Pour réussir, il est indispensable d'établir des priorités dans une relation de couple et de distinguer l'essentiel de l'accessoire. En effet, le bonheur à deux est constitué d'un heureux mélange de comportements, d'attitudes et d'habitudes qui deviennent, avec le temps, de précieux indicateurs de satisfaction mutuelle.

Il est cependant possible que l'infidélité compromette, ne serait-ce que temporairement, certains comportements qui avaient l'habitude de rapprocher les conjoints. Il se peut aussi, tout comme dans le cas de Catherine et de Guillaume, que cet événement incite les partenaires à revoir des façons de faire qu'ils avaient négligées depuis des années. On doit aussi se rendre compte qu'il n'est pas toujours nécessaire de changer complètement certaines situations. Il est parfois préférable d'accepter qu'elles s'inscrivent dans le parcours d'une vie de couple et d'apprendre à composer avec elles de façon plus sereine. Doit-on comprendre pour autant qu'il suffit de reprendre ces bonnes attitudes pour retrouver le plaisir de vivre à deux ? Tout n'est pas si simple, car il faut pardonner ce qui s'est passé et reprendre confiance. Nous nous y attarderons un peu plus loin.

Le temps venu de la décision

Dans l'état actuel des choses, Catherine et Guillaume devraient-ils se donner une chance et poursuivre leur relation ? Comme nous l'avons vu précédemment, ils ont dressé un bilan réaliste et plutôt positif de leur relation actuelle. Ce genre de constat est d'ailleurs assez fréquent chez les couples qui acceptent de consulter un thérapeute. De plus, il faut rappeler qu'ils ont répondu à ces questions trois mois après la découverte de l'infidélité de Catherine. S'ils avaient répondu aux mêmes questions au cours des semaines qui ont suivi cette découverte, leurs réponses auraient sûrement été fort différentes. Ce ne sont cependant pas tous les couples en difficulté qui arrivent à des résultats semblables.

En effet, lorsqu'on analyse leurs réponses et qu'on les met en perspective avec les clefs du bonheur à deux, on constate qu'ils possèdent encore plusieurs atouts, ce qui n'a pas toujours été le cas. Tout d'abord, Catherine et Guillaume semblent accepter et même profiter de leurs différences. Ils ne se situent pas du tout dans une dynamique de dénigrement ou de domination de l'autre.

Guillaume souhaite véritablement se remettre en question et être plus attentionné à l'endroit de celle qu'il aime, même si ces changements arrivent un peu tard et qu'elle ne les apprécie pas toujours spontanément. Catherine a convenu de ne pas revoir Vincent, le temps de faire le point sur sa relation avec Guillaume. Elle se rend compte aussi que ses sentiments pour son amant s'estompent lentement depuis qu'elle s'en est éloignée. Guillaume et elle ont recommencé à se livrer à des activités agréables ensemble et à partager des intérêts communs. Ils échangent et s'ouvrent l'un à l'autre de plus en plus facilement. Ils manifestent également beaucoup d'ouverture et de respect pour ce que l'autre exprime.

Pourquoi continuer?

Catherine ne veut pas que sa décision repose uniquement sur ce qu'elle ressent actuellement pour Vincent. Au fond d'elle-même, elle sait que ses sentiments amoureux pour son amant auront également à subir l'épreuve du temps. Forte de son expérience avec Guillaume, elle prend conscience que l'emballement des débuts peut céder assez rapidement la place à la routine et à la monotonie. Elle considère donc qu'il est risqué de prendre une décision sur une simple projection de ce que pourrait être la vie avec Vincent. Les sentiments qu'elle éprouve encore pour cet homme brouillent sa perception de l'avenir. En effet, elle est consciente qu'ils n'ont jamais vécu ensemble, n'ont jamais partagé de responsabilités, n'ont jamais eu à faire de compromis, ni à s'entendre sur l'éducation des enfants. Pour l'instant du moins, elle arrive mal à imaginer s'ils auraient de la facilité à composer harmonieusement avec de telles situations.

Sans vouloir comparer les deux types de relation, elle se rend compte qu'il serait beaucoup plus avantageux de se donner du temps avec Guillaume. Ne serait-ce que pour les enfants, et pour ce qu'ils ont construit ensemble, elle estime qu'il vaut encore la peine de donner une dernière chance à leur union. Ses attentes sont cependant réalistes, et elle est consciente qu'on ne rebâtit pas un nouveau couple du jour au lendemain. Elle est toutefois motivée par les changements qui s'opèrent déjà dans sa relation d'origine. Elle ne veut surtout pas entreprendre une nouvelle vie à deux, habitée par le doute qu'il lui aurait encore été possible de vivre heureuse avec Guillaume. Si ces efforts de réconciliation ne produisent pas les effets escomptés, elle aura au moins la satisfaction d'avoir sincèrement essayé. Elle opterait alors sereinement pour la séparation, convaincue que Guillaume et elle ne sont pas faits l'un pour l'autre.

Pour Guillaume, l'infidélité lui aura permis de redécouvrir sa partenaire. La thérapie qu'ils ont entreprise ensemble a confirmé son désir de s'investir dans la relation, malgré toute la souffrance qu'il a vécue. Les résultats du bilan l'ont encouragé et lui ont fait prendre conscience qu'ils avaient plusieurs points positifs en commun. Il constate aussi que Catherine s'en veut de lui avoir menti pendant tout ce temps. Elle est aujourd'hui plus transparente, et elle répond honnêtement à ses questions, même si cela la blesse encore. Bien qu'il la sente parfois un peu mal à l'aise, il apprécie qu'elle soit sensible à sa souffrance, qu'elle se montre disponible pour l'écouter et qu'elle fasse des efforts pour que leur relation s'améliore. Pour lui, il est clair qu'il n'aurait pas accepté de poursuivre si Catherine avait continué de voir Vincent. Bien qu'il constate qu'elle est encore parfois songeuse, il se sent rassuré à l'idée qu'elle est conséquente avec sa décision de ne plus le revoir, le temps qu'ils fassent le point et qu'ils prennent les décisions qui s'imposent.

Poursuivre l'aventure?

À l'opposé de Catherine, certaines personnes pourraient baser leur décision uniquement sur leur sentiment pour leur nouvelle flamme, même si leur relation d'origine présente encore des chances évidentes de survie. Elles estiment qu'il est trop exigeant de rebâtir une relation après un tel traumatisme, que la route est parsemée de trop nombreuses embûches, et qu'elles ne veulent plus nourrir d'espoir pour se retrouver finalement encore déçues. Elles préfèrent croire qu'il sera plus facile de recommencer avec quelqu'un d'autre en faisant table rase des expériences négatives du passé. Elles veulent repartir à zéro sur de nouvelles bases au lieu de reconstruire sur de vieilles fondations. Ces personnes préfèrent risquer l'aventure, quitte à se tromper et à en assumer les conséquences.

Dans certains cas, la relation avec le nouveau partenaire s'avère préférable à plusieurs points de vue et à plus long terme. Les personnes qui font ce choix auront cependant avantage à demeurer vigilantes afin de ne pas reproduire ce qui n'allait pas dans leur relation précédente. Plus conscientes des lacunes de leur relation d'origine, elles sont maintenant censées savoir beaucoup mieux ce qu'elles veulent et ce qu'elles ne désirent plus.

Toutefois, certaines de celles qui ont choisi de se rendre au bout de leur aventure déchantent lorsque l'emballement des débuts s'estompe et qu'elles doivent faire face à la réalité quotidienne. Elles ne sont guère plus satisfaites de leur nouvelle relation, car elles se rendent compte qu'elles ont tout simplement répété ce qu'elles voulaient fuir.

Certaines personnes trompées, contrairement à Guillaume, n'accepteront jamais de vivre avec un partenaire qui les a trahies, même s'il s'agit d'une histoire d'un soir. Plusieurs d'entre elles n'ont jamais été tentées par l'infidélité, alors que d'autres, par principe ou par force de caractère, se sont assurées de ne pas y succomber, malgré les tentations. Ces personnes auront beaucoup de difficulté à comprendre et à pardonner la vulnérabilité, même passagère, de leur partenaire. Certaines ne percevront pas l'infidélité de leur conjoint comme une faiblesse occasionnelle, mais plutôt comme un manque de considération manifeste à leur égard, ou encore comme un désir délibéré de leur partenaire de vouloir les blesser.

Elles n'accepteront pas que des lacunes de leur propre relation puissent expliquer le besoin de leur conjoint de vouloir les combler avec une autre personne. Elles préféreront le condamner et le considérer comme un menteur, un égoïste et un irresponsable, malgré un passé exempt de reproches. L'aventure de leur partenaire embrouillera pour longtemps, sinon pour toujours, la perception qu'elles ont de lui en dépit de tous les aspects positifs de leur relation. Elles considéreront que le mal est fait, comme si quelque chose s'était déréglé et ne pouvait être réparé. Ces personnes préféreront mettre rapidement un terme à leur relation et demeurer conséquentes avec leurs principes et leurs valeurs. Elles croiront ainsi échapper à la douleur inhérente à cette expérience, tout en évitant de s'exposer à une éventuelle récidive de leur partenaire.

Choisir de rester malgré tout

À la suite d'une expérience d'infidélité, ou après avoir effectué un bilan complet de leur relation de couple, certains conjoints prennent conscience qu'ils n'ont pas vraiment vécu d'expériences heureuses avec leur partenaire. Certains en arrivent même à la conclusion qu'ils n'ont jamais été véritablement satisfaits dans leur vie à deux. Ils se rendent compte qu'il n'y a pas d'indices assez encourageants pour nourrir quelque espoir que ce soit dans leur présente relation. Pourtant, plusieurs d'entre eux décideront quand même de poursuivre leur relation d'origine. Pourquoi?

« Parce que je l'ai dans la peau! » L'attrait mutuel et le désir de l'autre procurent certes des moments de plaisirs intenses, mais ne suffisent pas à assurer le bonheur à long terme. Même si on éprouve une forte attirance pour l'autre, celle-ci ne suffit pas à être heureux en couple, surtout si les autres indicateurs de bonheur sont absents (voir chapitre 7). Il demeure cependant toujours possible de désirer l'intensité passionnelle plutôt qu'une relation stable et harmonieuse. Il faut alors être prêt à en subir les conséquences et à vivre avec les tribulations qu'elle suscite.

De même, il n'est pas rare de voir des gens s'enliser à long terme dans une relation malheureuse, parce qu'ils estiment les autres solutions guère préférables. Ils ne croient plus que quelqu'un d'autre puisse s'intéresser à eux et veuille bâtir un avenir meilleur en leur compagnie. Ils se ferment à toute possibilité de crainte de revivre semblable ou pire situation ailleurs. Ils sont paralysés et ne prennent aucun risque. Ils ne sont pas à la recherche de la meilleure option, mais plutôt de la moins mauvaise. Comme s'ils ne s'accordaient plus la possibilité d'améliorer leur sort et qu'ils se résignaient finalement à être malheureux. Lorsque je traiterai directement de la séparation au chapitre 10, on verra qu'une telle réflexion est certes difficile, mais pas aussi dramatique que certains pourraient l'imaginer.

D'autre part, certains conjoints prendront la décision de demeurer ensemble dans le but d'assurer le bien-être de leurs enfants et de leur éviter des perturbations inutiles. Ce choix pourra s'avérer défendable dans la mesure où ces parents auront conservé une bonne collaboration entre eux et qu'ils arriveront à dissimuler suffisamment leurs tensions à leurs enfants. En revanche, les parents qui décideront de poursuivre la relation, tout en continuant de s'invectiver et de s'entre-déchirer, se méprendront quant à leur volonté d'éviter le pire à leurs enfants. En effet, demeurer ensemble, malgré les divergences qui les opposent, ne fera aucun bien aux jeunes. Car les enfants, peu importe leur âge, sont particulièrement sensibles aux tensions qui existent entre leurs parents et peuvent être très affectés pas les conflits qui en résultent. Les parents qui souhaitent sincèrement le bonheur et l'épanouissement de leurs enfants, malgré la crise qu'ils traversent, auront tout avantage à continuer de se respecter comme adultes, même si le lien amoureux a disparu. Ils gagneront plutôt à s'appuyer l'un sur l'autre et à s'entraider pour assurer l'éducation de leurs enfants, et ce, peu importent les orientations que prendra chacune de leur vie respective.

Quelques cas singuliers

Voilà déjà six mois que Carole a découvert les infidélités de Richard. Leur situation ne s'est pas tellement améliorée, surtout depuis que Carole a appris qu'il avait eu une nouvelle aventure avec une de ses anciennes flammes. Elle n'y comprend rien, car Richard lui avait juré que tout cela était terminé. Il lui avait même promis que jamais plus il ne la tromperait. Il disait vouloir repartir à zéro, recommencer une nouvelle vie auprès d'elle et s'investir pleinement dans leur relation. Il lui répétait qu'il l'aimait et qu'il ne voulait pas la perdre.

Carole y a cru un certain temps. Elle espérait qu'il change et que leur amour soit assez fort pour traverser cette crise et repartir sur de nouvelles bases. Même si elle n'avait pas eu d'explications satisfaisantes de la part de Richard concernant son infidélité, elle se disait qu'il avait compris et pris conscience de tout le mal qu'il lui avait causé. Elle remarquait qu'il faisait attention, qu'il rentrait à des heures convenables et qu'il avait même refusé de participer à des réunions de fin de semaine pour ne pas trop l'inquiéter. Elle était portée à croire que le cauchemar était chose du passé.

À tort ! En effet, Richard n'a pu s'empêcher de céder de nouveau à la tentation. Malgré toute la souffrance qu'il a causée à son épouse, il a vite repris ses vieilles habitudes. Convaincu qu'il ne fait rien de mal tant que Carole ne l'apprend pas, il estime que le plus important est d'éviter de se faire prendre. Cependant, lui aussi nage en pleine méprise, car Carole n'est pas aussi naïve qu'il le croit.

Ainsi, un certain temps après les événements, Richard lui annonce qu'il rentrera plus tard dans la soirée, car il doit rencontrer un client. Carole se méfie. Elle a en effet appris à être plus attentive qu'auparavant à sa petite voix intérieure. Vers 19 h, elle prend son auto et se rend à l'hôtel où Richard avait l'habitude d'amener ses conquêtes. Sa voiture n'y est pas. Ne se laissant pas décourager pour autant, elle décide de jeter un coup d'œil dans les stationnements des autres hôtels environnants. Elle se trouve un peu ridicule de le surveiller ainsi, mais elle décide quand même de continuer, car le doute persiste. Peu de temps s'en faut pour qu'elle aperçoive la voiture de son mari. Elle frappe à la porte de la chambre, et Richard ouvre. Cette fois-ci, Carole n'est même pas étonnée de voir une femme étendue sur le lit. Richard n'ose dire un mot. Elle le quitte en lui disant qu'elle demandera le divorce. Il est clair pour elle qu'elle n'a plus la force de traverser une épreuve semblable à celle qu'elle a déjà vécue. Elle ne lui fera plus jamais confiance. Elle est rendue au-delà du pardon.

Tout comme Carole, certaines personnes se rendront compte qu'elles vivent avec un infidèle chronique. Dans des cas limites comme celui-ci, personne ne devrait se faire d'illusions, et ce, peu importent les regrets ou les désirs de repentir que les Richard de ce monde exprimeront. Malgré les blessures que l'aveu ou la divulgation de leurs aventures ont pu créer, ces infidèles ne pourront s'empêcher de retomber dans leurs vieilles habitudes. Ceux qui correspondent à ce profil ne se corrigeront pas tant et aussi longtemps qu'ils n'entreprendront pas une démarche sérieuse et suivie auprès d'un spécialiste qualifié pour ce type de problématique. Ensemble, ils devront remonter à la source du problème, qui trouve souvent son origine dans différentes difficultés vécues en bas âge (surprotection, assujettissement, abus, négligence, etc.), ou dans des modèles inadaptés de relations familiales que l'enfant a hérités. Une simple réflexion sur les perturbations de leur couple ne suffira pas à recréer des conditions qui permettront d'espérer un avenir meilleur à deux.

Comme nous venons de le voir, la décision de quitter son partenaire ou de poursuivre sa relation d'origine à la suite de la découverte de l'infidélité demeure un choix très personnel, qui repose sur différents facteurs dont l'importance est appelée à varier d'un individu à l'autre. Afin de se donner toutes les meilleures chances possibles, il est fortement recommandé à chacun des conjoints, avant de prendre quelque décision que ce soit, de bien définir ce qui, en lui ou entre les deux, a engendré de telles difficultés.

En effet, il n'est pas rare de rencontrer des gens qui, quelques mois à peine après avoir entrepris une nouvelle vie à deux, ont l'impression de revivre, à peu de chose près, les mêmes difficultés que celles éprouvées dans leur relation d'origine. Comme la vie a souvent tendance à emprunter les mêmes chemins, mieux vaudrait qu'ils évitent de recréer consciemment ce qui les a déjà fait souffrir. Pour ce faire, ils auront tout avantage, après une première prise de conscience, à effectuer les changements qui s'imposent. Le défi ultime ne consiste pas à changer de personnalité, mais plutôt à en améliorer les aspects qui posent problème dans le cadre d'une vie à deux.

Il est permis de croire qu'une relation de couple, même secouée par les conséquences de l'infidélité, peut être relancée avec confiance et optimisme. En effet, si un certain nombre d'ingrédients essentiels au bonheur sont réunis, que les insatisfactions relationnelles peuvent être résolues et que les crises personnelles sont en voie d'être résorbées, il serait dommage de ne pas investir certains efforts avant de tout remettre en question, surtout si des enfants sont en cause. La vie en famille recomposée comporte tellement de nouveaux défis que plusieurs couples n'y survivent pas et se voient contraints à une seconde séparation; de même, la vie de famille monoparentale n'est pas de tout repos. D'autre part, certains se retrouvent dans une relation où l'on abuse d'eux, ou se rendent compte qu'ils n'ont jamais été réellement heureux avec leur partenaire. Ceux-là devraient consulter un spécialiste pour apaiser leurs craintes relatives à la séparation et se donner le droit et les moyens d'espérer en une vie meilleure.

Peu importe la perspective envisagée, nous venons de mesurer toute l'importance de procéder à un bilan complet de sa vie de couple. Dans des moments de crise comme ceux que vivent Catherine et Guillaume, il s'agit là d'un moyen privilégié pour mieux y voir clair et se donner les meilleures chances possibles afin de prendre les bonnes décisions. Un bilan effectué sérieusement par les deux partenaires leur permettra de trouver les éléments nécessaires pour s'offrir une seconde chance, ou pour se séparer pour les bonnes raisons. Comme nous allons le voir maintenant, on n'est jamais trop bien préparé pour affronter ces étapes déterminantes pour l'avenir.

Chapitre 9

Se donner une seconde chance

Nous venons de constater l'importance de bien faire le tour de la question avant de prendre quelque décision concernant l'avenir de la relation. Le type de bilan que j'ai proposé permettra à des partenaires de se rendre compte que, au-delà des traumatismes et des blessures causés par l'infidélité, leur union mérite encore une nouvelle chance, afin qu'ils surmontent cette épreuve et retrouvent le bonheur. Pour ceux et celles qui choisiront de s'y investir, il s'agit d'un défi redoutable qui exigera un investissement total de la part de chacun des conjoints. Comme nous le verrons, rien ne s'annonce facile, mais tout demeure possible. « Patience et longueur de temps font plus que force ni que rage », disait le fabuliste Jean de La Fontaine.

Mettre un terme à l'aventure

Choisir de se réinvestir dans sa relation d'origine, pour se donner une chance de la reconstruire, ne s'avère pas une mince décision. Pour ceux qui éprouvent encore des sentiments amoureux, ou qui vivent toujours des liens très forts avec l'amant ou la maîtresse, ce choix sera d'autant plus difficile. Un jour ou l'autre, l'infidèle devra avoir le courage de prendre une décision et d'en assumer les conséquences. D'une part, l'ambivalence de celui qui trompe est appelée à devenir insupportable pour tout le monde. D'autre part, son hésitation peut amener le conjoint trompé à prendre lui-même une décision dans le but d'atténuer sa propre souffrance. En effet, très rares sont les personnes qui acceptent que l'être aimé poursuive une double vie. Comme nous l'avons vu précédemment, l'exclusivité des partenaires demeure une condition essentielle à l'amour en couple.

Poursuivre une relation parallèle, après que l'infidélité a été découverte, révèle que l'infidèle est prêt à mettre en péril sa relation d'origine et qu'il n'est pas disposé à faire les efforts requis pour donner au couple une nouvelle chance. Une telle situation risque de fragiliser davantage le peu de confiance que le conjoint trompé pourrait encore avoir pour lui. De plus, si l'infidèle laisse dégénérer la situation, le partenaire trompé pourrait décider de prendre l'initiative de la séparation et de refuser toute collaboration pour améliorer les choses.

D'autre part, choisir de continuer avec son partenaire d'origine ne signifie pas que les sentiments à l'endroit de l'amant ou de la maîtresse s'estomperont automatiquement. De façon générale, l'amour et l'attachement survivent un certain temps à la décision. Ce sera d'autant plus difficile pour les infidèles qui ont décidé de mettre fin à leur relation parallèle, alors qu'elle en était encore au stade de l'emballement. Cela s'explique par le fait qu'ils n'auront connu que de bons moments avec leur maîtresse ou amant. N'ayant pas eu le temps de découvrir les défauts de l'autre ou de vivre des déceptions, il se peut que, pendant un certains temps, ils continuent d'idéaliser la nouvelle flamme de même que le devenir de leur relation.

Il est probable aussi que, si la tierce personne occupe encore une place dans le cœur de l'infidèle, ce dernier ressente de la tristesse pour quelque temps. Il est même fréquent qu'il se remémore les moments d'envoûtement passés avec l'autre, et qu'il se sente coupable de l'avoir blessé, en mettant un terme à leur relation. Cependant, en général, les sentiments de tristesse, de culpabilité et d'amour pour l'autre s'estompent au fur et à mesure que s'affirme l'engagement auprès du conjoint d'origine. L'expression «loin des yeux, loin du cœur» commence alors à prendre un certain sens.

> *Lorsque j'ai rencontré Vincent pour lui dire que je souhaitais ne pas le revoir au cours de ma période de réflexion, il a compris, mais il s'est montré perplexe. Cependant, quelques mois plus tard, quand je lui ai annoncé que j'avais pris la décision de poursuivre avec Guillaume et de mettre un terme à notre liaison, il s'est littéralement effondré. Il était convaincu que mon choix se porterait vers lui. Il n'arrêtait pas de pleurer à chaudes larmes. Il me disait que je ne pouvais pas lui faire cela, qu'il ne s'en sortirait jamais et qu'on ne pouvait pas interrompre quelque chose d'aussi merveilleux.*
>
> *J'ai été touchée par sa réaction, car j'éprouve encore des sentiments pour cet homme. Je m'en voulais de faire encore du mal à une personne qui m'aimait et avec qui j'avais partagé de très beaux moments. Mon choix était cependant fait, et il n'y avait aucun doute dans ma tête. Il insistait pour dire que je faisais une grave erreur et que j'allais le regretter. Il disait que je reviendrais sûrement vers lui prochainement et qu'il était prêt à m'attendre. Il m'a même demandé de faire l'amour avec lui une dernière fois pour qu'il puisse me laisser partir plus facilement. J'ai refusé, car je ne voulais surtout pas sortir de cette rencontre encore plus perturbée et me sentir coupable d'avoir de nouveau trahi mon conjoint. Je ne voulais pas*

détruire tous les progrès que Guillaume et moi avions faits au cours des derniers mois.

Comme pour Catherine, cette démarche de quitter l'amant ou la maîtresse n'est jamais facile, surtout quand de forts liens existent toujours. Tout en faisant preuve de délicatesse à l'endroit de cette personne, il faut pourtant lui transmettre des messages sans équivoque et demeurer ferme. Il ne s'agit pas de rabrouer quelqu'un qui aime encore ou qui fonde l'espoir de partager sa vie avec la personne aimée. Il s'agit plutôt de l'informer clairement que la décision est prise, qu'elle est irrévocable et que l'on souhaite s'investir pleinement dans la relation d'origine. Il est également important de lui demander de respecter ce choix, même s'il se montre en désaccord avec. Il faut également s'attendre à ce que, comme Vincent, il tente de persuader l'être aimé qu'il est dans l'erreur.

Il est essentiel d'être assez convaincu et convaincant pour que cette personne comprenne qu'elle ne pourra pas renverser la décision, et que le choix est sans appel, peu importe ce qu'elle fait pour persuader l'autre du contraire. Tout comme Catherine, il faut être déterminé et affirmatif pour résister aux arguments et, éventuellement, aux avances de l'amant ou de la maîtresse. L'objectif de la rencontre est de mettre un terme à la relation sans laisser quelque espoir que ce soit. Dans la majorité des cas, il est préférable d'annoncer cette décision lors d'un tête-à-tête. Cependant, certaines personnes pourront se sentir trop vulnérables ou trop mal à l'aise pour procéder ainsi. Elles préféreront alors le faire par téléphone ou par écrit. Peu importe le moyen employé, il est absolument nécessaire que leurs propos s'appuient sur les trois éléments suivants afin d'éviter toute ambiguïté.

Tout d'abord, il faut mentionner clairement les raisons qui poussent à mettre un terme à cette aventure. Il sera en effet plus facile pour la personne abandonnée d'amorcer le deuil de la relation si elle comprend bien les raisons qui ont mené jusque-là. En second lieu, il est nécessaire de préciser que l'on souhaite poursuivre la relation d'origine. Enfin, il est tout aussi important d'inviter l'amant ou la maîtresse à respecter cette décision, à ne pas chercher à faire changer d'idée ou à reprendre contact avec l'infidèle pour quelque raison que ce soit.

Quitter sans tout briser

Certains infidèles souhaitent avoir plus d'une rencontre pour mettre un terme à leur relation parallèle, surtout si elle dure depuis des années. Ils estiment que cette façon de faire leur permet d'aborder le sujet plus délicatement, de mieux faire comprendre leur décision à leur maîtresse, de l'aider à mettre fin à la relation afin qu'elle amorce son deuil, et de dissuader cette personne d'un éventuel retour. Ils ne veulent pas abandonner abruptement un être qu'ils apprécient et pour lequel ils éprouvent toujours de la tendresse.

> *Mon aventure avec Catherine est probablement une des choses les plus merveilleuses qui me soit arrivée depuis des années. Elle est tout ce que je recherche chez une femme : jolie, sensuelle, intelligente, responsable, affectueuse, drôle, curieuse, etc. Au fil de nos rencontres, je me suis tellement attaché à elle que j'étais prêt à chambouler ma vie entière afin de pouvoir la retrouver. J'étais même prêt à quitter ma femme pour refaire ma vie avec elle. Nous avions même imaginé ce que pourrait être notre avenir ensemble : la vie en famille recomposée, le type de maison qu'on se ferait construire, et tout le reste. Pour moi, c'était sérieux. J'étais impatient de voir ce projet de vie commune se réaliser. J'étais aussi un*

peu fatigué de vivre cette relation en secret, de ne pas pouvoir présenter Catherine à ma famille, à mes amis, de ne pas me réveiller avec elle le matin et de devoir se cacher quand on se voyait. Mais je m'encourageais en me disant que tout cela était temporaire, qu'elle laisserait Guillaume et que nous allions enfin être ensemble dans peu de temps.

Quand elle m'a dit que Guillaume avait découvert notre relation, j'ai cru qu'elle profiterait de l'occasion pour lui annoncer qu'elle le quittait. Je ne me doutais pas à quel point j'étais dans l'erreur. Au contraire, elle s'est montrée particulièrement troublée par les bouleversements qu'elle a provoqués chez lui. Elle me disait vouloir prendre un peu de recul pour réfléchir. Réfléchir à quoi ? Pour moi, le choix était pourtant simple : on s'aimait et on était bien ensemble. La décision me semblait aller de soi.

Je cherchais alors à me rassurer en me disant qu'elle avait besoin d'un peu de temps pour faire accepter à Guillaume sa décision de le quitter. Encore là, je me trompais. Quelques semaines plus tard, elle m'annonçait qu'elle y avait bien pensé et qu'elle voulait donner une seconde chance à leur union. Je m'en rappelle comme si c'était hier. Je revois ses lèvres bouger, mais je n'entendais pas les sons qui sortaient de sa bouche. En fait, je ne voulais pas les entendre.

Les jours qui ont suivi ont été cauchemardesques pour moi. Je suis passé de la colère au désespoir le plus total, sans compter que j'ai connu de nombreuses crises d'anxiété. J'avais tellement mal que j'aurais préféré que la vie s'arrête. Devant ma détresse, Catherine a au moins eu la décence de me rencontrer quelques fois pour me faire comprendre sa décision et tenter de me réconforter. J'ai compris, sans pour autant l'accepter, qu'elle avait espoir que sa relation d'origine reprenne son élan. Elle m'a répété que son conjoint s'était ressaisi et qu'elle ne voulait pas faire vivre la séparation à ses enfants. Je sais aussi que sa décision n'a pas été facile, car elle avait encore des sentiments pour moi, et qu'elle n'avait pas oublié les beaux moments que nous avions passés ensemble. Je ne lui en veux plus aujourd'hui, mais elle me manque toujours terriblement.

Ce ne sont pas toutes les personnes trompées qui peuvent accepter de donner du temps à leur partenaire infidèle pour mettre un terme à sa relation illicite. Certaines sont encore trop vulnérables et méfiantes pour croire que ce dernier ne se laissera pas tenter de nouveau lors de ces rencontres. Cependant, il existe un certain nombre d'indices et de références qui permettront aux personnes trompées de se sentir rassurées face aux démarches que souhaite entreprendre l'infidèle.

Tout d'abord, elles pourront vérifier auprès de leur conjoint si leur décision de mettre un terme à leur aventure est sans équivoque, et que leur désir de rencontrer leur maîtresse n'a pas pour but de tester l'ardeur de leurs sentiments ou de susciter quelque espoir chez elle. De même, les personnes trompées qui acceptent une telle démarche pourront se sentir à l'aise de demander à leur partenaire de les tenir informées du moment et du contenu de ces rencontres. En effet, toute reprise de contact avec l'amant ou la maîtresse, provoquée ou non par l'infidèle, doit être communiquée à l'autre, même si cela risque de lui faire mal. Dans ce cas-ci, il n'est plus question pour l'infidèle de chercher à protéger le conjoint, en continuant de lui mentir ou en lui cachant de l'information, mais bien d'être le plus honnête possible afin de regagner sa confiance. Il n'y a rien de mieux que la transparence et l'honnêteté pour rétablir la crédibilité d'un partenaire qui s'est permis une aventure. Somme toute, le plus important est de maintenir le dialogue entre les conjoints, afin que tous deux se sentent à l'aise avec la façon dont l'infidèle mettra un terme à sa relation parallèle.

> *Catherine voulait rencontrer Vincent pour lui annoncer qu'elle le quittait. Premièrement, je ne comprenais pas pourquoi elle désirait le revoir à tout prix. Je croyais que cela pouvait simplement se faire par téléphone ou par écrit. Je craignais qu'en le rencontrant, elle ne succombe à son charme, qu'il la reconquière ou qu'elle ne retombe dans l'ambivalence. Je ne voulais pas que le vent tourne, et que nous sabotions la démarche entreprise. J'avais l'impression qu'elle s'apprêtait à nous jeter tous les deux dans la gueule du loup. J'interprétais cette démarche comme un indice qu'elle l'aimait encore ou qu'elle cherchait à savoir s'il avait toujours des sentiments pour elle. J'ai exprimé toutes mes appréhensions à Catherine, et elle a su me rassurer. Elle a pris la peine de m'expliquer les raisons de sa démarche. Elle souhaitait que Vincent constate et ressente que sa décision était finale et irrévocable. Elle ne voulait pas qu'il demeure avec l'impression qu'elle ne restait avec moi que pour les enfants, parce qu'elle y était contrainte ou pour éviter les conséquences d'une séparation. Elle espérait que ces rencontres permettraient à Vincent de comprendre le sérieux de sa décision afin qu'il ne se fasse pas d'illusions. En somme, elle voulait procéder correctement avec cet homme, qui avait encore de forts sentiments pour elle et qui vivait, tout comme moi, une profonde détresse.*

Au début, je percevais Vincent uniquement comme un coureur de jupons et un gars sans morale, mais je me trompais royalement. J'ai enfin compris que cet homme était vraiment tombé amoureux de Catherine et qu'il n'avait pas simplement cherché à profiter d'une situation ambiguë. Quand Catherine tentait de me faire prendre conscience qu'il souffrait lui aussi, je réagissais de différentes façons. Parfois, j'étais inquiet et jaloux, car je voyais qu'elle était encore très sensible à ce qu'il vivait. À d'autres moments, je me réjouissais qu'il souffre autant que moi, et que, ainsi, justice soit rendue. Catherine me trouvait cruel, ce qui me fâchait davantage, car je me disais qu'elle cherchait alors à le protéger et à prendre sa défense. Enfin, à mon grand étonnement, j'éprouvais aussi par moments une sorte de pitié pour ce pauvre type qui se faisait abandonner par la femme qu'il aimait.

Travailler avec l'amant ou la maîtresse

Il arrive fréquemment que l'amant ou la maîtresse partage le milieu de travail de l'infidèle. Dans les situations où il devient nécessaire de mettre un terme à la relation, les choses risquent d'être beaucoup plus simples s'il y a possibilité d'une réaffectation dans un autre département, ou sur un autre projet, afin d'éviter ou de limiter les contacts. Ces mesures sont parfois applicables sans trop de conséquences pour l'infidèle et l'entreprise qui l'emploie. Dans d'autres cas, la perspective d'une réaffectation ou d'un départ volontaire n'est pas envisageable pour des raisons liées au plan de carrière ou à l'aspect financier.

Si l'infidèle doit continuer à travailler dans l'environnement immédiat de l'amant, elle devra limiter ses contacts avec lui et entretenir des rapports strictement professionnels. Finis également les allusions et les jeux de séduction laissant croire qu'on est disposée à entreprendre ou poursuivre la relation amoureuse ou sexuelle. Terminées aussi les conversations sur la vie personnelle qui laissent croire que la relation d'origine ne va pas très bien et qui donnent des espoirs à celui qui s'intéresse à l'infidèle. On s'abstiendra non seulement de prendre des initiatives de rapprochement avec l'amant, mais on refusera également toute tentative de sa part. Même si on ne peut pas s'arrêter d'aimer du jour au lendemain, on peut au moins mettre un terme à des gestes et des attitudes qui rapprochent de l'autre et qui continuent d'entretenir cette relation.

Résister à un tiers persistant

Il est aussi possible que l'amant ou la maîtresse ne comprenne pas ou ne respecte pas la décision de l'infidèle qui lui a pourtant fait clairement savoir que leur relation était terminée. Il se peut même que l'amant se fasse insistant et harcelant. Il pourrait même tenter d'entrer en contact par courriel, par téléphone ou par le biais de visites impromptues au bureau ou à la maison lorsque le conjoint est absent. Certains amants abandonnés deviennent carrément obsédés par la personne qui les quitte. Un exemple éloquent de ce fait a été illustré dans le film à succès *Liaison fatale*. Il se peut aussi que certains d'entre eux cherchent à rejoindre les amies de l'infidèle afin d'obtenir des nouvelles, pour leur demander une faveur, ou pour passer un message à celle avec qui ils ont eu une aventure. « Peux-tu lui remettre cette lettre, s'il te plaît, et lui dire à quel point je l'aime ! »

Dans de telles situations, on ne doit pas cacher au partenaire les tentatives de l'amant d'entrer en contact avec soi ou avec l'entourage. Il faut plutôt former équipe avec lui pour mieux résister à ces différentes formes de harcèlement. Dans les cas extrêmes, il pourra s'avérer nécessaire de prendre des mesures judiciaires, ou même de faire appel aux forces de l'ordre pour se protéger d'une personne encombrante, ou carrément dangereuse, et pour l'éloigner définitivement.

Lors de notre dernière rencontre, Catherine m'a demandé de ne plus la contacter. Elle souhaitait s'investir totalement avec Guillaume. J'avoue ne pas avoir été capable de respecter son choix comme elle l'aurait souhaité. Je pensais constamment à elle, j'avais besoin de la voir, de lui parler et d'entendre sa voix. Pendant un certain temps, j'ai continué de lui envoyer des courriels. Elle ne me répondait pas. Je lui laissais également des messages à la pharmacie: aucun rappel. La troisième semaine, je suis allé la rejoindre à l'hôpital à la sortie de son travail.
Elle était surprise de me voir et elle s'est montrée plutôt froide. Je lui ai alors demandé pourquoi elle ne répondait pas à mes nombreuses communications. Elle m'a dit avoir été suffisamment claire la dernière fois et qu'elle ne voulait plus avoir aucun contact avec moi. Elle m'a rappelé qu'elle avait pris du temps pour m'expliquer et me consoler, mais qu'il fallait que cette relation s'arrête un jour et que, pour elle, ce moment était venu. Devant mon insistance, elle me disait ne pas se sentir respectée. Elle m'a aussi confié que si je continuais à vouloir communiquer avec elle, j'allais gâcher les beaux souvenirs que nous pouvions encore garder de notre relation. J'ai alors compris que j'étais allé trop loin. Je ne voulais surtout pas que Catherine m'en veuille et qu'elle conserve finalement une image négative de notre liaison. Je souhaitais que le tout se termine en beauté. J'ai donc mis fin à toute initiative pour la

joindre, ce qui ne m'empêche pas de penser à elle chaque jour.

Redéfinir des balises communes

Quand on a réussi à surmonter une épreuve aussi difficile que l'infidélité, on veut éviter à tout prix d'en revivre l'expérience. Pour qu'il n'y ait ni mésentente ni confusion, et pour ne pas raviver de vieilles blessures, il est important de préciser ce qui sera désormais inacceptable de vivre avec une tierce personne. Le but n'est pas de contrôler, ni de brimer indûment la vie de son partenaire, mais bien de s'assurer qu'il ne se retrouvera pas de nouveau dans des situations ambiguës qui susciteront des inquiétudes inutiles. Certains devront aussi revoir leur conduite à l'endroit des personnes de sexe opposé et mettre un terme à leurs jeux de séduction, pour éviter de transmettre des messages équivoques sur leurs intentions. Il ne s'agit pas de modifier sa personnalité au point de devenir de mauvaise compagnie pour les gens. L'idée consiste plutôt à apprendre à faire la différence entre l'entregent et la séduction.

Afin de vraiment mériter la confiance du partenaire trompé, il est important que l'infidèle respecte son engagement à l'exclusivité. Une fois les situations délicates clairement définies, le partenaire infidèle se doit d'être conséquent avec les décisions qui auront été prises. Il peut cependant arriver qu'en certaines circonstances, ce dernier prévoit être de nouveau plongé dans des contextes dangereux qu'il ne lui est pas toujours possible d'éviter. Par exemple, s'il doit se retrouver seul avec une collègue pour organiser une fête de bureau dans une auberge ou un hôtel de banlieue. Il serait irresponsable de sa part de prendre à la légère ou de faire fi de ces circonstances, en omettant d'en parler à sa partenaire. Il est plutôt de son devoir d'en informer sa conjointe le plus tôt possible afin d'éviter de la placer devant le fait accompli. S'il agissait différemment, son attitude pourrait alors être perçue comme une forme déguisée de mensonge.

Lorsque une telle situation se présente, il faut plutôt prendre le temps de consulter sa partenaire et de renégocier avec elle les balises acceptables, tout en faisant les compromis qui s'imposent, afin de trouver un terrain d'entente qui conviendra aux deux. Bien qu'une telle démarche de la part de l'infidèle doive tenir compte impérativement des attentes, des craintes et des désirs de l'autre, elle ne doit cependant, en aucun temps, signifier qu'il faille pour autant tout concéder sans poser de questions.

Encadrer certaines activités

Je pouvais comprendre Guillaume de s'inquiéter au sujet de certaines activités auxquelles je désirais participer. Cela m'a amenée à faire des concessions importantes, même si j'estimais qu'il n'y avait là rien de répréhensible. Certaines ont été plus difficiles que d'autres à accepter, mais je me disais que, pour l'instant, il valait mieux mettre de côté quelques-uns de mes intérêts personnels afin de rassurer Guillaume.

Par exemple, je me suis éloignée de l'ordinateur pendant un certain temps et j'ai mis de côté les groupes de discussion. Ce n'est pas essentiel dans ma vie, et cela me permet de passer plus de temps avec Guillaume. Au travail, j'ai aussi évité certaines activités de notre club social, parce que je comprends très bien qu'il n'est pas disposé à me voir partir, pendant toute une fin de semaine, dans un hôtel avec des collègues de l'hôpital. Parfois, cela m'irrite un peu qu'il ait de la difficulté à me faire confiance.

Mais je suis consciente que je suis mal placée pour le blâmer.
Je renonce à ces activités, non pas parce que Guillaume m'en empêche ou qu'il me contrôle, mais pour lui prouver que je suis sensible à ce qu'il vit et lui éviter des inquiétudes supplémentaires. Je ne veux pas le brusquer en l'exposant à des situations qui lui apparaissent encore menaçantes. Lorsque je désire quand même me livrer à certaines activités, comme des sorties avec mes amies, nous prenons le temps de discuter de ce qui pourrait le rassurer. Je lui dis où je vais et à quelle heure je vais rentrer. J'ai pris aussi l'initiative de l'appeler durant la soirée pour lui dire que je pense à lui.

Il ne faut jamais perdre de vue que l'infidélité est un événement traumatisant dans la vie des personnes trompées, et que, surtout au début, toutes situations pouvant rappeler cette expérience douloureuse déclencheront chez elles des émotions d'une intensité peu commune. Comme l'a compris Catherine, il est alors souhaitable de ne pas exposer son partenaire à des situations trop anxiogènes. Il est, à tout le moins, important de prendre le temps de discuter des moyens qui pourraient le rassurer avant d'entreprendre une activité à laquelle on tient.

La première fois que Catherine est sortie avec ses amies, je me suis mis à imaginer toutes sortes de scénarios. Je me disais qu'elle en profiterait pour aller voir Vincent. Je les voyais faire l'amour ensemble. J'ai même imaginé qu'il arrivait à la reconquérir et, qu'à son retour, elle m'annoncerait que notre relation était terminée. Ces images et ces pensées revenaient en boucle dans ma tête. Malgré tous mes efforts, je n'arrivais pas à m'en détacher. Je tremblais, j'avais la nausée et des sueurs froides. Quand elle est arrivée à la maison, elle s'est bien rendu compte de mon désarroi. Nous avons beaucoup discuté de ce que j'avais vécu et de la façon dont ça pourrait se passer la prochaine fois. Je lui ai confié que cela m'aiderait qu'elle apporte son téléphone cellulaire avec elle pour que je puisse la rejoindre et qu'elle me rassure, dans l'éventualité où ces moments de crise se répéteraient. Par ailleurs, j'ai pris conscience que je devais aussi faire les efforts nécessaires pour me reprendre en main et ne pas uniquement tout attendre d'elle.

Aujourd'hui, lorsqu'elle participe à une activité sans que je puisse l'accompagner, il m'est plus facile de réduire moi-même mon anxiété. Je me rassure à l'idée que notre relation va mieux, que Catherine est plus impliquée que jamais dans notre couple et qu'elle fait de nombreux efforts pour que la vie reprenne son cours normal. J'arrive aussi à me défaire de ces pensées malveillantes en jouant avec les enfants, en regardant un bon film, en lisant un livre captivant, en préparant un nouveau plat ou en appelant un ami. De plus, je me suis acheté une cassette de relaxation, et j'ai appris à mieux respirer pour m'apaiser lorsque l'angoisse fait son apparition.

Évidemment, rien n'est parfait. Parfois, j'éprouve encore le besoin de vérifier ses courriels et de la questionner sur ses activités. Mais je reprends confiance peu à peu, et ces pensées d'infidélité finissent par m'habiter moins souvent, durent moins longtemps et me bouleversent moins qu'auparavant. Au fond, je suis convaincu que nous sommes sur la bonne voie.

Il est normal que, pendant un certain temps, le partenaire trompé cherche à être tenu informé des allées et venues de l'autre. L'infidèle ne doit pas s'en offusquer. Il doit demeurer transparent et accepter de donner parfois des preuves de ce qu'il dit ou de ce qu'il fait (ex. : montrer son relevé de compte de cellulaire, de carte de crédit, etc.). S'il n'a rien à se reprocher, les vérifications ne feront que confirmer ses dires. Se choquer de telles demandes ne fait qu'augmenter les doutes du partenaire qui peut s'imaginer que l'autre lui cache encore des choses. En général, quand les relations redeviennent limpides, la confiance se rebâtit, et l'inquiétude diminue. À la longue, la parole seule vient à suffire. Une fois que sera contrôlée l'anxiété du partenaire trompé, l'ex-infidèle retrouvera une plus grande marge de manœuvre pour entreprendre différentes activités sans constamment soulever de doutes dans l'esprit de l'autre.

Prendre en considération le pardon

Que signifie vraiment pardonner ? Le terme est tellement galvaudé qu'il faut d'abord préciser ce qu'il ne veut pas dire. Même si on arrive à comprendre les raisons expliquant l'infidélité du partenaire, pardonner ne signifie pas que l'on trouve cette inconduite acceptable, que l'on cautionne l'infidélité ou qu'on est disposé à faire fi de son propre système de valeurs. Le pardon ne signifie pas non plus que l'on est disposé à s'accommoder de l'infidélité, en acceptant que le partenaire se complaise dans sa conduite. Le pardon ne veut surtout pas dire oublier l'infidélité et agir comme si elle n'avait jamais existé (Weeks et autres).

Pardonner signifie qu'on n'en veut plus à l'autre, qu'on s'est libéré du désir de se venger ou de lui faire payer son inconduite. Le pardon montre qu'on n'est plus habité par la colère ou la haine, ni envahi par l'expérience blessante. Il révèle également qu'on ne se considère plus comme une victime de son partenaire et qu'on s'est affranchi du passé, au lieu d'y revenir sans cesse pour se faire souffrir davantage ou pour blesser l'autre.

En général, une démarche de pardon nécessite du temps, et elle s'en trouve facilitée dans la mesure où l'offenseur accomplit certains gestes bien concrets. Dans le cas de l'infidélité, ces conditions favorables pourraient prendre les formes suivantes :

- l'infidèle manifeste de la compassion pour la souffrance de son partenaire au lieu de le juger uniquement à partir de ses réactions ;
- il reconnaît, sans les banaliser, les erreurs commises et il s'excuse sincèrement pour les torts qu'il a causés au partenaire trompé ;
- l'infidèle cherche à comprendre ce qui s'est passé, non dans le but de se justifier, mais surtout pour entreprendre des changements personnels qui réduiront ou élimineront les possibilités de récidive ;
- de plus, l'infidèle manifeste de nouveau une loyauté de tout instant à l'endroit de son partenaire.

J'en ai voulu longtemps à Catherine de m'avoir causé tout ce tort. Au début, je me disais qu'elle se moquait de moi ou qu'elle désirait me blesser. Je me complaisais à la percevoir comme le bourreau, et moi, comme la victime. Avec le temps, j'ai compris que son comportement n'était pas dirigé contre moi. Elle ne voulait pas me faire mal, se venger ou me manquer de respect. Elle se cherchait et elle n'était pas heureuse avec moi. C'est la raison pour laquelle Catherine est devenue vulnérable. Cela m'a pris un certain temps avant d'accepter ses explications. Aujourd'hui, quand je prends conscience de la sensibilité et de la peine de Catherine devant ma souffrance, je me rends compte que je me méprenais sur ses intentions. Je sens qu'elle regrette sincèrement de m'avoir blessé et qu'elle s'en veut de m'avoir menti. J'ai de moins en moins l'impression qu'elle me cache des choses et je suis conscient que je m'inquiète bien souvent pour rien.

Il est important pour l'infidèle de reconnaître franchement ses torts, de s'excuser sincèrement et de faire preuve d'un désir manifeste de changement. Rongés par les remords ou la honte, certains infidèles ne s'arrêteront cependant pas là. Ils s'en voudront au point de se dévaloriser totalement et de sombrer dans la déprime. Ils vont chercher alors à s'isoler, tellement ils se sentent responsables des torts et des souffrances qu'ils ont infligés à leur partenaire. Pour se pardonner à leur tour, ces gens devront apprendre à se juger moins sévèrement et à relativiser des comportements qui relèvent de la nature humaine.

En effet, personne n'est entièrement à l'abri d'une telle expérience. L'infidélité n'est pas un acte de cruauté délibéré, mais plutôt une façon maladroite de palier certaines carences personnelles ou relationnelles. Dans la grande majorité des cas, l'infidèle n'a pas l'intention de blesser sa partenaire lorsqu'il se permet un tel écart de conduite. La plupart du temps, toutefois, l'infidèle sait que son comportement est inacceptable. Cependant, il n'en mesure pas toujours toute l'irresponsabilité. Il vit l'instant présent en nourrissant l'illusion qu'il ne sera pas découvert, et que, par conséquent, son partenaire d'origine n'en souffrira pas.

Ce sont généralement ceux qui sont trompés qui découvrent l'infidélité de l'autre. En effet, les infidèles ne se vantent pas de leur comportement à leur conjoint. Au contraire, ils avouent rarement leur inconduite. Cependant, il ne faudrait pas pour autant généraliser certains jugements hâtifs de la part de l'entourage des personnes trompées. Car, même si les infidèles cachent ou nient leur inconduite, la majorité d'entre eux sont honnêtes, responsables et dignes de confiance dans les autres sphères de leur vie.

Panser ses blessures

L'attitude de l'infidèle facilite grandement le pardon de la personne trompée. Mais il est aussi possible de vivre semblable libération, même si l'infidèle ne manifeste guère de regret ou de compassion. C'est le cas de Carole qui a pris le parti de prendre soin d'elle et d'arrêter d'en vouloir à Richard, sans pour autant accepter son comportement :

> *Je n'ai jamais vraiment senti que Richard reconnaissait réellement ses torts. J'ai toujours eu l'impression qu'il tentait de banaliser ce qu'il avait fait en plus de me reprocher de réagir trop fortement. Quand il s'excuse, c'est davantage pour me faire taire que pour me faire part de regrets sincères.*
>
> *Je ne suis pas non plus convaincue qu'il se sente coupable ou mal à l'aise de m'avoir menti et trompée. À l'entendre parler, la chose la plus regrettable dans cette histoire se résume au fait que j'ai découvert ses frasques.*
>
> *J'en avais assez de lui en vouloir à ce point. Pourquoi me laisserais-je affecter par un homme qui se soucie aussi peu de moi ? Je me suis rendu compte que je perdais mon temps pour une cause qui n'en valait plus la peine. Qu'il demeurerait toujours le même et qu'il serait préférable que j'arrête d'attendre un changement d'attitude de sa part pour être heureuse.*

J'ai cessé d'espérer de la sensibilité, de la compréhension ou du regret de sa part.
J'ai décidé de prendre ma vie en main et renoncé à vivre dans le passé. Je devais penser à moi, et à ce qui me ferait du bien, au lieu de me centrer sur lui. Pour ce faire, je me suis inscrite à un cours de yoga, je vais me faire masser régulièrement et je prépare un voyage avec des amies. J'ai compris que Richard ne me veut pas de mal, mais qu'il a un problème de dépendance au sexe. Je ne le changerai pas et je n'accepterai jamais de composer avec les conséquences de son problème. Cela dit, je ne suis pas obligée de lui en vouloir toute ma vie pour autant.

Malgré tout ce que l'infidèle aura pu mettre en place pour se faire pardonner et regagner la confiance de son partenaire, il n'arrivera pas, parfois, à s'en remettre. En effet, plusieurs mois après la découverte de l'infidélité, des personnes trompées en veulent toujours à leur conjoint et demeurent habitées par le désir de leur faire payer leur inconduite. Elles sont envahies par des scénarios d'infidélité et vivent avec la peur d'être trompées de nouveau. Elles sont très anxieuses et manifestent des comportements dépressifs. Elles continuent d'avoir honte de ce qui leur est arrivé et sont portées à se couper de leurs réseaux.

Par peur d'être encore blessées, elles repoussent toute tentative de rapprochement de l'infidèle. Pour ces personnes, l'infidélité aura probablement ravivé de vieilles blessures pas encore guéries: l'abandon des parents biologiques, le rejet des pairs à l'école, l'absence d'amour de l'entourage, le mauvais traitement d'un parent, l'abus sexuel d'un proche, la découverte de l'infidélité de leurs propres parents, etc. Leur souffrance va bien au-delà de l'expérience qu'ils ont vécue avec leur conjoint. Il devient alors nécessaire de consulter un spécialiste de la relation d'aide pour guérir et éventuellement se libérer de l'emprise de ces anciens maux.

Se rapprocher

Reprendre confiance et pardonner à son partenaire sont des éléments qui s'avèrent essentiels, mais, comme nous l'avons vu précédemment, ils ne peuvent garantir à eux seuls le rapprochement physique et sentimental des conjoints. Construire une relation où l'on se sent bien implique que soit réuni un ensemble d'attitudes et de comportements dont l'importance varie d'un couple à l'autre (voir chapitre 8). Plusieurs spécialistes des relations de couple ont développé des moyens pratiques afin de faciliter le rapprochement des partenaires qui désirent améliorer ou relancer leur vie à deux. Les pistes suivantes sont inspirées de quelques-uns de leurs ouvrages les plus marquants.

Dans un premier temps :

- accordez-vous régulièrement des moments pour discuter de ce que vous aimez de l'autre, de tout ce qui va bien entre vous deux, et des situations où vous avez été heureux ensemble dans le passé ;
- portez attention à ce que l'autre fait, dans la vie de tous les jours, pour vous plaire (ex. : vous préparer un café, vous ouvrir la porte de l'auto, vous faire couler un bain, etc.), et exprimez-lui votre gratitude ;
- intéressez-vous régulièrement à ses projets, son travail, ses loisirs, ses rêves, sa famille, ses amis, etc. Posez-lui des questions et écoutez-le attentivement ;
- faites des choses plaisantes avec votre partenaire :
  - choisissez des activités variées (culture, sport, divertissement, etc.) ;
  - prévoyez-en l'organisation et partagez-vous les responsabilités (appeler la gardienne d'enfants, acheter les billets, réserver au restaurant, etc.) ;

- essayez de ne pas discuter de vos conflits pendant ces moments-là ;
- donnez la priorité à ces moments et ne laissez pas intervenir autre chose (invitation d'amis ou de parents, temps supplémentaire au travail, etc.) ;
- évitez le surmenage afin d'être suffisamment disposé pour apprécier cette activité (reporter certaines tâches le dimanche lorsqu'une sortie est prévue pour le samedi, etc.) ;
- efforcez-vous d'avoir du plaisir et d'être simplement bien avec l'autre.

Ces quelques suggestions devraient vous aider à retrouver une complicité et un bien-être avec votre partenaire. Par la suite, il vous sera alors plus facile de recréer un contexte d'intimité. Permettez-moi de vous proposer quelques façons de vous y prendre :

- discutez avec votre conjoint des petites attentions et des manifestations d'affection dont vous aimeriez être l'objet (recevoir un billet doux, vous faire prendre la main en public, etc.). Il ne s'agit pas de poser des exigences, mais simplement d'informer l'autre de ce qui vous plairait particulièrement ;
- cherchez, par la suite, à faire plaisir à votre partenaire et à lui démontrer votre affection, sans avoir d'attentes précises en retour. Même si l'élan amoureux n'est pas encore revenu, il arrive que les gestes favorisent de meilleurs sentiments. Tentez l'expérience, et il est fort probable que votre inconfort cédera la place à une certaine aisance, et que vous retrouverez du plaisir et de la satisfaction lors de ces échanges. Plus vous investirez dans votre relation, plus vous risquerez d'éprouver de nouveau des sentiments positifs à l'endroit de votre conjoint ;

- manifestez votre appréciation face aux gestes attentionnés de votre partenaire et aux intentions évidentes qu'il a de vous faire plaisir. Accueillez d'abord ces manifestations pour ce qu'elles sont, avant de vous interroger sur l'importance des sentiments qui les inspirent. Ceux-ci viendront par la suite.

Lorsque vous vous sentirez plus à l'aise pour accueillir et échanger ces petites attentions affectueuses, vous pourrez passer à l'étape suivante, celle où vous retrouverez votre intimité sexuelle :

- la meilleure façon d'enrichir votre vie sexuelle est de commencer par bien connaître ce qui plaît à votre partenaire. Commencez par discuter des moments où vous avez vécu une sexualité satisfaisante avec lui. Soulignez les attitudes et les gestes qui vous ont particulièrement plu. Faites-lui part également de ce que vous aimeriez vivre lors de vos prochaines rencontres sexuelles (ambiance feutrée, massage préparatoire, lecture érotique, lieu différent, lingerie fine, etc.). Encore une fois, l'expression de ces préférences ne doit pas être formulée comme une exigence, mais plutôt comme l'identification de repères qui pourront servir à votre partenaire lorsqu'il cherchera à vous procurer du plaisir ;
- ne jugez pas les préférences sexuelles de l'autre. En effet, tous les goûts sont dans la nature. Dans la majorité des cas, il est déjà assez délicat et suffisamment difficile d'aborder l'intimité sexuelle, sans devoir y ajouter le regard critique. Exprimez-lui plutôt votre degré d'ouverture ou d'inconfort face à certains de ses souhaits : « Je ne me sens pas très à l'aise de faire cela » ou « J'aimerais bien essayer ce que tu proposes » ;

favorables pour pratiquer un sport, on n'excellera jamais si on n'y met pas le temps et les efforts. On doit perfectionner ses connaissances, répéter ce qu'on a appris, sacrifier d'autres activités, persévérer quand on atteint un plateau, faire preuve de discipline et se présenter aux entraînements.

Il en va de même pour atteindre ou retrouver le bonheur dans une relation de couple. On doit faire certains sacrifices personnels, en plus de s'encourager et de se supporter. Il faut demeurer attentionné et intéressé à l'autre. De la même façon, il est tout aussi important de faire part sans tarder à son partenaire de ce qui ne va pas, et de tenter de résoudre ses différends par voie de compromis. Peu importent les élans d'émotivité qui peuvent habiter les conjoints, il est essentiel de rester transparent, tout en demeurant respectueux de celui ou celle à qui on s'adresse. Il est primordial d'avoir du plaisir ensemble et de se retrouver comme amis ou amoureux de temps à autre. Il est important d'avoir des projets communs et de rêver ensemble. Le bonheur à deux est un exercice quotidien à long terme. À cet effet, je me permets de vous recommander de nouveau l'excellent ouvrage de John Gottman dont j'ai parlé précédemment, *Les couples heureux ont leurs secrets: les sept lois de la réussite* (Éditions J.-C. Lattès, 2000).

Trop souvent dans notre société, la santé du couple passe malheureusement après tout le reste: le travail, les enfants, les loisirs personnels et parfois même les amis. Il ne reste donc plus beaucoup de temps ni d'énergie à y consacrer. Il n'est pas rare de négliger une relation et même de se manquer de respect. Par crainte des conséquences, personne n'oserait faire une telle chose dans le cadre de son boulot. En effet, tout manquement répété à ses obligations ou à ses engagements, en milieu de travail, a de sérieuses répercussions sur son emploi et son avenir en entreprise. Même si les conséquences ne sont pas toujours aussi rapides à se produire dans une vie de couple, la négligence et le manque de respect finissent toujours par rattraper les partenaires, les éloigner et les rendre vulnérables. Cela peut avoir comme conséquence de faire éclater une relation au moment où l'on s'y attend le moins.

En somme, on reconnaît les couples qui surmontent l'expérience de l'infidélité à certains indices qui trompent rarement :

- l'infidèle a mis un terme, et pour de bon, à sa relation extraconjugale. Il a fait les choix qui s'imposent et il s'investit désormais totalement dans la relation d'origine ;
- les partenaires s'entendent sur la signification de l'exclusivité dans une relation (voir au chapitre 2). Ils partagent dorénavant la même vision de la fidélité. Ils ne s'exposent plus à des situations qui non seulement pourraient inquiéter leur partenaire, mais les rendraient aussi eux-mêmes plus vulnérables à l'infidélité ;
- la loyauté ne se manifeste plus envers l'amant ou la maîtresse, mais bien à l'endroit du partenaire d'origine. Le mensonge et les négligences ont fait place à la transparence et au respect des engagements. Devant l'honnêteté de l'infidèle, la méfiance du partenaire trompé s'est lentement estompée pour laisser place à la confiance ;
- la personne trompée n'en veut plus à son partenaire ; elle a pardonné sans pour autant oublier, ni accepter ou cautionner l'infidélité. Elle cherche davantage à comprendre l'inconduite de l'infidèle au lieu de le juger ;
- les partenaires comprennent mieux les fragilités de leur relation (voir chapitre 3) ainsi que leurs

propres vulnérabilités (voir chapitre 6). Ils sont parvenus à percevoir cette crise comme une occasion de relance de leur amour et de refondation de leur fidélité. Cette mésaventure leur a permis de développer de nouvelles attitudes plus favorables au bonheur à deux (voir chapitres 7 et 8).

Sans minimiser l'importance du traumatisme qu'elle engendre, on peut constater que l'infidélité n'entraîne pas toujours nécessairement le couple vers l'éclatement définitif. On l'a vu dans le parcours de Catherine et Guillaume, qui sont maintenant sur la bonne voie pour s'apprivoiser de nouveau. Une telle démarche exige cependant que chacun des partenaires impliqués assume totalement sa part de responsabilités et accepte de prendre les moyens nécessaires pour aller au-delà des inévitables blessures qu'engendre une telle expérience.

Pour d'autres partenaires, trop blessés ou incapables de s'investir de nouveau, il ne sera pas possible de faire de même. Les conséquences de l'infidélité seront plus radicales. Mettre un terme à leur relation d'origine n'en comportera pas moins d'exigences et de responsabilités de leur part.

Chapitre 10

Se séparer sans se détruire

Même après avoir fait le nécessaire pour chercher à comprendre ce qui a pu mener à l'infidélité de l'un des partenaires, ou avoir tenté par différents moyens de réparer les pots cassés, la séparation s'avérera parfois inévitable pour un certain nombre de couples. Bien qu'il soit en général plus aisé de mettre un terme à une relation sans enfants, dans laquelle chaque partenaire est financièrement autonome et où les deux ont réussi à maintenir une bonne estime d'eux-mêmes, force est de constater que la séparation n'est jamais chose facile. Les désillusions, les blessures et les pertes qui s'ensuivent inévitablement constituent une épreuve importante de la vie.

D'ailleurs, la séparation est un événement susceptible de s'avérer tout aussi bouleversant, et souvent davantage, que la découverte ou la divulgation de l'infidélité. Cet éclatement de la relation compte d'ailleurs parmi les événements les plus éprouvants qu'un adulte puisse être appelé à vivre. Dans ce chapitre, j'aborderai les conséquences inhérentes à la dissolution du couple, que ce soit pour les partenaires concernés ou pour les enfants impliqués. Je proposerai aussi un ensemble de recommandations afin de mieux composer avec cette difficile étape.

Une décision déchirante

Comme l'explique le docteur Christophe Fauré dans son livre *Le couple brisé: de la rupture à la reconstruction de soi* (Éditions Albin Michel, 2001), le cheminement qui conduit à la décision de mettre un terme à la relation est toujours sinueux. En effet, il est très rare de rencontrer des gens qui ne sont pas tiraillés face à cette éventualité et qui en assument toutes les conséquences avec détachement. D'autant plus que, avant même d'en arriver là, les couples qui ont connu l'infidélité ont déjà vécu toute une gamme d'émotions intenses. Le constat d'échec auquel ils font désormais face n'est pas sans provoquer, chez l'un et l'autre des partenaires impliqués, un inconfort supplémentaire, quand ce n'est pas un malaise profond ou un malheur évident.

En général, quand la personne trompée ne peut pas pardonner l'infidélité, ou que l'infidèle se rend compte que son cœur est définitivement engagé ailleurs, l'idée de la séparation commence à faire sérieusement son chemin. Ce type de réflexion prend forme le plus souvent, en premier lieu, dans la tête du conjoint que la situation rend le plus malheureux. C'est à partir de ce moment que celui-ci se met à évaluer les conséquences que pourrait avoir une telle décision sur sa propre vie, sur celle de son conjoint, de même que sur celles des membres de son entourage immédiat. Au début, l'inconfort soulevé par cette idée pourra s'avérer tellement grand, que certains individus préféreront nier l'évidence qu'ils croyaient pourtant avoir reconnue. Ils essaieront même de se convaincre du contraire: «Je ne peux pas croire que nous en sommes rendus là. Nous allons nous en sortir; il s'agit juste d'une mauvaise période à passer.»

Une telle équivoque, dans la réflexion et les pensées de la personne qui veut se retirer de la relation, risque fort de se refléter dans ses attitudes et ses agissements à l'endroit de son partenaire. Quand l'idée de la séparation suscite à elle seule l'inquiétude, le partenaire qui songeait à partir peut alors chercher à se faire plus attentionné, à se rapprocher physiquement et même à élaborer des projets susceptibles de le lier davantage à l'autre. Cependant, si ces tentatives sont uniquement motivées par la crainte et le doute, et qu'elles ne reflètent pas un réel désir de se réinvestir dans la relation, elles risquent d'ajouter à la désillusion déjà existante. Malgré toutes les tentatives visant à démontrer le contraire, le partenaire désireux de partir ne pourra dissimuler bien longtemps sa souffrance. La distance et la tension entre les partenaires risquent plutôt de se faire grandissantes. C'est alors que ce conjoint, qui avait le premier songé à s'en aller, recommencera à évaluer de plus près, cette fois-ci avec moins d'inquiétudes, les multiples conséquences de son éventuelle décision. Il se familiarisera graduellement avec cette idée jusqu'à ce qu'il en fasse son choix définitif.

Malgré tout, certains d'entre eux – pour la très grande majorité des conjoints infidèles – ne trouveront pas le courage de prendre la décision qui s'impose. Déjà habités par la culpabilité d'avoir trompé leur partenaire, leur hésitation est nourrie par le fait qu'ils ne veulent pas, en plus, porter l'odieux de la décision. Souvent même, ils estiment que leur partenaire n'est pas en mesure de vivre une telle situation, surtout si elle ne s'est pas encore remise du traumatisme de l'infidélité. Ils préféreront alors laisser la situation se dégrader d'elle-même, ce qui risque de pousser l'autre à bout. En effet, face au silence et à la froideur de celui qui songe à partir, la partenaire qui voulait continuer la relation risque de se sentir de plus en plus malheureuse. Tellement qu'elle pourrait prendre elle-même l'initiative de la séparation ou se comporter de manière à alimenter l'argumentation – par des scènes de colère, des crises de larmes, etc. – de la personne chez qui est d'abord née l'idée de la séparation: « Je me rends bien compte que tu n'es plus heureux avec moi. » Ainsi, la personne qui avait initialement projeté de partir aura fait basculer la décision de la séparation dans le camp du partenaire qui nourrissait précédemment l'idée de rester.

En revanche, d'autres personnes, davantage prêtes à assumer leur décision de partir, feront le choix d'en informer elles-mêmes directement les partenaires. Dans certains cas, ces derniers n'auront pas vu venir le coup, ce qui est plutôt rare dans les cas d'infidélité déclarés. D'autres, cependant, n'auront pas voulu voir ce qui s'annonçait inévitable. Dans les deux cas, malgré plusieurs indices avant-coureurs, le partenaire laissé n'aura pas eu le temps ou n'aura pas saisi les occasions de se préparer à une éventualité qu'il cherchait, consciemment ou non, à éviter. La douleur sera tellement intense qu'il refusera d'y croire et préférera éviter d'y penser. Un certain nombre de partenaires abandonnés se réfugieront dans le travail, quelques-uns dans la consommation abusive d'alcool ou de stupéfiants, pendant que d'autres chercheront par toutes les manières possibles à se détacher de leurs émotions.

Ce type de réaction est d'autant plus fréquent lorsque l'annonce de la séparation suit immédiatement la découverte ou la révélation de l'infidélité. Le réflexe de se protéger, afin d'éviter d'avoir encore plus mal, s'en trouve d'autant plus accentué. Le déni ne peut cependant pas durer éternellement. Face à cette réalité inéluctable, certains partenaires abandonnés seront portés, en désespoir de cause, à tenter l'impossible pour convaincre celui qui veut partir qu'il est encore possible de redonner un nouvel élan à leur relation. Ils chercheront à reconnaître leurs torts et à s'excuser pour leurs erreurs, à promettre de changer leurs attitudes et leurs comportements et, enfin, à redoubler d'attentions et de gentillesses.

D'autres, guidés par la colère, menaceront de faire la vie dure à leur partenaire s'il met son désir de partir à exécution. Enfin, quelques-uns sombreront dans la tristesse et la dépression.

Afin de se donner bonne conscience devant la détresse de la personne abandonnée, certains conjoints, parmi ceux qui auront pris l'initiative de partir, pourront laisser croire qu'ils sont disposés à donner une nouvelle chance à la relation d'origine. Dans la majorité des cas, une telle façon de faire se soldera par un échec, car ces tentatives sont rarement motivées par un réel désir de refondation du couple. Consciemment ou pas, les comportements de ces conjoints qui désirent partir auront plutôt comme effet de saborder les efforts de l'autre, afin de le convaincre progressivement qu'il n'y a plus aucune chance de récupérer quoique ce soit de leur relation d'origine.

Les perturbations inévitables

Les relations humaines

La séparation bouleverse la vie des gens à plusieurs égards et tout particulièrement sur le plan des relations interpersonnelles. Pour des gens qui ont des enfants, l'aspect qui apparaît le plus difficile est le fait d'être privés de la présence de leur progéniture quand un des conjoints en a la garde. Ne plus être présents tous les jours pour partager la joie de leurs enfants ou pour les consoler s'avère une expérience très douloureuse. Certaines personnes craignent même de perdre leur place auprès des enfants ou d'affaiblir leur rôle à la faveur de la nouvelle partenaire de leur ex-conjoint. Cette crainte peut être d'autant plus grande lorsque celle-ci leur consacre plus de temps qu'elles ne sont elles-mêmes en mesure de le faire.

Très souvent, la séparation provoque aussi l'éloignement de personnes appréciées dans les réseaux immédiats des partenaires, tels des amis ou des membres de la belle-famille. Par exemple, on peut être très proche de ses beaux-parents qui, par loyauté pour leur enfant, décident eux aussi de couper les liens tissés ou de se distancer sensiblement. Un certain nombre jugera aussi très sévèrement l'initiateur de la séparation, parce qu'il fait souffrir quelqu'un qui leur est très cher. Ils se rangeront alors du côté de la personne abandonnée pour lui offrir leur support. Ils se feront également très hésitants à revoir, ou à pardonner, celui ou celle qui a pris l'initiative de la rupture.

Il y a aussi ceux et celles qui avaient pris comme modèle le couple concerné, et qui le considéraient comme une référence, au regard de la perception qu'ils se faisaient du bonheur à deux: « Vous aviez l'air tellement bien tous les deux. Quand je vous voyais ensemble, je me disais que ça existe encore des couples qui s'aiment vraiment. » Tous ces gens sont appelés à vivre d'énormes déceptions et de grandes désillusions. Plusieurs seront également attristés de ne plus pouvoir partager différentes activités avec ce couple qu'ils appréciaient tant.

Parmi les démarches à entreprendre, il est particulièrement difficile, pour les conjoints qui se séparent, d'annoncer à leurs parents l'échec de leur vie à deux. Plusieurs raisons expliquent la délicatesse de cette démarche. Si leurs parents sont âgés ou malades, les partenaires concernés chercheront à leur éviter des inquiétudes, du stress et du chagrin, afin de ne pas aggraver leur situation. Certains parents ou grands-parents, toujours attachés à certains principes moraux et à des valeurs religieuses traditionnelles, seront portés à voir d'un très mauvais œil cette malheureuse situation. D'autres s'inquièteront du fait qu'ils ne seront plus en mesure de voir leurs petits-enfants aussi souvent et aussi librement qu'auparavant.

Quelques parents craindront aussi qu'une telle rupture vienne bousculer leur vie et détourner leur attention de l'objet habituel de leurs préoccupations. En effet, nombre d'entre eux sont à la retraite depuis un certain temps et jouissent d'une situation relativement confortable à plusieurs points de vue. Dans leur plan de retraite, ils n'avaient pas prévu qu'un de leurs enfants, apparemment confirmé dans son parcours professionnel et conforté dans sa vie affective, ait soudain besoin de réconfort et d'accompagnement, quand ce n'est pas d'un toit et d'un couvert.

Pour une ou plusieurs de ces raisons, il n'est donc pas rare de voir des parents s'ingérer dans la vie de leurs enfants dans le but, pas toujours avoué, de renverser des décisions qu'ils n'approuvent pas. Certains vont proposer la consultation professionnelle et inviter les conjoints à tout tenter pour sauver leur union. D'autres vont aller jusqu'à les comparer avec les couples de la famille qui sont encore ensemble et à proposer des solutions qui, la plupart du temps, s'avèrent inacceptables aux yeux des conjoints concernés. Quelques-uns, enfin, n'hésiteront pas à leur faire la morale et à jouer la carte de la culpabilité.

La baisse du niveau de vie

En plus des inévitables blessures qu'entraîne le démantèlement d'un couple, il faut aussi prendre en considération que le niveau de vie et le confort matériel des conjoints séparés s'en trouvent directement affectés. De façon générale, les ex-partenaires s'appauvrissent. Étant donné qu'elles ne sont plus amorties à même le revenu des deux conjoints, les dépenses inhérentes à la vie courante de chacun se voient désormais majorées. En effet, à partir de la séparation, chaque partenaire doit assumer seul ces différents frais avec un revenu unique. Chacun doit désormais porter une plus grande attention aux dépenses secondaires, payer des pénalités pour certains comptes en retard, négocier une nouvelle marge de crédit et même, dans certains cas, demander de l'aide à un proche. Certaines personnes peuvent se sentir particulièrement humiliées de se retrouver démunies face à de telles obligations. Les nouvelles exigences financières provoquées par la séparation peuvent aller jusqu'à entraîner certains individus dans la spirale de l'endettement et les conduire sous le seuil de la pauvreté.

Certains conjoints devront aussi retourner sur le marché du travail après plusieurs années d'absence. Leur confiance en eux risque d'être ébranlée quand ils constateront leur manque de connaissances et le retard qu'ils ont cumulé en matière de nouvelles technologies. Quelques-uns devront prendre des cours pour mettre leurs compétences à jour et ainsi espérer accéder à des emplois valorisants et rémunérateurs. D'autres se verront même obligés de cumuler études et emploi afin de combler les besoins quotidiens et de payer leur formation. La conciliation de toutes ces nouvelles exigences n'est pas de tout repos. Il n'est d'ailleurs pas rare que plusieurs de ces personnes se sentent carrément dépassées. On peut facilement imaginer comment ces situations ajoutent un stress supplémentaire à une situation émotive déjà fragile.

Il n'est facile pour personne de devoir se détacher de certains biens qui contribuaient au confort quotidien et auxquels on s'était naturellement attaché au fil du temps. Il faudra à présent procéder à un partage qui ne conviendra pas toujours. On peut ainsi comprendre que certaines personnes se sentent profondément déchirées à l'idée de quitter, faute de ne plus pouvoir la payer, une résidence qu'elles avaient aménagée à leur goût. Il n'est pas facile non plus pour elles d'emménager et de s'habituer à un nouveau quartier. Dans la plupart des cas même, il leur faut désormais s'accoutumer à une demeure souvent plus petite et moins douillette que celle qu'elles ont été obligées de quitter.

Un quotidien plus lourd à gérer

Tout cela sans compter le poids de la solitude. Une fois la séparation réalisée, plus question de partage des tâches quotidiennes, même si celui qui prévalait auparavant semblait inéquitable. Il y avait au moins certaines obligations qui étaient remplies par le conjoint et dont on n'avait pas à se soucier. Ces tâches quotidiennes peuvent prendre une toute autre dimension lorsqu'on n'a d'autre choix que de les assumer seul. Qu'il s'agisse de l'entretien de la maison ou de la voiture, de la préparation des repas ou de la tenue du budget, c'est souvent à partir du moment où on doit prendre ces tâches en charge que l'on en saisit toute l'importance et la complexité. Même chose lorsqu'il s'agit de prendre des décisions dans des domaines où ses compétences et ses connaissances sont plus limitées. De façon comparable, l'éducation et la garde des enfants peuvent devenir des responsabilités contraignantes au quotidien lorsque l'autre n'est plus là pour aider, pour prendre la relève, pour rassurer et se faire solidaire des exigences imposées aux enfants.

Quelques recommandations d'usage

L'art d'annoncer une mauvaise nouvelle

Comme nous pouvons facilement le deviner, il n'est jamais facile d'annoncer à son partenaire qu'on a l'intention de le quitter. Il est d'abord important de ne pas l'accabler de reproches, de ne pas lui faire porter tous les torts et de ne pas chercher à le rendre responsable de l'échec de la relation. Il est de loin préférable d'invoquer les différences et les incompatibilités pour justifier une telle décision. Le partenaire qui prend cette initiative aura tout avantage à parler d'abord de lui, de son inconfort dans la relation, de ses déceptions sentimentales, de ses propres carences et du cheminement personnel qui l'a mené à prendre une autre direction. Il sera préférable qu'il insiste sur les initiatives et sur les efforts qu'il a mis en place pour améliorer une situation qui se détériorait, même si les résultats ne sont pas concluants.

Il ne s'agit pas ici de verser dans la vanité ou la justification à tout prix, mais de bien faire comprendre à l'autre que cette décision n'a pas été prise sur un coup de tête, mais plutôt à la suite d'une réflexion suffisamment mûrie. Étant donné la délicatesse de la situation, il faudra d'abord faire preuve de compassion, sans toutefois donner de faux espoirs, puis accueillir la détresse du partenaire qui, lui, n'aura pas eu le temps de se faire à l'idée d'une telle éventualité. Il importera de se montrer patient envers celui qui était loin de s'imaginer qu'il serait appelé à faire le deuil de sa relation. Les suggestions proposées au chapitre 7, afin de vivre ce type d'échanges dans le calme et le respect, demeurent valables pour une telle démarche.

L'annonce de la séparation provoque un lot d'émotions et de réactions comparables et même parfois plus intenses que celles qui surgissent à la suite de la découverte ou de la divulgation de l'infidélité. Plusieurs conjoints, qui se retrouvent ainsi au seuil de l'abandon, se sentiront envahis par de forts élans de colère ou seront portés à verser dans la dépression. Par ailleurs, il arrive que la colère entraîne certaines personnes à recourir à la violence physique. Ce pourrait être le cas pour quelques-unes d'entre elles qui sont complètement démunies face à une décision qu'elles n'acceptent pas. Si l'intégrité physique du partenaire ou des enfants est menacée, le conjoint qui part devra, avant d'en faire l'annonce, prévoir un endroit sécuritaire où se réfugier au cas où il devrait faire face à ce type de réaction. Cela peut être chez un membre de la famille, un ami ou encore dans un centre de services communautaires. Dans ces cas précis, il est prudent de s'informer préalablement des ressources offertes dans son quartier. Il existe aussi d'autres situations potentiellement dégénératives où il serait préférable de se faire accompagner par un autre adulte qui pourrait intervenir en cas de besoin. Enfin, dans le cas d'une relation abusive, il est conseillé d'aller chercher de l'aide professionnelle afin de mieux composer avec ce genre de situation limite.

Le recours à la médiation familiale

Dans la majorité des cas, il s'avère important de rencontrer un médiateur familial afin d'en arriver à des ententes qui soient justes et équitables concernant la séparation, la garde des enfants, les pensions alimentaires et le partage des biens. Il est cependant de toute première importance de s'assurer que chacun des partenaires impliqués est retombé sur ses pieds avant d'entreprendre un tel processus. Il est essentiel que la personne laissée ait dépassé le stade de la négation, qu'elle ait pu exprimer sa détresse, qu'elle ait commencé à se remettre du traumatisme, que ses réactions soient plus modérées, qu'elle comprenne mieux la décision de son partenaire, que la tension entre les conjoints ait diminué et qu'un minimum de respect ait été retrouvé entre eux.

Plusieurs couples n'arriveront pas à franchir seuls ces étapes préalables. Avant d'entreprendre quelque démarche de négociation et d'arrangement que ce soit, ils auront alors avantage à consulter un thérapeute conjugal pour se faire accompagner. Le but de cette initiative n'est pas de reprendre une relation qui est irrécupérable, mais plutôt d'aider les conjoints à d'abord assumer leurs écueils relationnels, afin d'être mieux disposés à entreprendre un processus de médiation. En effet, il est vain d'essayer de négocier des aspects techniques et juridiques, si cette étape cruciale d'acceptation et d'apaisement n'a pas été vécue correctement. Lorsqu'on est encore secoué ou déprimé, il devient presque impossible de se concentrer sur les véritables enjeux et d'évaluer la portée précise des décisions qui doivent être prises. Il se peut aussi que le ressentiment empêche certains partenaires de faire quelque compromis que ce soit, ou encore que la culpabilité en pousse d'autres à tout donner, sans tenir compte d'un partage juste et équitable.

Au Québec, les parents ayant des enfants à charge ont droit à six rencontres gratuites de médiation familiale, d'une durée de une heure et quart chacune. Le médiateur familial a plusieurs responsabilités, dont celle d'informer les parents des différentes lois qui régissent les éléments à négocier. Il doit aussi faciliter le dialogue entre les parents, pour qu'ils expriment leurs réserves et leurs attentes avec respect, afin d'en arriver à des compromis où chacun y trouvera son compte. Il ne prend pas de décision à la place des conjoints. Il ne prend pas parti, bien qu'il puisse donner son opinion s'il se rend compte qu'une concession brime un des deux partenaires. Le médiateur est aussi là pour s'assurer que les ententes conclues entre les parents ne causeront pas de préjudices aux enfants.

La médiation familiale est une spécialité qu'un psychologue, un travailleur social, un avocat ou un notaire peut exercer après avoir reçu une formation appropriée. Il est donc essentiel que les ex-conjoints s'assurent, avant d'entreprendre une telle démarche, que celui ou celle qui se prétend médiateur familial ait bien reçu la formation adéquate. La médiation familiale a l'avantage d'atténuer les conflits entre les parents et de privilégier la coopération après la séparation. De plus, elle contribue à prévoir et à éviter les séquelles psychologiques chez les enfants. Enfin, une grande majorité de conjoints qui y ont recours se disent satisfaits de l'approche et des résultats obtenus. En conséquence, ils sont moins portés à aller devant les tribunaux pour régler des conflits que la médiation est en mesure de leur éviter.

Malgré ma colère à l'endroit de Richard, je n'ai jamais souhaité que notre séparation se transforme en confrontation. Je ne veux pas que les enfants souffrent davantage, car la nouvelle les a déjà suffisamment bouleversés. Je désire une séparation à l'amiable, dans le calme et le respect de nos droits. Je ne veux pas lui subtiliser tous ses biens, mais je m'attends cependant à recevoir ma juste part. Je dois dire que je n'ai jamais été à l'aise avec les questions financières. Ces histoires d'infidélité m'ont rendue d'autant plus méfiante. Je me dis que, s'il m'a menti au sujet de ses escapades, il pourrait bien se montrer tout aussi malhonnête en ce qui concerne nos biens. D'ailleurs, je me doutais bien que Richard ne voulait pas qu'on se sépare, non par crainte de me perdre, mais plutôt pour éviter d'avoir à partager notre patrimoine familial. Il me disait qu'on pourrait s'arranger seuls et qu'on n'avait besoin de personne. Il tentait même parfois de m'amadouer en me disant que, cette fois-ci, il allait changer et qu'il était prêt à suivre une thérapie. Je lui ai répété que c'était trop tard pour la réconciliation. J'avais plutôt besoin d'un médiateur qui allait m'informer de mes droits. Je lui ai dit que, s'il n'acceptait pas la médiation, il ne me donnait pas d'autres choix que de faire intervenir un avocat pour régler notre séparation. Il est tellement près de ses sous qu'il n'était pas question pour lui d'engager de telles dépenses. Il a donc accepté la médiation.

Je m'attendais à ce que ce processus s'avère difficile. À mon grand étonnement, Richard s'est montré très conciliant. Il répétait à la médiatrice que j'avais été bonne pour lui, qu'il ne voulait pas me faire de tort, qu'il m'avait déjà fait assez souffrir et que je méritais d'être heureuse. Il a même avoué qu'il avait un

- ne critiquez pas votre partenaire: «Tu ne m'embrasses jamais comme ceci» ou «Tu n'as pas le tour de me caresser comme cela.» Informez-le plutôt de ce que vous aimez comme genre d'approche, puis guidez-le délicatement vers ce qui vous ferait plaisir. Montrez-lui que vous appréciez ce qu'il fait. En matière de sexualité, une des choses les plus stimulantes est de constater l'excitation de son partenaire;
- ne visez pas la performance ou l'orgasme à tout prix. Cherchez plutôt à être à l'aise, détendu et à avoir du plaisir;
- ne cherchez pas à savoir comment votre partenaire a vécu l'intimité avec son amant ou sa maîtresse. Cela ne fera que vous blesser davantage et étouffera les élans spontanés.

Il va sans dire que la découverte de l'infidélité a une incidence significative sur la sexualité de bien des gens. Si vous faites face à des blocages majeurs, il serait avantageux de rencontrer un thérapeute qui se spécialise en problèmes de couple et de sexualité. Celui-ci pourra vous aider à dénouer ces difficultés et à retrouver une vie sexuelle satisfaisante.

Un bonheur qui dure

Le bonheur à deux ne se construit pas, et ne se maintient pas, sans y investir des efforts, des sacrifices, de la discipline et de la persévérance. Comme au travail ou dans le sport, un certain nombre d'individus sont plus doués que d'autres. Ils ont une disposition naturelle au bonheur et ont tendance à voir la vie du bon côté. Ils ont de l'imagination pour trouver des choses intéressantes à faire ensemble et ils sont de nature plus généreuse et plus tolérante que la moyenne des gens. Il n'en demeure pas moins que, même si on possède certaines aptitudes *problème de comportement et qu'il entreprendrait sous peu des démarches pour consulter un spécialiste.*

Une voix intérieure me disait que tout cela était faux et qu'il tentait encore de me manipuler avec cette ultime tentative pour me faire changer d'idée. J'ai compris qu'il était sérieux quand il m'a avantagée financièrement, et ce, au-delà de ce que la loi prévoyait dans notre cas. Il m'a aussi laissé la maison, car notre fils cadet a préféré rester avec moi. Notre fille réside déjà avec son conjoint, et notre deuxième enfant vit en appartement avec des amis près de l'université. J'ai l'impression que c'est uniquement à l'étape de la médiation que Richard s'est rendu compte que ma décision était sans appel.

La prise en charge de soi

Aussi étonnant que cela puisse paraître, et bien qu'elle demeure un des événements les plus bouleversants de la vie d'un individu, la séparation peut aussi comporter son lot d'aspects positifs. Elle peut même apporter une certaine forme de soulagement pour des conjoints dont le quotidien était composé de confrontations et de tensions continuelles. Une fois retombés sur leurs pieds, ceux-ci se sentiront plus libres de composer avec les aléas de la vie de tous les jours, sans l'obligation de faire tous les compromis ou de devoir continuellement supporter une critique négative.

Lorsque la séparation est réalisée et assumée, certaines personnes disposent soudain de plus de temps pour s'occuper d'elles-mêmes. Une telle situation peut également s'avérer salvatrice pour celles qui ont longtemps privilégié les désirs des autres avant les leurs. En effet, elles ont tellement vécu en fonction des enfants et du conjoint qu'elles en sont même venues à oublier ce qu'elles aimaient et ce qu'elles étaient véritablement. Pour ces personnes, le premier défi consistera à retrouver et à reconnaître ce qui pourrait vraiment leur faire du bien.

Selon les moyens financiers, voici ce qui pourrait favoriser une véritable appropriation des besoins et des aspirations :

- améliorer la qualité de l'environnement résidentiel : décoration intérieure, agencement paysager, aménagement de nouvelles pièces, etc. ;
- s'occuper de l'apparence physique : renouvellement de la garde-robe, changement de coiffure, cure d'amaigrissement, séances d'entraînement physique, etc. ;
- développer les connaissances et les talents : inscription à des cours, initiation à un nouveau hobby, etc. ;
- s'occuper de son bien-être physique : séances de massage, soins de la peau, alimentation naturelle, etc.

La rupture peut aussi permettre à certaines personnes de réaliser leur plein potentiel et de relever de nouveaux défis. Certaines peuvent ainsi décider de parfaire leur formation, afin de se qualifier pour un emploi plus motivant ou plus rémunérateur, au sein de leur entreprise. D'autres penseront plutôt à se réorienter et à entreprendre la nouvelle carrière dont elles rêvaient depuis longtemps.

La vie qui suit la dissolution du couple peut aussi permettre de renouer avec des amis et des réseaux de connaissances négligés depuis longtemps. Cette étape offre aussi la possibilité de faire de nouvelles rencontres et de tisser des liens intéressants par le biais des activités entreprises depuis la séparation. Pour traverser cette épreuve, il est particulièrement bénéfique de pouvoir compter sur la présence de gens compréhensifs et accueillants avec lesquels on peut passer de bons moments. Nous avons d'ailleurs vu au chapitre 7 toute l'importance que peuvent prendre les réseaux immédiats lors des périodes de crise.

Cependant, certaines personnes plus déprimées se considèrent sans intérêt et refusent de se présenter aux autres dans un tel état de vulnérabilité. C'est souvent le cas des gens qui ont toujours cherché à projeter une image forte d'eux-mêmes et qui ont tout fait pour éviter de se montrer fragiles. Ils craignent alors de décevoir les autres, d'être jugés par leur entourage, de perdre la considération de ceux qu'ils aiment et de voir leur image ternie.

Enfin, d'autres, blessés différemment par la séparation, refuseront de s'attacher de nouveau, de peur d'avoir à revivre une autre séparation et d'en éprouver une douleur encore plus grande. Ceux-là auraient avantage à entreprendre une thérapie afin d'apprendre à mieux se connaître et à découvrir ce qui, dans leurs attitudes et leurs comportements, compromet ou fait échouer leurs relations à deux. Cette démarche peut aussi les aider à mettre un frein à des comportements négatifs récurrents et leur permettre de développer des façons plus constructives d'entrer et de demeurer en relation avec un partenaire de vie. Une telle approche permettra aussi à ces personnes de se libérer lentement de leur colère et de leur souffrance, d'apprendre à se refaire une vie sans l'autre, de reprendre confiance en elles, d'amorcer le deuil de leur relation de couple et de faire de nouveau confiance aux autres.

Le bien-être des enfants

Les bouleversements à prévoir

Lorsque l'infidélité entraîne la séparation, la vie des enfants est bouleversée. Bien souvent leurs routines, leurs relations et leur environnement sont transformés. Leur univers s'écroule. Ils vivent plusieurs pertes et sont souvent désorientés. La première chose dont ils ont à faire le deuil est le sentiment de stabilité et de sécurité que leur procurait la vie dans une famille unie. En effet, il s'avère très douloureux et insécurisant pour plusieurs enfants de ne pas avoir les deux parents près d'eux au quotidien. Dans des cas plus lourds, lorsqu'un parent s'efface ou se fait distancer par l'autre, certains enfants peuvent manquer de modèles. Ils risquent alors d'expérimenter l'abandon et le rejet, et développer une bien piètre image d'eux-mêmes. Cette impression se poursuivra très souvent jusqu'à l'âge adulte et aura inévitablement des répercussions néfastes sur leurs futures relations amicales et amoureuses.

De plus, il n'est pas rare de voir des parents vendre la résidence familiale, car ni un ni l'autre n'est plus en mesure d'en assumer la charge. Par conséquent, les enfants doivent s'adapter à deux nouveaux domiciles, qui sont souvent de moindre qualité. Certains d'entre eux sont obligés de changer d'école et de s'adapter à un nouvel environnement social. Un changement de milieu implique bien souvent un changement d'habitudes et de rituels. La perte ou l'éloignement de l'enfant de ses réseaux naturels est une situation pénible à vivre pour lui, surtout à l'adolescence, où il commence à tisser des liens très étroits avec ses pairs.

Enfin, dans bien des cas, l'enfant devra composer avec la présence d'un nouveau conjoint, parfois aussi avec celle des enfants de ce dernier. À cet effet, la famille recomposée présente une foule de défis importants. Avant d'emménager avec leur nouveau partenaire, les adultes n'en mesurent pas toujours convenablement l'ampleur. Comme nous l'avons vu au chapitre 3, ils nourrissent souvent une vision idéalisée, non seulement de leur nouvelle flamme, mais aussi de ce que sera la famille recomposée. Ils se rendent compte alors bien souvent que la réalité est tout autre. Le livre *La nouvelle famille* de Gerry Marino et Francine Fortier (Éditions Stanké, 2001) s'avère une ressource fort précieuse pour se familiariser avec ces nombreux défis et mieux se préparer à vivre ce genre d'expérience.

Des parents mis à l'épreuve

Dans bien des cas, les enfants sont témoins des disputes et des tensions que provoque la séparation. En effet, certains conjoints vont s'invectiver sans retenue devant leur progéniture, ou encore, vont choisir de s'ignorer complètement. Peu importe leur âge, les enfants sont sensibles aux émotions qu'expriment et que vivent leurs parents, même s'ils n'en comprennent pas toujours l'origine ou la signification. Chaque fois que les conjoints s'entre-déchirent en paroles ou en actes, en présence de leurs enfants, ils les blessent et leur présentent un modèle d'interaction peu constructif que les enfants risquent de reproduire plus tard. En effet, ceux-ci apprennent davantage à partir de ce qu'ils voient qu'à partir de ce qu'ils entendent. C'est pourquoi il est illusoire pour les parents de faire valoir l'importance du respect mutuel si leur propre comportement contredit ce qu'ils prêchent. Il est important de garder à l'esprit que le comportement futur des enfants sera toujours, consciemment ou pas, conditionné par celui des parents. Il est donc nécessaire que ceux-ci fassent preuve d'un minimum de civilité à l'endroit de leur partenaire, et qu'ils reportent les échanges orageux en leur absence, car il importe de léguer aux enfants un modèle de relations humaines respectueuses.

Par contre, certains parents impliquent leurs enfants dans leur conflit en leur confiant leurs états d'âme par rapport à leur conjoint. Certains iront même jusqu'à leur dépeindre celui-ci d'une manière négative et à les inciter à prendre position pour eux et contre l'autre. Les enfants n'ont pas à connaître les détails de l'intimité de leurs parents. Ils doivent encore moins servir de confidents, de protecteurs ou de défenseurs d'un parent face à l'autre. Pour le bien-être des enfants, il est essentiel de s'abstenir de tels comportements qui, éventuellement, compromettraient sérieusement leur développement affectif. Même si c'est l'enfant lui-même qui manifeste le désir de secourir l'un des parents, ce dernier ferait une grave erreur en acceptant de lui faire jouer un rôle de « petit adulte ». Agir de la sorte équivaudrait à lui voler son enfance. Au lieu de prendre la vie avec légèreté et insouciance, il se sentirait alors responsable du bien-être de son père ou de sa mère. Une fois atteint l'âge adulte, il prendra conscience du rôle qu'on lui a fait jouer et il risque d'en éprouver beaucoup de ressentiment.

Certains parents, blessés par la séparation ou dépassés par la surcharge des nouvelles responsabilités, deviennent souvent impatients et moins disponibles pour leurs enfants. Bien que normales et prévisibles, ces attitudes peuvent cependant s'avérer plus dommageables pour des enfants en bas âge qui sont facilement portés à croire que leur inconduite est la cause de l'éclatement de la relation entre leurs parents. L'impatience ou l'éloignement de ces derniers risque donc de confirmer cette impression qu'ils ont et de les amener à ressentir davantage de détresse.

Dans les cas les plus difficiles, certains parents durement touchés par la séparation ont de la difficulté à s'occuper d'eux-mêmes, de leur santé, de leurs affaires courantes et même de leur hygiène personnelle. Ils sont alors susceptibles de négliger leurs enfants, plutôt par incapacité que par malveillance. Pour ces parents qui se sentent incapables d'assumer leur rôle, la responsabilité première consiste d'abord à le reconnaître. Pour l'amour et le bien-être de leurs enfants, ils ont ensuite le devoir de surmonter leur honte et la peur d'être jugés par leur entourage, afin de réclamer de l'assistance auprès de leur entourage. Il importe que le parent démuni ne s'isole pas et qu'il fasse même appel à l'autre parent, afin que celui-ci prenne en charge temporairement les enfants, jusqu'à ce qu'il se soit suffisamment ressaisi pour s'en occuper de nouveau. Il est en effet beaucoup plus important de protéger adéquatement ses enfants que de sauvegarder à tout prix son image parentale.

Des réactions temporaires à prévoir

Les bouleversements de la séparation sont susceptibles de provoquer de nombreuses difficultés personnelles chez les enfants. Dans la majorité des cas, elles sont cependant temporaires. Ceux-ci peuvent devenir anxieux, au point de présenter des symptômes physiques, comme des maux de ventre, des nausées ou des maux de tête. D'autres auront des réactions dépressives. Ils seront plus tristes, seront portés à se dévaloriser et s'isoleront davantage. Ils perdront l'appétit, auront de la difficulté à dormir et manqueront d'intérêt pour leurs activités préférées. Les jeunes enfants pourraient même régresser en s'exprimant dans un langage infantile, en mouillant leur lit ou en suçant leur pouce. D'autres feront preuve d'agressivité, de colère ou d'insolence, que ce soit à l'école ou à la maison.

Pour contrer temporairement les effets de la souffrance, d'autres enfants refuseront de s'avouer qu'ils ont de la peine et qu'ils sont affectés par la séparation de leurs parents. Ils feront alors tout en leur pouvoir pour ne pas laisser paraître de réactions extérieures. Certains adolescents abuseront de l'alcool ou de la drogue pour noyer leur détresse. Il n'est pas rare également de constater une baisse des résultats scolaires, résultant du fait que les enfants ont de la difficulté à se concentrer en classe ou qu'ils n'ont pas la tête à faire leurs travaux. Pour mieux connaître et composer avec les réactions d'un enfant marqué par une séparation, deux lectures s'imposent: *Nous divorçons, quoi dire à nos enfants,* de Darlene Weber (Éditions de l'Homme, 2000) et *Les parents se séparent... Pour mieux vivre la crise et aider son enfant,* de Richard Cloutier (Éditions de l'Hôpital Sainte-Justine, 2001).

La nécessaire coopération

Il faut bien comprendre que, si au moment de la vie commune, la coopération concernant l'éducation des enfants s'avérait problématique, la séparation n'arrangera rien. Ainsi, malgré une plus grande latitude individuelle pour réglementer le quotidien – comme les heures de coucher, l'apprentissage des bonnes manières ou l'exécution des travaux scolaires –, les conjoints séparés devront continuer à se consulter et à prendre des décisions ensemble sur plusieurs aspects de la vie courante, comme le choix de l'école, ou encore, la sélection des activités sportives ou culturelles. Si les difficultés de communication et d'entente persistent toujours, il s'avérera judicieux pour eux d'entreprendre une démarche pour corriger la situation. Il existe en effet des cours pour aider les parents à mieux communiquer, ainsi qu'à développer des façons de s'entraider et de gérer certains comportements problématiques de leurs enfants. Les ressources offertes lors de ces sessions sont d'ailleurs axées sur les aspects très pratiques de la vie quotidienne.

À chacune de ces étapes, il est nécessaire de se rappeler qu'une saine entente entre les parents est essentielle au développement et au bien-être des enfants. Il ne faut jamais laisser la rancune empoisonner la coopération entre les conjoints. Il est capital, pour le bien de toutes les personnes concernées, de se libérer du désir de vengeance: il enferme dans le passé et conduit trop souvent les parents à utiliser les enfants pour faire souffrir leur ex-partenaire.

Quelques recommandations d'usage

Il est normal que les enfants réagissent aux pertes que provoque la séparation. En général, ces difficultés et ces réactions s'atténuent ou disparaissent après quelques mois. C'est, entre autres, le cas lorsque les enfants se rendent compte que leurs parents sont toujours présents dans leur vie, qu'ils s'entraident au lieu de se faire la guerre et qu'ils ont leur place dans les nouveaux milieux de vie qu'ils sont en train de recréer. Dans les cas où les réactions négatives persistent ou s'amplifient, il ne faut pas hésiter à demander de l'aide de spécialistes qualifiés.

Voici quelques suggestions pour aider les enfants à vivre plus facilement la séparation :

- entreprendre un processus de médiation familiale, afin d'amoindrir les tensions et de favoriser la coopération des parents après la séparation ;
- prendre le temps de discuter, en médiation, de la façon d'annoncer la séparation aux enfants : quand les informer de la nouvelle, quoi leur dire, faut-il les approcher séparément ou en couple, etc. ;
- les informer clairement de ce qui va se passer après la séparation : modalités de garde, changements d'école, gestion des activités de loisirs, etc. ;
- préserver, dans la mesure du possible, l'environnement des enfants afin de ne pas trop perturber leur vie et leur procurer un sentiment d'appartenance : la maison, l'école, les amis, les activités sportives et culturelles, etc. ;
- s'informer des préférences des adolescents quant aux modalités de garde et d'accès, car, plus les

enfants sont grands, plus ils sont en mesure d'exprimer leurs volontés ;

- ne pas laisser choisir les jeunes enfants, car ils n'ont pas la maturité nécessaire pour prendre de telles décisions ;
- rassurer les enfants en leur répétant, avec insistance et affection, qu'on ne les abandonne pas, qu'ils ne sont pas la cause de la séparation, qu'on les aime et qu'on sera toujours présents et responsables ;
- éviter les promesses qu'on ne respectera pas ;
- partager du temps avec chacun d'eux pour accueillir leur peine et leur déception, et pour les assurer qu'il sera toujours possible de vivre des moments agréables en leur compagnie ;
- ne pas les forcer à parler d'eux-mêmes, mais demeurer disponibles et attendre qu'ils s'ouvrent ;
- si les enfants ne veulent pas se confier à leurs parents pour ne pas leur causer de chagrin, privilégier les contacts avec des confidents dignes de confiance comme une tante, un oncle ou un des grands-parents ;
- être sensible à tout changement d'attitude ou de comportement chez l'enfant et consulter des spécialistes lorsque les modifications persistent ou s'amplifient ;
- aviser le personnel du service de garde et de l'école de la séparation afin qu'il soit plus attentif et plus compréhensif avec les enfants ;
- ne jamais dénigrer l'autre parent devant l'enfant, mais en refléter une image positive, ou, à tout le moins, s'abstenir de commentaires négatifs ;
- donner aux enfants toute la latitude d'aimer leurs deux parents et faciliter les contacts fréquents avec eux, que ce soit en personne, par téléphone ou par courrier électronique ;

- ne jamais les impliquer dans les problèmes d'adultes en leur faisant, par exemple, transmettre des messages négatifs à l'endroit de l'autre conjoint;
- éviter d'accaparer les enfants et de les rendre responsables du bonheur des parents;
- maintenir une structure, imposer des limites et définir des règles de comportement raisonnables lorsqu'ils sont sous la responsabilité de chacun des parents;
- désapprouver l'éventuel chantage émotif de l'enfant.

Un avenir porteur d'espoir

Même si la séparation est une expérience difficile pour les enfants comme pour les parents, elle n'est pas que négative. Certains enfants sont soulagés de ne plus subir les tensions et les conflits quotidiens entre leur père et leur mère. Pour certains parents, c'est l'occasion de s'impliquer plus que jamais dans la vie de leurs enfants, plutôt que de s'en remettre au conjoint pour un ensemble d'obligations liées à la vie courante. Des parents rapportent même que la séparation les a rapprochés de leurs enfants. Ils apprennent à mieux les connaître et à mieux répondre à leurs besoins. Ils développent des compétences parentales dont ils sont fiers et qui profitent à ceux à qui ils ont donné la vie. Les enfants sont aussi appelés à prendre certaines responsabilités. Ils acquièrent ainsi une plus grande autonomie et une plus grande confiance en eux pour accomplir des tâches qui étaient auparavant assumées par leurs parents: l'entretien ménager, la préparation des repas, etc.

Quand les parents choisissent d'unir leur destinée à celle d'un nouveau partenaire, il arrive que les enfants se retrouvent face à un modèle de relations humaines plus harmonieuses et plus respectueuses que celles qu'ils ont connues avec leurs parents. En effet, plusieurs nouveaux conjoints s'investissent à fond dans la vie des enfants de leur partenaire et vont jusqu'à les traiter comme s'ils étaient les leurs. Dans un contexte aussi favorable, ceux-ci pourront tirer avantage de la présence de ce nouveau conjoint et prendre plaisir à tisser des liens satisfaisants avec lui. Il est important de se rappeler que les enfants ont une capacité étonnante à surmonter les difficultés de l'existence. Ils ont aussi la remarquable faculté de s'ouvrir à ce que la vie leur offre comme expériences stimulantes.

Une fois de plus, nous avons constaté que, tant pour ceux qui la demandent que pour ceux qui se la voient imposer, la séparation n'est jamais facile à vivre. Elle s'avère d'autant plus délicate lorsque les enfants sont impliqués dans la procédure. Il ne faut jamais oublier que cette rupture s'inscrit dans un processus de deuil que chaque membre impliqué est appelé à vivre. C'est dans le choix de l'entreprendre ou de le refuser que se trouvera le salut ou la perte de ceux et celles qui sont affectés par cette désunion. D'un côté, l'ouverture et l'affranchissement, et de l'autre, la fermeture et le ressentiment. Bien que rien ne soit facile, tout est possible pour celui ou celle qui accepte et assume une telle situation, qu'elle soit désirée ou pas.

Chapitre 11

L'infidélité… et après ?

Tout au cours de cet ouvrage, nous avons accompagné quatre couples qui ont affronté, chacun à sa façon, différentes situations d'infidélité. Nous avons partagé avec eux leurs bonheurs et leurs misères ainsi que leurs espoirs et leurs désillusions. Nous avons constaté à quel point l'infidélité ne peut être prise à la légère. Elle ébranle les individus, les déstabilise et bouleverse leur entourage. Certains en ressortent séparés, d'autres y trouvent une occasion privilégiée de relancer leur relation et d'entreprendre des changements dans leur vie personnelle.

De la même manière que nos couples témoins ont évolué de façon différente, chacun d'eux portera des blessures qui prendront plus ou moins de temps à se cicatriser. Il n'existe aucun modèle de comportement, de mode d'intervention ou de méthode d'analyse qui puisse s'appliquer de façon systématique, car tous les couples sont uniques. En effet, les tendances que j'ai proposées ne servent qu'à donner des repères aux personnes concernées, de même qu'à leurs accompagnateurs, pour les aider à composer avec les multiples facettes de l'infidélité. En terminant, voyons comment ont cheminé les quatre couples que nous avons appris à connaître tout au long de ce livre. Comme la vie, leur parcours nous réserve quelques surprises…

Carole et Richard – *Je n'aurais jamais cru!*

Carole et Richard sont séparés depuis cinq ans déjà. Carole n'a pu se convaincre de poursuivre sa vie avec un conjoint qui éprouvait des problèmes d'infidélité chronique aussi importants. Elle a encore moins accepté ses nouveaux écarts de conduite, surtout ceux qui se sont produits après la première infidélité avouée. Blessée et meurtrie, elle a fait le deuil de sa relation et a préféré refaire sa vie seule, car elle ne veut pas connaître de nouveau une telle douleur. Elle continue de travailler comme adjointe dans un cabinet juridique, ce qui lui assure une certaine autonomie financière. Elle envisage même de prendre sa retraite anticipée malgré la baisse de revenus qui en résultera. Les arrangements financiers et le partage des actifs lors de son divorce lui permettent de planifier une retraite convenable sans pour autant rouler sur l'or.

Ses relations avec Richard sont demeurées correctes, même s'ils ne se voient que rarement. Elle ne renie pas les bons moments de son union avec lui, même si tout cela est maintenant chose du passé. Bien que la solitude lui pèse parfois, elle demeure méfiante à entreprendre de nouvelles relations. Elle s'investit dans son rôle de grand-mère, et ses petits-enfants le lui rendent bien. Leur reconnaissance et leur attachement sont pour elle une grande source de réconfort.

Ayant plus de temps pour elle, elle a renoué avec d'anciennes amies qu'elle avait un peu perdues de vue avec le temps. Ensemble, elles vont au cinéma et au concert. Cela lui a permis de faire plus facilement la transition entre sa vie d'épouse et celle de nouvelle célibataire. Elle apprécie beaucoup sa récente liberté et n'a jamais vraiment cherché à remplacer Richard dans sa vie. Jusqu'au jour où…

Lors d'un concert, elle rencontre Marcel, l'ex-collègue de Richard, dont elle avait perdu la trace depuis sa séparation. Après la soirée, il l'invite à prendre un verre avant de rentrer chez elle. À son grand étonnement, elle apprend alors que Marcel est séparé de sa femme depuis deux ans. Ils se sont quittés d'un commun accord, car les choses n'allaient plus du tout entre eux. Ils ont préféré prendre leurs distances plutôt que d'étirer une relation qui n'allait plus nulle part.

Marcel a quitté la compagnie qui l'employait, il y a déjà quatre ans, quand une autre entreprise lui a fait une offre qu'il ne pouvait refuser. Avec le temps, Marcel et Richard se sont éloignés, car le style de vie libertin de Richard ne convenait plus à son ami. Marcel et Carole se rappellent les nombreuses fois où les couples se sont fréquentés, tout au long des années, et combien elle et lui s'appréciaient. Marcel lui fait part de sa joie de la revoir et l'invite pour une autre sortie. Elle accepte volontiers.

Petit à petit, les rencontres et les tête-à-tête se multiplient. Un jour, Marcel lui dévoile qu'il a toujours eu beaucoup d'estime et d'admiration pour elle. Elle lui confie qu'il en est de même en ce qui la concerne. Après des années d'intérêt non avoué, ils s'autorisent enfin à vivre un amour auquel ils s'étaient toujours refusés. Un an plus tard, ils décident de partager leur avenir et de vivre ensemble.

Les choses sont beaucoup moins emballantes pour Richard. Bien qu'il ait fréquenté plusieurs femmes depuis les événements, il vit toujours seul. Il regrette le temps où Carole faisait partie de sa vie. Il reconnaît jusqu'à quel point elle a joué un rôle déterminant pour lui et combien ils étaient bien ensemble. Richard a bien tenté, mais en vain, de renouer une certaine relation avec Carole. Mais le lien était irrémédiablement brisé. Même si elle ne lui en voulait plus, elle ne voyait pas comment elle pourrait de nouveau lui faire confiance.

Inutile de dire qu'il n'a guère apprécié que Marcel occupe désormais sa place. Il s'est vu dans l'obligation de se rendre compte que, pour Carole, la page était définitivement tournée…

Thérèse et Roger – *Miroir, miroir, dis-moi…*

Thérèse est restée marquée par sa soirée au club échangiste. Elle a apprécié l'ambiance et trouvé les gens fort sympathiques. Elle n'a surtout pas oublié cette expérience sexuelle avec un inconnu, un homme doux et attentif à ses besoins. L'alcool ayant rapidement fait tomber ses inhibitions, elle fut elle-même surprise d'avoir éprouvé autant de plaisir et d'excitation.

Il ne lui en fallait pas plus pour balancer par-dessus bord une foule de stéréotypes remontant à son éducation familiale et religieuse. Sans compter les innombrables préjugés qui ont persisté longtemps dans la société : une femme sexuellement libérée est une femme facile, l'initiative des rapports intimes demeure le privilège des hommes, le rôle premier des femmes est de procréer, etc.

Pour Roger, l'initiateur de la visite au club échangiste, les choses ont été beaucoup moins évidentes. Sa partenaire d'un soir s'est avérée bien attirante, mais il n'a pas su s'y prendre correctement pour la séduire et la satisfaire. Le scénario qu'il s'était construit ne s'est pas réalisé comme prévu. Il a éprouvé beaucoup de difficultés à faire bonne figure. La relation ratée a laissé Roger passablement amer, et sa partenaire d'occasion, plutôt déçue. Elle lui a même fait remarquer qu'un club échangiste n'était peut-être pas un endroit fait pour lui. Ils se sont quittés froidement en se souhaitant meilleure chance dans leurs prochains… échanges !

On retrouve donc Roger au bar pour attendre sa femme qui, elle, revient toute souriante une heure plus tard. En s'approchant, elle constate rapidement que Roger n'a pas l'air très bien. Thérèse aurait voulu rester pour mieux faire connaissance avec les gens qu'ils venaient à peine de rencontrer, mais il lui fait part qu'il veut partir à l'instant. Dans l'auto, elle souhaite parler de son expérience, mais Roger, carrément humilié, préfère s'abstenir. Pas question pour lui de revenir sur cette affaire. Au petit sourire en coin qu'elle affiche, il comprend que Thérèse a bien aimé sa soirée.

– Que s'est-il passé, Roger ? lui demande-t-elle.
– Je ne veux pas en parler. Je veux juste rentrer à la maison, me coucher et oublier, lui répond-il sèchement.

Thérèse n'insiste pas, car elle croit saisir ce qui a pu se passer. En effet, elle se dit que Roger n'a pu se retenir et que, comme au début de leur relation, il a souffert d'éjaculation précoce.

Au cours des jours suivants, Thérèse constate que son mari ne va pas bien. Il ne fait plus de blagues et il cherche à s'isoler devant la télé. Il ne lui parle presque plus et il est même un peu froid avec elle. Il a aussi refusé de lui faire l'amour. Elle ne reconnaît plus celui avec qui elle partage sa vie depuis si longtemps.

Roger pense souvent à son expérience au club échangiste. Il s'est senti ridicule de ne pouvoir satisfaire cette femme. Ce qui l'affecte davantage, c'est d'imaginer Thérèse avoir du plaisir avec un autre homme. Il n'arrive pas à chasser ces images de son esprit. Ça le blesse et le met d'autant plus en colère. Comment a-t-elle pu s'abandonner aussi facilement à un inconnu, apprécier ce genre d'expérience et en ressortir l'air si radieuse ? Peut-être cet étranger a-t-il su mieux la satisfaire ? Finalement, il s'en veut de lui avoir proposé d'aller à ce club.

Si Thérèse a apprécié cet essai, Roger se dit qu'elle voudra recommencer et retourner au club. Et peut-être même sans lui. Il est conscient que sa femme est encore très attirante. À force de se laisser envahir par ces pensées, il se convainc que Thérèse voudra revoir cet homme ou vivre d'autres expériences du même genre. Comme camionneur, il passe beaucoup de temps seul, et rien ne peut le soustraire à ces pensées qui l'envahissent. Il a même de la difficulté à se concentrer sur la conduite de son véhicule tellement il est absorbé par ces idées. La situation est devenue à ce point insupportable, qu'il décide d'en avoir le cœur net. Un beau soir en arrivant à la maison, il se vide le cœur :

– Comment as-tu pu me faire cela ! lance-t-il avec colère à Thérèse qui n'y comprend rien. Comment as-tu pu avoir du plaisir avec un autre homme ?

– C'est donc cela qui te tracasse depuis des jours ! Je te rappellerai que c'est toi qui as insisté pour que nous nous rendions à cet endroit. Tu me disais que cette expérience allait mettre du piquant dans notre vie sexuelle. Aujourd'hui, tu me reproches d'avoir fait ce que tu souhaitais. Et, en passant, tu n'étais pas seul toi non plus.

– Je n'arrête pas d'y penser, de te voir faire l'amour avec ce type-là, lui avoue Roger.

– Ben voyons, Roger. J'ai beaucoup plus de plaisir avec toi, et c'est absurde d'imaginer que je vais revoir cet homme.

– Tu dis cela pour me rassurer, pour ne pas me faire mal. Ton sourire à la sortie de la chambre avec lui en disait long. Pas besoin de me faire de dessin.

– Tu deviens ridicule. C'était une expérience, rien de plus. Si cela t'embête, on n'y retournera plus, à ce club, lui répond Thérèse qui commence à s'impatienter.

– Voilà ce que je pensais. Tu avais donc l'intention d'y retourner pour revoir cet homme, ou peut-être refaire l'expérience avec un autre inconnu, et peut-

être même deux, qui sait? ajoute Roger en s'emportant.
– On arrête d'en parler, Roger. Tu deviens méchant. Je m'en vais marcher un peu.

Roger s'en veut d'être allé trop loin. Il demeure pourtant convaincu que sa femme n'hésiterait pas à relancer cet homme ou qu'elle l'a peut-être même revu depuis. Il n'arrive plus à lui faire confiance. Il profite de l'absence de Thérèse pour fouiller dans son sac à main, dans le placard et dans ses tiroirs, car il sait qu'elle conserve tout. Il ne trouve rien. Il s'impatiente et claque la porte de la chambre si fort qu'un miroir se décroche. Il se sent ridicule, mais quelle n'est pas sa surprise de découvrir, derrière le cadre abîmé, une photo du menuisier qu'ils avaient engagé plusieurs années auparavant. Roger n'y comprend rien. Quand il retourne la photo, il découvre avec stupeur cette courte phrase: « J'espère que cette photo te rappellera, et pour longtemps, nos moments de bonheur. Pascal XXX. »

Stéphanie et Jean-François – *La belle avocate!*

L'ébéniste Jean-François a engagé Julie, une jeune avocate de 27 ans, afin d'entreprendre des démarches légales à l'endroit d'un client mauvais payeur. Elle a débuté sa pratique dans un important cabinet d'avocats qui lui prédisaient un avenir très prometteur. Dès son entrée dans la boîte, on lui a confié des dossiers importants. Rapidement, elle a remarqué qu'un associé la regardait d'un air insistant. Compliments, attentions, invitations répétées, autant d'initiatives qui rendaient Julie de plus en plus mal à l'aise.

Un beau jour, ce partenaire d'affaires lui fit part des sentiments amoureux qu'il nourrissait à son endroit. Elle lui répondit poliment qu'elle l'appréciait, mais que ses sentiments n'étaient pas réciproques. Dès le lendemain, l'attitude de l'associé se mit à changer radicalement. Il commença à critiquer son travail, à la ridiculiser devant les autres et à lui faire une mauvaise réputation.

Le moral de Julie en fut affecté, et sa performance en a souffert. Après lui avoir fait la vie dure, l'associé a finalement convaincu ses collègues de la congédier. Julie a tenté de contester, mais on ne l'a pas crue. Elle a donc quitté ce cabinet, car elle estimait inutile de continuer à se battre. Découragée, elle a même pensé à changer de carrière tellement cette expérience l'avait bouleversée.

C'est alors qu'elle reçut l'appel de Jean-François. Elle lui avait été recommandée par un de ses amis. Elle lui a fait part de la situation et, sans insister, Jean-François lui a donné un peu de temps pour prendre sa décision. Elle a finalement accepté le mandat.

Dès le premier contact, Julie trouve Jean-François sympathique, chaleureux et fort bel homme. Pour sa part, Jean-François apprécie sa compétence et son approche professionnelle. Julie est contente de défendre Jean-François, car ce petit contrat la valorise. Elle en a bien besoin, car sa première expérience à l'intérieur d'une grande organisation l'a complètement abattue. Elle en est ressortie démolie au point de douter de ses propres aptitudes.

Jean-François ne rate aucune occasion de lui dire qu'il apprécie le travail qu'elle fait pour lui. Julie est de plus en plus sensible à ces délicates attentions. Elle y pense souvent et demeure sensible au regard de cet homme. Elle se sent valorisée et appréciée, ce qui lui fait grand bien. Elle soigne particulièrement son apparence en prévision de leurs rencontres et commence à être sérieusement attirée par Jean-François. Elle n'est pas malheureuse avec son copain Julien, mais elle prend conscience qu'elle n'a pas vraiment connu d'autres hommes.

Stéphanie, la conjointe de Jean-François, a déjà eu l'occasion de rencontrer Julie lorsqu'elle est venue à la maison pour faire signer des documents. Elle a deviné que Julie n'était pas indifférente à son conjoint à partir d'indices que les femmes sont particulièrement habiles à détecter: le regard, une réserve contenue, un intérêt plus personnel, etc. Stéphanie en fait part à son partenaire qui trouve anodine cette petite scène de jalousie. Il trouve ces impressions un peu surfaites. Comment une jeune femme comme elle peut-elle s'intéresser à lui? Il lui dit qu'elle s'inquiète pour rien et que, de plus, Julie est déjà en relation avec un type très bien.

Stéphanie n'est pas très convaincue par le discours de son homme, mais elle voit bien que ses sentiments à son endroit n'ont pas changé. En même temps, elle se rend compte qu'elle est demeurée sensible aux blessures que son ex-conjoint lui a causées. Elle décide de continuer de faire confiance à Jean-François, car il ne lui a jamais été infidèle. En fait, ce n'est pas tellement qu'elle doute de lui, mais elle sait qu'il est bel homme et qu'il plaît naturellement aux femmes. Elle s'inquiète davantage des femmes qui l'entourent. Elle est aussi consciente qu'une femme amoureuse a plus d'un tour dans son sac pour rendre un homme vulnérable à ses charmes, et que Julie est d'une beauté à laquelle peu d'hommes sauraient résister.

Finalement, l'affaire de Jean-François contre son client s'est réglée hors cour, et il s'est montré très satisfait du résultat. Pour célébrer leur victoire, il invite Julie au restaurant. Stéphanie voit cette sortie d'un mauvais œil. Elle ne veut cependant pas lui faire une crise de jalousie. C'est pourquoi elle décide de se taire et lui demande simplement de saluer Julie de sa part, façon subtile de lui rappeler qu'elle existe et que son conjoint n'est pas disponible.

Julie et Jean-François se retrouvent, par hasard, dans un secteur du restaurant particulièrement propice aux confidences. Par politesse, Jean-François s'informe de ses projets futurs. Elle ne sait trop ce que l'avenir lui réserve. Elle insiste plutôt sur sa satisfaction d'avoir réglé ce litige et réaffirme le plaisir qu'elle a eu de travailler avec lui. Jean-François réplique naïvement que lui aussi a beaucoup apprécié son professionnalisme et la qualité de ses services. Un peu mal à l'aise, Julie lui confie que ce contrat lui a permis de faire la connaissance d'une personne merveilleuse. Jean-François la remercie et lui retourne, par courtoisie, quelques compliments d'usage. C'est alors que Julie passe aux aveux.

– Jean-François, peut-être ne suis-je pas assez claire, mais j'essaie de te dire que je suis amoureuse de toi. Je le dis au risque de paraître ridicule, mais je me sens toute drôle quand je suis avec toi. Jamais quelqu'un ne m'a fait cet effet.

Jean-François ne sait plus quoi dire. Après un court silence, qui a semblé durer des heures pour Julie, il se ressaisit et lui dit simplement :

– Cela me touche sincèrement, Julie. Tu es une jeune femme merveilleuse, pleine d'énergie, intelligente et fort jolie, mais j'aime Stéphanie, je me sens bien avec elle et j'aime la vie qu'on a bâtie ensemble.
– Ne m'en dis pas plus, j'ai compris.
– J'espère n'avoir rien fait qui aurait pu te donner l'impression que…
– Ne t'inquiète pas, je n'ai jamais senti que tu tentais de me séduire. C'est moi qui me suis fait des illusions. Bien au contraire, tu n'as rien fait de déplacé. Je suis confuse ! Je n'aurais jamais dû t'embêter avec mes sentiments. J'ai raté une belle occasion de me taire.

Ses larmes trahissent son émotion. Elle se lève de table pour mettre un terme au repas. Malgré l'insistance de Jean-François, elle se rend bien compte de la futilité de sa démarche.

– *Je crois que nous n'avons rien d'autre à nous dire.*

Il se lève pour la consoler. Elle le serre dans ses bras, lui dit doucement de prendre soin de lui et quitte le restaurant. Bouleversé, Jean-François règle l'addition et rentre à la maison. Il se sert un verre pour accuser le choc.

Stéphanie rentre en fin d'après-midi et voit Jean-François endormi sur le canapé. Elle lui demande pourquoi il est de retour si tôt. Il lui raconte ce qui s'est passé au restaurant. Elle lui fait remarquer qu'elle avait vu juste et qu'il ne s'en était pas rendu compte.

Stéphanie lui avoue qu'elle est rassurée qu'il lui en parle et qu'il ait refusé les avances de Julie. Elle lui confie qu'elle était un peu inquiète, mais elle ne voulait pas l'embêter avec cela. Elle lui redit à quel point elle l'aime. Ils décident alors de s'offrir une soirée au cinéma afin de décanter tout cela…

Catherine et Guillaume – *Notre choix est fait!*

Cinq ans ont passé depuis l'aventure de Catherine. Elle a depuis laissé tomber ses barrières et s'est rapprochée de son conjoint. Elle avoue ne s'être jamais sentie aussi bien avec lui. Les enfants ont vieilli et passent beaucoup de temps avec leurs amis, si bien que Catherine et Guillaume ont plus de temps pour eux. Elle ne lui en veut plus pour les années où elle s'est sentie négligée. Elle a décidé d'oublier le passé et de ne plus se laisser conditionner par les blessures d'antan.

Elle est consciente qu'ils ont pris la bonne décision en poursuivant leur relation, d'autant plus qu'elle constate les difficultés que vit une de ses amies en famille recomposée. Elle trouve que sa vie avec Guillaume est beaucoup plus simple et harmonieuse.

Catherine n'a jamais revu Vincent. Bien qu'elle pense parfois à lui, elle se demande où il en est rendu, s'il est encore avec sa conjointe, s'il a fait une nouvelle conquête, s'il lui garde une place dans ses pensées. Elle n'a pas oublié les moments intenses qu'ils ont partagés. Par ailleurs, elle n'imagine plus ce que sa vie aurait pu devenir avec cet homme, car elle est heureuse avec Guillaume et en paix avec leur décision.

Elle s'en veut encore un peu, surtout quand elle perçoit l'inconfort de son conjoint lorsqu'il est question d'infidélité dans l'actualité. Même si certains facteurs évoqués rappellent encore à Guillaume cet épisode douloureux, cela ne dure pas longtemps. Il arrive assez rapidement à chasser ces images négatives de sa tête. Il peut parfois ressentir un peu de tristesse, d'inconfort ou d'irritation, mais il n'est plus envahi comme avant par la déprime ou la colère. Il ne craint plus une nouvelle aventure de Catherine, car il constate qu'elle est heureuse et plus que jamais attentionnée envers lui. Il ne la surveille plus depuis longtemps, car la confiance est revenue. Ils parlent de projets de voyage et de l'achat d'un chalet qui deviendra leur résidence principale lorsqu'ils seront à la retraite.

La sexualité est redevenue un mode d'expression privilégiée de leur amour. Au fil du temps, les défenses sont tombées peu à peu, et Catherine s'est mise à accueillir plus facilement les marques d'affection de Guillaume. Au début, il n'osait pas trop faire d'avances, de peur de la bousculer. Mais parfois, c'était plus fort que lui, et il n'arrivait pas à retenir tous les élans qui le poussaient vers elle. Il se rendait alors bien compte que les initiatives de Catherine pour répondre à ses avances manquaient souvent de spontanéité et de naturel. Mais cela ne l'empêchait pas d'apprécier les efforts répétés qu'elle faisait pour se rapprocher.

De fil en aiguille, ces gestes affectueux sont devenus de plus en plus naturels, et Catherine s'est faite plus familière et spontanée avec Guillaume. Elle apprécie maintenant l'intimité qu'ils ont développée. Ils passent plus de temps ensemble et échangent davantage sur une foule de sujets. Elle apprécie que Guillaume lui parle et qu'il lui fasse part ouvertement de ses sentiments et de ses attentes. Elle a l'impression d'apprendre à le connaître un peu plus chaque jour. Ce renforcement de confiance a largement contribué à améliorer leurs rapports intimes, pour lesquels Catherine se montre désormais beaucoup plus disponible. Pour sa part, Guillaume s'est presque totalement libéré du spectre paralysant de Vincent. Au début, les échanges sexuels avec Catherine lui rappelaient l'aventure qu'elle avait eue, ce qui l'attristait et le dérangeait passablement. Il éprouvait alors beaucoup de difficulté à la satisfaire pleinement. Il appréhendait ainsi chacune des relations de peur que son impuissance ne se manifeste de nouveau.

Catherine se doutait bien de ce qui se passait dans la tête de Guillaume. Malgré la délicatesse de la situation, ils ont pris le temps d'en discuter. Guillaume lui a finalement avoué qu'il vivait difficilement ces moments d'intimité et qu'il était encore parfois porté à la rendre responsable des hésitations et des souffrances qui l'habitaient. Elle cherchait alors à éviter de réagir à ces allusions en demeurant, dans la mesure du possible, réconfortante et sensible à sa détresse. À force de douceur, de persévérance et de compréhension, ils ont retrouvé une sexualité pleinement satisfaisante. Même si l'expérience de l'infidélité aura été douloureuse pour chacun d'eux, elle aura au moins eu le mérite d'être salutaire pour leur relation.

Ainsi prend fin notre tour d'horizon de l'univers fascinant de l'infidélité. Ce livre s'est voulu autant un accompagnement qu'un éclairage, une démarche qu'une analyse. Il s'est surtout voulu l'expression d'un désir d'ériger des antennes afin de découvrir les périls que sous-tend l'infidélité et de reconnaître les possibilités qu'elle peut présenter pour l'évolution de la vie à deux.

Les aventures de nos quatre couples ont permis de pénétrer un monde à la fois complexe et dramatique. Elles s'incarnent dans l'histoire individuelle de chacun, ainsi que dans les parcours singuliers de couples qui se forment et se brisent au gré du temps, des rencontres et des circonstances de la vie.

Ce qu'il est surtout important de retenir, c'est que l'infidélité n'a rien de banal, et qu'il ne faut jamais minimiser les effets à court et à long terme sur les partenaires concernés, ainsi que sur leur entourage. Les individus et les couples qui s'en sortent avec le moins de cicatrices, et qui peuvent regarder l'avenir avec confiance, sont ceux qui ont accepté de reconnaître leurs difficultés, qui sont demeurés ouverts l'un envers l'autre et qui ont fait appel aux ressources de leur milieu pour composer avec une situation à laquelle personne n'est jamais prêt. Je souhaite que cet ouvrage puisse s'ajouter à l'ensemble des moyens qui ont pu leur venir en aide.

Bibliographie

ATKINS, David et autres. « Understanding Infidelity: Correlates in a National Random Sample », *Journal of Family Psychology*, vol. 15, n° 4, p. 735-749.

BOEKHOUT, Brock et autres. « Exploring Infidelity: Developing the Relationship Issues Scale », *Journal of Loss and Trauma*, n° 8, p. 283-306.

BUSS, David et Todd SHACKELFORD. « Susceptibility to Infidelity in the First Year of Marriage », *Journal of Research in Personality*, n° 31, p. 193-221.

CROSBY, J. F. *Illusion and Disillusion: The Self in Love and Marriage*, Belmont, CA, Wadsworth Publishing, 1985.

DREZNICK, Michael. *Sexual and Emotional Infidelity: A Meta-analysis*, thèse présentée à l'Université d'Albany, Département de psychologie, 2002, 95 p.

FORWARD, Susan. *Obsessive Love*, New York, Bantam Books, 1992, 323 p.

GLASS, Shirley et Thomas WRIGHT. « Reconstructing Marriages After the Trauma of Infidelity », dans HALFORD, W. K., et H. MARKMAN, *Clinical Handbook of Marriage and Couples Intervention*, England, Wiley and Sons Ltd, 1997, p. 471-507.

HETHERINGTON, Mavis et John KELLY. *For Better or For Worse*, New York, W. W. Norton Publishing, 2002, 307 p.

LANGIS, Pierre. *L'Amour et le Couple*, Montréal, Éd. Méridien, 2003, 312 p.

LAWSON, A. *Adultery*, New York, Basic Books, 1988.

LUSTERMAN, Don-David. *Infidélité et après? – Trouver sa réponse sans se détruire ou tout détruire*, Paris, Interéditions, 2002, 238 p.

MONEY, John. *Love and Love Sickness: The Science of Sex, Gender Differences and Pair-bonding*, Baltimore, Johns Hopkins University Press, 1980.

PITTMAN, Frank. *Private Lies*, New York, W. W. Norton Publishing, 1989, 309 p.

TENNOV, Dorothy. *Love and Limerence: The Experience of Being in Love*, New York, Stein and Day Publishers, 1979.

WEEKS, Gerald et autres. *Treating Infidelity: Therapeutic Dilemmas and Effective Strategy*, New York, W. W. Norton Publishing, 2003, 223 p.

Cet ouvrage a été composé en Minion corps 12/14
et achevé d'imprimer au Canada en février 2006
sur les presses de Quebecor World Lebonfon, Val-d'Or.